Todos los libros de Linkgua Ediciones cuentan con modelos de Inteligencia Artificial entrenados por hispanistas. Pregúntale al chat de tu libro lo que desees acerca de la obra o su autor/a.

Para ebooks: Accede a nuestro modelo de IA a través de este enlace.

Para libros impresos: Escanea el código QR de la portada con tu dispositivo móvil.

Obtén análisis detallados de nuestros libros, resúmenes, respuestas a tus preguntas y accede a nuestras ediciones críticas generativas para una experiencia de lectura más enriquecedora.

La transparencia y el respeto hacia la autoría de las fuentes utilizadas son distintivos básicos de nuestro proyecto. Por ello, las respuestas ofrecen, mediante un sistema de citas, las fuentes con las que han sido elaboradas.

Francisco de Miranda

Viajes

Edición de Josefina Rodríguez de Alonso

Barcelona 2024
Linkgua-ediciones.com

Créditos

Título original: Viajes.

© 2024, Red ediciones S.L.

e-mail: info@linkgua.com

Diseño cubierta: Michel Mallard

ISBN rústica ilustrada: 978-84-96428-10-2.
ISBN tapa dura: 978-84-1076-045-5.
ISBN ebook: 978-84-9816-927-0.

Cualquier forma de reproducción, distribución, comunicación pública o transformación de esta obra solo puede ser realizada con la autorización de sus titulares, salvo excepción prevista por la ley. Diríjase a CEDRO (Centro Español de Derechos Reprográficos, www.cedro.org) si necesita fotocopiar, escanear o hacer copias digitales de algún fragmento de esta obra.

Sumario

Créditos	4
Brevísima presentación	**13**
La vida	13
El viaje	14
Viaje de La Habana a New Jersey	**15**
La Habana. La Mar, 1 junio de 1783	15
2	15
La Sonda de Occracoke, 8 junio de 1783	16
Newbern. Carolina del Norte, 9 junio de 1783	17
10	17
17	19
20	20
Camino de Beaufort. Carolina del Norte, 12 julio de 1783	23
Beaufort. Carolina del Norte, 13 julio de 1783	23
18	25
Cape Fear. Carolina del Norte, 22 julio de 1783	26
Wilmington. Carolina del Norte, 22 julio de 1783	26
La Mar. Georgetown, 25 julio de 1783	29
27	30
La Mar. Charleston. Carolina del Sur, julio a octubre de 1783	31
15	41
30	47
La Mar. Pensilvania. Carolina del Sur, 2 noviembre de 1783 a 16 enero de 1784	48
20	52
10	74
13	75

Camino a Nueva York, 16 enero de 1784	77
Vol. 2	77
Ciudad de Nueva York, 17 enero de 1784	84
29	86
West Point, 20 febrero de 1784	91
26	99

Viaje de Boston a Portsmouth. New Hampshire — 107

Octubre 15 de 1784	107
16	107
17	108
18	110
19	111
20	112
21	115
22	117
23	117
24	118
25	120
26	120
27	120
28	123

Viajes por Rusia — 125

Camino a Moscú	125
11 de mayo de de 1787	125
12 de mayo	126
13 de mayo	127
14 de mayo	129
15 de mayo	136
16 de mayo	139
17 de mayo	141

18 de mayo	143
19 de mayo	147
20 de mayo	148
21 de mayo	150
22 de mayo	152
23 de mayo	157
24 de mayo	160
25 de mayo	162
26 de mayo	164
27 de mayo	168
28 de mayo	170
29 de mayo	172
30 y 31 de mayo	173
1º de junio	173
2 de junio	173
3 de junio	175
4 de junio	175
5 de junio	176
6 de junio	177
7 de junio	178
8 de junio	180
9 de junio	184
Camino de San Petersburgo	185
10 de junio	185
11 de junio	187
12 de junio	189
13 de junio	190
14 de junio	193
San Petersburgo	194
15 de junio	195
16 de junio	196
17 de junio	197

18 de junio	198
19 de junio	200
20 de junio	201
21 de junio	202
22 de junio	203
23 de junio	205
24 de junio	209
25 de junio	209
26 de junio	214
27 de junio	215
28 de junio	215
29 de junio	216
30 de junio	218
1 de julio	220
2 de julio	220
3 de julio	222
4 de julio	224
5 de julio	225
6 de julio	227
7 de julio	228
Cronstadt	229
8 de julio	229
9 de julio	231
10 de julio	233
Oranienbaum	236
11 de julio	236
Peterhof	238
San Petersburgo	242
12 de julio	242
13 (7) de julio	243
14 de julio	245
15 de julio	250

16 de julio	250
17 de julio	251
18 de julio	253
19 de julio	258
20 de julio	259
21 de julio	262
22 de julio	263
23 de julio	265
24 de julio	266
25 de julio	267
26 de julio	268
27 de julio	269
28 de julio	269
29, 30 y 31 de julio	270
1º de agosto	270
2 de agosto	270
3 de agosto	271
4 de agosto	273
5 de agosto	276
6 de agosto	277
7 de agosto	279
8 de agosto	281
9 de agosto	285
10 de agosto	286
11 de agosto	289
Ribestzkoy-Pella Chlüsselburg	290
12 de agosto	293
San Petersburgo	296
13 de agosto	296
14 de agosto	297
15 de agosto	297
16 de agosto	298

17 de agosto	299
18 de agosto	299
19 de agosto	301
20 de agosto	302
21 de agosto	303
Viborg	303
22 de agosto	304
22 de agosto	305
23 de agosto	307
24 de agosto	312
25 de agosto	314
26 de agosto	314
27 de agosto	315
28 de agosto	316
29 de agosto	318
30 de agosto	319
31 de agosto	321
1º de septiembre	321
2 de septiembre	322
3 de septiembre	324
4 de septiembre	328
5 de septiembre	329
Cronstadt	330
6 de septiembre	330

Viaje por Italia — **333**

Noviembre de de 1785	333
13	334
14	338
15	340
16	343
17	345

18	346
19	347
20	349
Diciembre de de 1785	351
19	351
20	352
21 y 22	352
23	353
24	353
25	354
26	354
27	354
28	356
30	357
Enero de 1786	358
25	358
26	359
27	361
28	364
29	367
30	370
31	374
Febrero	378
1	378
2	380
3	383
4	388
5	391
6	395

Libros a la carta   **401**

Brevísima presentación

La vida

Francisco de Miranda (Caracas, 1750-España, 1816). Venezuela.

Hijo de Sebastián de Miranda, comerciante canario y Francisca Antonia Rodríguez, caraqueña, nació el 28 de marzo de 1750.

Estuvo involucrado en la Revolución Francesa, la Independencia de los Estados Unidos y la de Hispanoamérica.

Estudió en la Universidad de Caracas y fue uno de los hombres más cultos de su época. Tenía conocimientos de matemáticas y geografía y dominó el francés, el inglés, el latín y el griego. En 1781 combatió junto a tropas cubanas, a favor de las fuerzas independentistas, en Pensacola (colonia inglesa en la Florida).

Poco después se huyó de La Habana rumbo a los Estados Unidos, tras ser ordenado su arresto. Desde Boston Miranda se fue al Reino Unido en busca de apoyo en su pretensión de independizar Hispanoamérica de España. También con ese propósito fue, en plena Revolución Francesa (1792), a París. En Londres vivió con su ama de llaves, la inglesa Sarah Andrews, con quien tuvo dos hijos.

Hacia 1805 viajó a Nueva York y en 1806 marchó en una expedición revolucionaria a Haití. Más tarde se dirigió al puerto de Ocumare, en Venezuela, donde fue derrotado por los españoles.

Miranda fue arrestado el 31 de julio de 1812 por un grupo de civiles y militares, encabezados por Simón Bolívar. En

1813 fue conducido a España, a la cárcel del arsenal de La Carraca (Andalucía) y murió allí el 14 de julio de 1816.

El viaje

El ciclo de textos de viaje de Miranda aquí reunidos comprende Cuba, Estados Unidos, Europa y Rusia. Empieza en 1 junio 1783 cuando Francisco de Miranda huye de La Habana, perseguido por las autoridades españolas y termina a principios de 1786, en Roma, Italia.

Con este tipo de libros se inaugura algo que casi se puede considerar un nuevo género: el viaje en sentido inverso, la visión del mundo relatada por los nativos del continente americano.

Viaje de La Habana a New Jersey

La Habana. La Mar, 1 junio de 1783
A las nueve de la mañana me hice a la vela en la balandra americana *La Prudente* su capitán J. Wilson: mi buen amigo don Ignacio Menocal estuvo a verme y despedirse hasta el último momento, ofreciéndome su proceder cada día más y más fundamentos para admirar su probidad y sano juicio en el centro del vicio y la corrupción. ¡O grata idea a mi memoria! Asimismo se hizo a la vela toda la escuadra y convoy español que a las órdenes del teniente general don José Solano se dirige a Cádiz, llevando a su bordo la mayor parte del ejército de operaciones y por valor de cerca de 60 millones pesos en especie y frutos; cuyos productos habían estado retenidos en nuestra América desde la declaración de la guerra.

2

El viento y corrientes han sido tan favorables, que al amanecer solo descubrimos dos pequeñas embarcaciones del todo de la escuadra y convoy: al mismo tiempo vimos el pan de Matanzas; y dirigimos nuestra ruta a desembocar el canal de Bahamas. Al día siguiente al amanecer avistamos tierra y por ella reconocimos ser Cabo Cañaveral y estar por consecuencia desembocados. El viento continuó siempre fresco por el O. de suerte que el día 5 pasamos la latitud de Charleston donde era mi designio desembarcar; pero el buen capitán Wilson ya sea porque el viento no fuese muy favorable, o porque a él no le acomodase, que es lo más cierto, procedió desde luego a la Carolina del Norte, sin embargo, del ajuste y promesa que dio a mi amigo James Seagrove de llevarme a Charleston; no parece que es hombre delicado en este género de materias.

La Sonda de Occracoke, 8 junio de 1783
El 8 por la tarde recibimos piloto, pasamos la barra de Occracoke y dimos fondo en la *Sonda* inmediato a un pequeño lugarejo que está sobre el banco Core y es la habitación de los pilotos que conducen las embarcaciones que llegan a la Barra. Cuantas gentes vinieron a nuestro bordo en el bote del piloto me parecieron sumamente robustos y corpulentos; lo mismo noté en las mujeres y niños que vi después; las gentes del país atribuyen este efecto al alimento que no es más que pescado, ostras y algunos vegetales que cogen en unos pequeños jardines que cerca de las habitaciones cultivan y es cuanta agricultura les he conocido: la gente de mar repugna siempre toda idea de agricultura: el aire del mar creo contribuye principalmente a la salubridad del paraje y no dudo que el pescado compuesto en el simple modo que ellos le comen contribuía a la procreación extraordinaria, pues lo mismo se observa con la gente pobre en Málaga y otros puertos de mar. La Viruela parece que es su enemigo capital, pues antes de llegarse a nuestra embarcación nos hicieron hacer mil protestas de que tal contagio no venía a bordo. Los botes de que se sirven son de una excelente construcción para la mar y así se aventuran largo con todos tiempos; su Construcción y tamaño no se diferencia al parecer de los que usan nuestros navíos de guerra sino en que éstos en lugar de popa tienen otra proa de modo que rompen hacia todas partes sin la precisión de virar y que son sumamente ligeros; sus galigos y delgados me parecen también muy diversos: la construcción

es tan barata en estos parajes, que por uno de los mejores me pidió el amo 80 pesos y no dudo que si hubiéramos venido a ajuste lo hubiera dado por 70.

    Newbern. Carolina del Norte, 9 junio de 1783
El 9 a las diez de la mañana nos hicimos a la vela en demanda de Newbern y habiendo navegado como 40 millas en todo el resto del día y noche por esta *Sonda* que es bastante peligrosa (hace pocos años se perdieron en ella más de sesenta velas mercantes que componían un gran convoy que estaba aquí al ancla; sin que quiera suponerse sería tal vez falta de buenos pilotos, pues lo que hay allí son en mi concepto los más cuidadosos y hábiles que he visto) al siguiente día temprano entramos en el río Neuse y navegando 50 millas más sobre él, con viento fresco del N. E. llegamos a las doce y media del día a la ciudad de Newbern, capital de este Estado. Su situación es agradable en la confluencia justamente de los ríos Trent y Neuse, este particularmente es espacioso y su navegación agradable, sus orillas por una parte y otra están cubiertas de cerrado, espeso bosque bastante frondoso y algunas habitaciones con poca agricultura en sus inmediaciones.

10

A las cinco de la tarde bajé a tierra y tomé alojamiento en la Taberna de míster Oliver, pagando un peso diario por comida, alojamiento, etc.; cuyo precio me ha parecido sumamente barato en comparación del aseo y buen trato de alojamiento.

    Los principales habitantes que se hallaban allí a la sazón son míster Ogden, míster Blount, marqués de Britgney (oficial francés en servicio de este Estado) míster Oram, míster Cooke; míster Seatgreaves, míster Ellis, míster Schilbeack, míster Goff, monsieur Heró, doctor McClure, doctor Halling, míster Johnston, monsieur Mayoli, etc. me estuvieron a visitar y obsequiaron con la mayor hospitalidad; cuyo buen trato ha durado todo el tiempo de mi residencia; sin embargo, de que sus ideas en general no son aún muy liberales y que el Sistema Social está todavía en mantillas. Las mujeres (con particular las casadas) guardan una reclusión monástica y tal sumisión a los maridos cual no tengo visto jamás: visten con aseo y toda su vida es doméstica. Luego que se casan se segregan de toda amistad íntima y sus miras tornan enteramente al cuidado de su casa y familia; el primer año de casadas juegan el rol o papel de amantes, el segundo de crianderas y el tercero y resto, de amas de llaves. Las solteras por el contrario gozan de toda libertad y van solas a pasarse donde gustan, sin que sus pasos se observen... Los hombres visten con negligencia y groseramente; todos fuman tabaco por lo general en pipa y lo que es más lo mascan con tanto exceso que algunos me aseguraron no poder irse a la cama y reconciliar el sueño sin tener la mascada en la boca.

Pocos días después de mi arribo a este paraje, tomé conocimiento con míster Nash y el coronel Spaight, que viven en sus casas de campo a 2 y 3 millas de la ciudad montando el río Trent: el primero es excelente jurisconsulto y ex gobernador del Estado en las pasadas emergencias, su trato y comunicación, como igualmente el de toda su familia (el joven Witherspoon incluso) me produjeron muchos ratos de agradable sociedad e instrucción, el otro es joven de buenas ideas y excelente disposición para sobresaliente instrucción si continúa en su plan de estudios y viajar: ambos son electos Delegados al congreso por el año siguiente.

La población de esta ciudad se compondrá de quinientas familias de todas clases: las casas son tal cual y pequeñas por lo regular, bien que cómodas y aseadas; casi todas son de madera. La iglesia y casa de asamblea son de ladrillo y correspondientes al lugar. El mejor edificio de todos y que realmente merece la atención de un viajero instruido es el palacio que llaman, construido hace dieciocho años por un hábil arquitecto inglés (míster Hauks) que a este efecto vino de Inglaterra con el gobernador Trion. Y aún permanece en la ciudad: le he tratado muy particularmente y posee un carácter admirable: me franqueó un plano exacto del edificio y jardines que da cabal idea del todo. La fábrica es toda de ladrillo y su construcción en el gusto puro Inglés; todos sus adornos sumamente sencillos y colocados con bastante gusto e inteligencia: en el gran salón de audiencia, o asamblea, hay el adorno de una chimenea en mármol de buen gusto, trabajada en Inglaterra; y según se infiere por una inscripción que se lee sobre la puerta interior del pórtico, es regalo que hizo Sir William Doctoraper; quien estuvo aquí a su vuelta de la expedición de Manila en el año de 63, a visitar a su amigo Trion. La situación del edificio sobre los bordes del río Trent en un paraje algo elevado le da el comando de un prospecto de más de 12 millas sobre el otro río Neuse y hace su situación bastante agradable.

17

Este día se declaró en el campo a son de cada, una compañía de milicias sobre las armas (cada soldado y oficial con su vestido y fusil de distinta especie) y descarga de cuatro pequeñas piezas de campaña; que a este efecto se llevaron de antemano; la suspensión de armas y tratados preliminares con la Inglaterra por remate de fiesta. A eso de la una del día hubo un *Barbecue* (esto es un cochino asado) y un tonel de ron, que promiscuamente comieron y bebieron los primeros magistrados y gentes del país, con la más soez y baja suerte del pueblo; dándose las manos y bebiendo en un mismo vaso. Es imposible concebir sin la vista, una asamblea más puramente democrática; y que abone cuanto los poetas, historiadores griegos nos cuentan de otras semejantes entre aquellos pueblos libres de la Grecia. Al remate hubo algunos embriagados, se trompearon de buena gana, hubo un herido y al anochecer cada uno se retiró a dormir, con lo cual y quemar algunos barriles vacíos por modo de *feu-de-joy* concluyó la fiesta.

20

Pocos días después estuve a ver la habitación de míster Green distante 12 millas del lugar, es uno de los más principales Farmers del Estado; su carácter, probidad y edad son remarcables; ésta excede ya de ochenta y cinco años, sin que en la salud, robustez y actividad se note la menor decadencia, su humor es festivo y agradable constantemente. La casa está situada sobre una pequeña altura y al pie hay dos o tres fuentes que producen agua en abundancia sumamente cristalina y hermosa; la agricultura que se ve a las inmediaciones es poca cosa y consiste principalmente en maíz, batatas y árboles frutales que forman una extensiva *Orchard* (jardín frutal). Sus casas de campo por lo común son cómodas y aseadas, bien que como se ha observado ya en las de la ciudad, algo pequeñas. No puede negarse lo industrioso de los habitantes, pues con motivo de la guerra y general escasez de manufacturas, cada vecino estableció un telar en su casa de campo, donde fabricó telas de algodón y lana para vestir toda su familia; algunas he visto de muy buen paño y dibujo con las manzanas, peras y duraznos hacen muy buena cidra y aguardiente. Entre los animales que tenía allí este venerable anciano noté un cisne de hermosa figura y que aún parecía joven, sin embargo, de que por el cómputo que su amo hacía, tenía ya más de sesenta años de vida. ¡Rara constitución por cierto, en tan pequeño individuo! Al ponerse el Sol me volví a Newbern en compañía de los amigos Oram y Cooke, que me hicieron el gusto de acompañarme en esta excursión, pues, sin embargo, de que mi ánimo era permanecer en compañía del buen viejo por tres o cuatro días, la casualidad de haberme querido recostar un poco después de comer, cuando un tropel de chinches me salieron a recibir en la cama; me hizo mudar luego de dictamen: este insecto es tan común y abundante en el país que todas las casas están contaminadas por lo general, a lo que contribuye no poco el que sean de madera: todo el tiempo de mi residencia me vi precisado a dormir en el suelo en medio de una sala, pues no hubo remedio de extinguirlas de la cama y son de un tamaño tan extraordinario, que una sola abulta por tres, o cuatro de las comunes en Europa. Otro animal hay también que no contribuye a incomodar menos el oído por la noche; la cantidad y especies distintas de sapos es tan inmensa que la música se oye a una gran distancia y como el país todo está cubierto de ríos, ciénegas y pantanos no faltan músicos en todas partes: unos hay particularmente que llaman *bullfrogs*, cuyo canto asimila perfectamente el bramido del toro; su tamaño es como cuatro veces uno de los comunes en Europa. Entre las aves de canto hay una que ciertamente es admirable y merece particular atención; ésta es la que llaman *mockingbird* (o arrendajo) su melodía y variedad de tonos es tan admirable que no cabe descripción; y lo mejor es de que son tan comunes que cada vecino que tenga un árbol a las inmediaciones de su casa, puede estar seguro de su rato de música en el discurso del día... ¡Bravo contraste al de la música nocturna de los sapos! —su forma y color es semejante a la de los *sinsontes* de la Nueva España.

Otro día estuve a ver la plantación de míster Ogden en su compañía, la del coronel Blount, Seatgreaves y el joven Ogden; vi sus plantíos que comúnmente consisten en maíz, cebada, trigo y batatas; los árboles frutales estaban tan cargados de fruta, particularmente manzanos, perales y duraznos, que el que no estaba apuntalado, tenía la horqueta rota y ramas desgajadas con el peso de la fruta. Los habitantes observan este espectáculo no con aquel agrado que el pasajero, pues saben por experiencia que el año de mucha fruta, sobran por todas partes tercianas; cuya enfermedad es muy predominante en el país y les arruina insensiblemente la constitución y complexión personal, tornando pálidas las más rozagantes teces europeas.

Algunas damas, sin embargo, conservan sus colores bellos y su salud en el mejor estado, el número de mis más favoritas y conocidas son miss Oram, miss Elis, miss Nash, miss Elis senior, miss Schilbeack, miss Cooke, miss Cooke senior, miss Oliver y miss Egliston, su trato es algo encogido, pero su sociedad cuando se ha conseguido alguna confianza y familiaridad es agradable y jocosa; miss Stanley (cuyo marido estaba ausente y es el principal comerciante del paraje) es dama de muy buenos modos y circunstancias, no tuve el gusto de tratarle de cerca; miss Cogdell, su hermana, es una de las más bien parecidas y floridas complexión que he visto en toda la América.

Camino de Beaufort. Carolina del Norte, 12 julio de 1783
El 12 de julio a las diez de la mañana dejé finalmente a todos mis amigos de Newbern y pasando el río Trent por el ferry (o barca) de la ciudad ésta tomé el camino de Beaufort y a las dos de la tarde llegué a la posada de Allways distante 23 millas de Newbern; el camino es bastante bueno, como lo son en general todos los de este país, pues el terreno es duro y arenoso e igual por todas partes; pero la casualidad de haber llovido mucho los días anteriores, hizo que todos los puentes de madera que hay sobre él estuviesen destruidos y no con poco trabajo hube de pasar los caballos y Sulky para seguir mi jornada ésta fue un poquillo fatigosa, pero una comida regular y aseada y la compañía de Confort y Constance dos hijas del posadero y muchachas de quince a dieciocho años muy bien parecidas, pronto pusieron en olvido la caminata: por la noche hubo buena cena y mejor conversación con las muchachas; una no tuvo embarazo en venir a mi solicitud, a continuármela en la cama después que todos se retiraron a dormir. Al siguiente día a las seis de la mañana emprendí otra vez mi jornada y habiendo andado 21 millas por caminos semejantes al del día antecedente, atravesando un *Swamp* (pantano) que tendrá más de una milla de ancho y millones de mosquitos encima, llegué a las diez del día a Beaufort.

Beaufort. Carolina del Norte, 13 julio de 1783
Tomé alojamiento en casa de miss Cheney que me trató y cuidó grandemente; su amable compañía pudo en algún tanto mitigar la aridez e insociabilidad del lugar. Aquí encontré todo mi equipaje a salvo, que desde Newbern había enviado

el día antes de mi salida por el río; y, además, hallé también a mi amigo Schilbeak que para asistir a algunos comerciantes y pasajeros franceses procedentes de La Habana y náufragos sobre los bancos de Cape Look Out, había llegado aquí el día antes; con su sociedad, compañía y tocar un poco de flauta conseguía divertir un poco las incomodidades del clima, particularmente los mosquitos y el calor; este es con tal exceso, que jamás me acuerdo haber sufrido semejante desagradable impresión, aun en las costas de África y provincia de Extremadura en España. Los asuntos de los comerciantes y pasajeros franceses se transigieron con tan buen orden, justicia y equidad que todos se retiraron satisfechos y yo muy contento de verme entre gentes que aunque pobres son humanos y generosos. Por las leyes del país todo el individuo que con su asistencia y ayuda salvase cualesquiera efectos de embarcación náufraga sobre las Costas, tiene para sí la cuarta parte; y aquí es que los botes de los pilos que llevo mencionados arriba, o *Whale Bots*, como les llaman por este paraje, son la suma utilidad y hacen ver su habilidad y audacia; cuando esta embarcación que he referido varó sobre los bancos de Look Out, los golpes de mar la cubrían y pasaban de popa a proa, a cuyo tiempo los *Whale Bots*, sin la mayor fatiga se paseaban sobre las ondas irritadas protegiendo la embarcación y recogiendo cuantos efectos salían a flote: hasta el forro de cobre salvaron y lo trajeron a Beaufort. Este lugar está situado en una playa arenosa y bastante desabrigada, sino por algunos bancos de arena que hacen como barrera a la mar y forman, The Sound, o la *Sonda*: su población será como de ochenta vecinos y las casas bastante infelices; no hay comercio y así los vecinos son pobres, sin embargo de que su situación es mucho más ventajosa para tenerle que Newbern, pues en la *Sonda* pueden entrar hasta fragatas. Míster Parrat y míster Dennis que son los sujetos instruidos del lugar, me favorecieron con su compañía todo el tiempo que me detuve aquí aguardando embarcación en que embarcarme para Charleston: el primero es agrimensor general y me dio un muy buen plano del Estado, por lo que mira a sus costas e inmediaciones del mar.

18

En el medio tiempo hice una excursión en el país a distancia de 12 millas subiendo el pequeño río Newport en las habitaciones de dos hermanos cuáqueros, el uno rico e ignorante míster..., el otro (míster William) pobre, instruido y generoso este me escribió una larga carta, enviándome la célebre apología de R. Barclay por los de su persuasión y que inserto en el número para modelo del peculiar modo que tienen de escribir. Jamás he sufrido semejante incomodidad por calor, chinches y mosquitos que la que pasé estos dos días de investigación cuaquérica. La agricultura que por allí se observa es poquísima (maíz es lo general y batatas) el terreno arenisco y muy pobre. Sobre las riveras del mar o *Sonda* hay varios molinos de viento de muy buena construcción e idea; son todos de madera y duran, sin embargo, doce y veinte años: otros hay en las quebradas que caen a los ríos donde por medio de una calzada y compuertas que llaman *Dam* (en otros términos esclusa) recogen agua y forman por lo general dos molinos uno de aserrar madera y otro de moler grano de esta especie hay infinitos por todos estos parajes, pues la tablazón es uno de sus principales ramos de comercio.

Cape Fear. Carolina del Norte, 22 julio de 1783
El 22 a las dos de la tarde me despedí de mis pocos amigos y me embarqué en una pequeña goleta su capitán. J. Adison, para seguir a Charleston: el viento sopló favorable por el norte y el siguiente día a las tres de la tarde llegamos a Cape Fear, entramos en el río por la boca que llaman New Inlet y dejando a la izquierda enfrente de esta misma entrada el fuerte Johnston, a 10 millas más arriba subiendo dicho río, sobre la propia mano izquierda está el lugar de Brunswick, perfectamente situado tanto para el comercio, como para el goce de la vida; pero enteramente arruinado y demolido en la última guerra. Inmediato a este a cosa de una milla más arriba sobre la propia rivera izquierda del río Cape Fear se halla la habitación y estado del general americano Howe, en la cual vive (ínterin él se divierte en disipaciones por otra parte) su desgraciada familia, pues la mujer está en tono de divorciada y una preciosa hija suya de dieciocho años acaba de tener dos hijos con un negro esclavo suyo... ¡válgate Dios por naturaleza humana y leyes injustas que la afligen!

Wilmington. Carolina del Norte, 22 julio de 1783
Siguiendo nuestra navegación río arriba por espacio de 20 millas más, con poco viento llegamos a las once de la noche a Wilmington; y no me causó poca sorpresa ver aquí embarcaciones de 600 y más toneladas que con toda facilidad suben río arriba. A Brunswick llegan fragatas de guerra, pues la boca principal del río tiene en su entrada más de 3 brazas de agua por cuya razón no es extraño haya aquí mucho más comercio que en Newbern y demás lugares del Estado y que éstos florezcan sobre todos. La situación es ventajosa y agradable, muy abundante en aguas de fuentes cristalinas que

brotan por todas partes; y sus edificios, aunque no muchos, son cómodos, aseados y mejores por lo general que en Newbern: hay mucho más comercio que en los otros parajes ya citados y sus habitantes parecen más sociables y generosos; ambos sexos visten también mejor. El mayor Walker, para quien traje carta de recomendación y míster Blount comerciante, ambos sujetos de respeto en el lugar me acompañaron y manifestaron el interior; por remate fuimos a la casa del billar donde se jugaron algunas partidas hasta el mediodía: este juego está tan introducido en el país que en ninguno de los lugares por donde pasé faltaban sus dos, o tres mesas de esta diversión; las mujeres se quejan de que los maridos frecuentan demasiado esta moda francesa, introducida en el tiempo de la guerra. Por la mañana temprano estuve en el mercado, que es bastante bueno en proporción y entre las frutas que allí trajeron noté unos duraznos tan grandes y hermosos que sin ponderación eran como una naranja, su color sumamente encarnado y por un lado amarillo. También observé a las inmediaciones del lugar en los parajes más elevados y de comando varios restos de fortificaciones de campaña, que los británicos erigieron en la guerra que acaba de concluirse, cuando tomaron posesión de este puesto.

Esta provincia está situada entre los 34° y 36° 33" latitud norte. Estará poblado como 300 millas en lo interior y 150 lo largo de la costa. La agricultura es cosa corta por lo general y la cría de ganados es mucho más considerable particularmente cerdos y ganado vacuno: el invierno es corto y bastante frío; pero el verano es calurosísimo; truenos y tormentas son muy frecuentes, produce maíz trigo y variedad de vegetales; mucha fruta y los árboles frutales son mayores que en Europa al doble: los caballos (cuya cría no es pequeña) son de raza inglesa y bastante buenos: la caza de venados es abundantísima y la diversión favorita de los caballeros y gentes del país, me hallé en una de estas partidas y protexto[1] que a cada momento aguardaba que alguno de la comitiva viniese con pierna, brazo, o cabeza rota; pues el modo es echarse a correr a caballo tras del gamo que se descubre en medio de un bosque cubierto de ramazón y que a veces apenas cabe el caballo; éstos están ya acostumbrados y el jinete se baja ceñido al pescuezo del caballo que se suelta a todo correr conforme ve la pieza y es el que lleva la dirección; no faltan ejemplares funestos de este modo de diversión en el país. Los lugares son pequeños el gran número de sondas y pasajes estrechos les impide el aumento; excepto el río Fear y Clarendon, no hay ninguno que admita la navegación de embarcaciones mayores de ochenta toneladas. Los ramos principales de comercio son alquitrán, brea, terpentina, duelas, madera, pequeños mástiles y pelletería: el año de 70 se supone entradas y salidas de embarcaciones de todo porte en este Estado al pie de 990. Los habitantes por este mismo tiempo se calculaban al número de 150.000, pero por los cálculos publicados en Filadelfia en 84 son total 300.000, capaces para las armas 75.000; un medio proporcional entre estos dos será tal vez el número cierto.

Gobernador del Estado
Su excelencia Alexander Martin, Esqr[2]
Lugares principales
Newbern   Brunswick
Wilmington   Halifax
Edenton   Beaufort

1   (Sic.)
2   Abreviatua de Esquire. Título de cortesía que aparece tras el apellido. (N. del E.)

Bath   Hildsborough
Hartford   Winton
Exeter   Tarborough

La Mar. Georgetown, 25 julio de 1783

El día 25 a la una del día nos hicimos a la vela y bajando el río por donde mismo salimos, dejamos a nuestra derecha el bien situado lugar destruido de Brunswick, el arruinado fuerte Johnston y antes de ponerse el Sol desembocamos a la mar por la grande *inlet*, o boca principal, que como llevo mencionado tiene fondo suficiente para admitir navíos de mayor porte —con el viento fresco por el N. E. continuamos nuestra navegación toda la noche y entre diez y once de la misma dimos fondo sobre los bancos que forman la embocadura de Winyah Harbour, por la parte del norte— al romper el día del 26: levamos el ancla y con toda seguridad entramos en el río Wackmaw, por la boca que llaman Town Entrance, que tendrá dos brazas de fondo; el viento continuó soplando por el N. O. flojo y nosotros continuamos nuestra navegación río arriba hasta que a las once del día nos amarramos en los *Wharfs*, o muelles de madera de Georgetown, situado sobre la ribera del norte de dicho río Wackmaw a distancia de 20 millas de su embocadura —la planta es bonita y sobre terreno un poco elevado, su población aunque pequeña parece decente y contiene muy buenas casas, algunas hay quemadas y otras enteramente arruinadas de resulta de la última guerra—. Inmediatamente saltamos a tierra y en compañía de nuestro capitán Anderson y míster Tucker, pasajero natural de Boston, fuimos a la posada única que hay en el lugar; aquí nos hubimos de hospedar pasablemente mal; por la noche tuve que reñir una pendencia con la ama de casa para que una mala cama que tenía dispuesta para que míster Tucker y yo la ocupásemos juntos, fuese solo para uno: sin embargo, dos huéspedes más que había en la posada los encajó juntos en otra camita dentro del propio cuarto que se había destinado para nosotros; creyendo sin duda que el privilegio de camas separadas, excluía por consecuencia el del cuarto que primero nos había acordado y después despojó sin más ceremonia ni cumplimiento. El pan que comimos todo el tiempo que estuvimos aquí, era de arroz, en unas tortillas pequeñas; lo mismo nos sucedió en Beaufort de Carolina del Norte; el gusto es bastante bueno y saludable su nutrimento.

27

El siguiente día por la mañana tomé un caballo y me paseé por las plantaciones inmediatas, observando las plantaciones de arroz y añil que hay por todos aquellos contornos. Las tierras son muy buenas por todo el distrito y su agricultura muy adelantada y floreciente (varios sujetos del país me han asegurado ser la mejor de todo el Estado). En las inmediaciones del lugar sobre los parajes de comando se ven algunos restos de fortificaciones de campaña, hechas por los británicos en el curso de la guerra que acaba de concluirse. Las casas de campo que se ven por las inmediaciones son hermosas, cómodas y espaciosas; denotando en ello la riqueza, sano gusto y amor justo a la vida rural, de sus habitantes. El 28 lo empleé del mismo modo visitando los contornos del lugar y algunas personas de forma de las poquísimas que había en él; entre ellas visité a miss N. que posee la mejor casa de todas y bastante propiedad: su trato es amable y posee la música medianamente; por su desgracia hubo de franquear sus privados deliciosos favores, a un sujeto casado; las consecuencias fueron un hijo, que, no habiendo tenido discreción suficiente, o tal vez no queriendo ocultarle, vive con su tierna madre por monumento de su infamia injusta... vaya una pequeña anécdota que me ocurrió aquí, para que se vea que todos los pueblos de la tierra y aun los más civilizados tienen preocupaciones de la más crasa superstición —uno de los días que pasé en este lugar acertó a ser domingo y hallándome en casa sin poder salir a dar un paseo por lo mucho que llovía, tomé la flauta y puseme a tocar una pieza de música por diversión; cuando el patrón y ama de la casa sorprendidos y escandalizados corren en busca de míster Tucker para que intercediese conmigo a fin de que dejase la flauta y no tocara en domingo: míster Tucker vino a mí inmediatamente y refiriéndome el pasaje, hube de soltar la carcajada y dejar por supuesto el instrumento; con cuya circunstancia toda la familia se tranquilizó y yo hube de hacer mi apología, por el olvido padecido— en Newbern me sucedió otro tanto habiéndome puesto por olvido a jugar a los naipes en domingo; y no tuve poco que hacer para dar una satisfacción a aquellas gentes y recobrar mi carácter, que de otro modo hubiera perdido irremisiblemente.

La Mar. Charleston. Carolina del Sur, julio a octubre de 1783

El 29 a las seis de la mañana nos hicimos otra vez a la vela y con viento fresco del norte bajamos el río en cosa de dos horas. A las ocho salimos a la mar y dejando el río Santee sobre la derecha a distancia de 6 millas más abajo en prolongación de la costa, montamos Cape Roman y sobre la misma costa pasamos las pequeñas Islas Bull, Capers, Davis, Long y Sullivans; a las cuatro de la tarde recalamos sobre el fuerte

Moultry, situado sobre la punta del sur de la última de estas islas a la entrada de la bahía de Charleston: el fuerte Johnston, que está en la parte opuesta sobre la punta del norte de la isla James y forma el canal de la entrada nos llamó con una bandera: enviamos por descontado el bote y después de haberse informado el comandante de dónde veníamos y cobrar un peso fuerte, procedimos atravesando esta hermosa bahía y a las cinco de la tarde nos amarramos en uno de los *Wharfs* de la ciudad en medio de crecido número de embarcaciones mercantes que entran y salen constantemente en este puerto. Inmediatamente saltamos en tierra y, sin que nadie nos dijese una palabra, ni guarda o ministro alguno de rentas (porque no hay canalla de esta especie) intentase examinar nuestros equipajes ni cosa alguna, cada uno procedió a buscar alojamiento. Yo encontré por fortuna al desembarcarme a míster Bourdeaux comerciante de esta ciudad, que conocí en Newbern y fue tan atento que inmediatamente me acompañó a buscar buena posada: por su recomendación tomé alojamiento en la de miss M. Stone en Trad Street número 13. Pagando poco más de un peso diario por comida y alojamiento; hasta el 23 de agosto que para mejorar de cuartos, en la expectativa de conseguir el logro de una lisonjera empresa amorosa, pasé a Kink Street número 80. Miss Melar, ocupando el alojamiento que dejaban el coronel de artillería Carington y el mayor Eduard.

Al día siguiente estuve a visitar a Thomas Bee Esqr para quien traje una carta de recomendación de míster Seagrove en La Habana; me recibió con suma política y atención y me acompañó a visitar igualmente a su excelencia el señor gobernador actual Benjamin Guerard Esqr a quien entregué también carta de Introducción del general Cagigal;³ y en su consecuencia me ha colmado de honras y agasajos durante todo el tiempo de mi residencia en esta capital.

Estando justamente en estos asuntos y recibiendo varias personas de carácter que vinieron a visitarme al siguiente día por la mañana, ve aquí que llega el famoso abogado, consejero y mayor Eduard Rutledge Esqr, armado de espada en tono militar y llamándome aparte, me entrega bajo un preludio político y estudiado una carta sellada de parte de William Brailsford —abrila inmediatamente y hallé en ella un completo desafío, concebido, sin embargo, en términos bastante ambiguos, nombrando por segundo y ajustador de los preliminares al citado míster Rutledge— estas circunstancias me obligaron a abrir conversación y tratar el asunto con dicho emisario; cuyas consecuencias fueron pedirme este permiso para hablar en el intermedio a míster Brailsford, que sin duda procedía equivocado en el particular: no tuve embarazo en concedérsele con el bien entendido de que supiese míster Brailsford antes que nunca le faltaría por mi parte (en caso de no estar satisfecho) cualesquiera otra satisfacción que un Caballero debiese dar a otro en casos semejantes, de aquí provino que cuando aguardaba a mi adversario ostentoso y con las armas en la mano para recibir la satisfacción que indicaba por su carta; me avisa por la tarde por míster Rutledge en recado por escrito, de que había

3 Se refiere a Juan Manuel Cagigal, general nacido en Cuba con quien Miranda participó en 1781 en la Batalla de Pensacola contra el ejército británico, como parte del apoyo español a la Independencia de los Estados Unidos de América. Más tarde Cagigal advirtió a Miranda en La habana de que había una orden de captura para enjuiciarlo en España y lo ayudó a huir de Cuba hacia Estados Unidos.
En mayo de 1783, Juan Manuel de Cagigal escribió una carta de recomendación dirigida a George Washington a favor de Miranda. (N. del E.)

procedido equivocado y quedaría enteramente satisfecho, si por una carta mía le aseguraba, que su carácter no desmerecía en mi concepto; pero como el fundamento de su carta a mí era falso y, ambiguo el contenido yo le remití copia de las conversaciones y recados que el mismo Rutledge puso por escrito deseando que esto pudiese aquietar su desazón. Efectivamente parece surtió efecto, pues nunca después volvió a repetir instancia; antes bien al siguiente día comimos juntos en casa de míster Bee y saludándome amistosamente, me ofreció la mano con muestras y expresiones de amistad... y así concluyó este grande aparato caballeresco, dándome a conocer su autor en lo sucesivo que no falta gran porción de quijotismo a su carácter.

Los principales sujetos del país y oficiales del ejército del sur (a quienes fui introducido por el gobernador en un gran convite que me dio cuatro días después de mi arribo) que a la sazón se hallaban aquí estuvieron a visitarme y les debo suma distinción y agasajo. Trasladaré aquí algunos de sus nombres para grata memoria y reconocimiento. General Green —general, Moultry— Thos Bee —intendente Hutson— míster chef Justice Burck —coronel Washington— coronel Lewis Moris —coronel Walton White— doctor Turembul —míster Penman— coronel Pinckney —major Butles— míster Medliton —major Pearce— coronel Eustace —Rd. míster Purcel— doctor Ramsay —ex gobernador Mathews— colector general Hall —míster Jones— Judge Heward —doctor De la Howe— doctor Flag —míster Colleton— míster Moris marcht —míster Banks id.— monsieur La Canterie —míster Bethwne mart— míster Ewen id —tresurr Black— míster Campbel mart —míster Smith— míster Marshal —míster attorney general Moultry.

Los naturales habitantes del país son ricos por lo general y aman el campo y la vida rural, de que resulta tener muy buenas habitaciones de campaña: la caza, la danza y fumar tabaco en pipa son sus diversiones favoritas —la sociedad no está muy animada en la ciudad, sin embargo de que no faltan sujetos de instrucción y noticias— la juventud en general es vana e ignorante: las mujeres más agradables (aunque algo hurañas al principio del trato) y visten con sumo gusto; excepto el peinado que se le forman ellas mismas con bastante negligencia —el número de este cejo es crecidísimo respecto del de hombres; no falta quien haga el cómputo de cinco a uno; y la causa que dan es el crecido número de *Tories* que los *Whigs* han muerto en la pasada guerra y el de éstos que los *Tories* y británicos han destruido igualmente—. En el distrito 96 solamente (y esto lo sé por buena autoridad) se cuentan 1.200 viudas... ¡quien quiera escoger mujer desde luego puede venir a este país de abundancia! Las damas principales que tuve el honor de tratar más en el tiempo de mi residencia aquí fueron miss Eliot —miss Pinckney— miss Purcel, miss Moultry, miss Turembul, miss Bee (llamada por antonomasia Queen Bee), miss Ward, miss Colleton (canta muy bonitamente en el gusto inglés), miss Sawyer (agradable coqueta), miss du Bose (remarcable por su bella y majestuosa persona), miss Jones, miss Hall, miss Townsend (mi g. a) miss P. Turembul; miss Mareshal y miss Glower (las dos hermosuras en boga); miss Bay, miss Mareshal, the miss Tibault, miss Eliot, miss Butler, miss P. Smith, miss Ramssay, miss Magot (una de las tres famosas viajeras que sin compañía de hombre alguno anduvieron la Francia, Italia, etc.), miss Feneque, miss, Mathews, miss White, miss Haleston.

La ciudad es bastante extensa y contiene muy buenas casas de ladrillo y madera, cuyo número se calcula en 1.500,

bien que una gran parte está arruinada por un fuego que
aconteció hace tres o cuatro años; entre los edificios quemados se ve la casa de asamblea que en sus ruinas manifiesta
haber sido uno de los más capaces y mejores: es increíble
el número de ocasiones que la historia nos informa haber
padecido desastres esta ciudad por tan voraz elemento. Su
situación es agradable y muy ventajosa para el comercio, justamente en el paraje que confluyen los ríos Ashley y Cooper,
espaciosos y navegables, las brisas del mar le refrescan y hacen su morada menos insoportable en el verano, cuyo calor
y multitud diabólica de mosquitos excede toda ponderación.
Los edificios más remarcables son la casa de asamblea, la
nueva y vieja iglesia y el Exchange, su arquitectura simple y
pasablemente bien entendida: el Steeple de la nueva iglesia
es bastante elevado y se descubre a considerable distancia,
no solamente del mar afuera, sino en el país interior, pues
el terreno por todas las circunferencias es sumamente bajo
y llano. Las calles son rectas y espaciosas con pavimentos
de ladrillo por ambos lados para la comodidad de los que
transitan a pie: las más conspicuas entre ellas son Meeting
Street, Broad Street y Chorche[4] Street. En el medio y centro
de la segunda a la inmediación de la casa de asamblea está
la estatua de Pitt, situada sobre un pedestal de mármol con
rejas de hierro alrededor: la ejecución es de mediano mérito,
su tamaño del natural y el *costume* romano (extraña idea),
está en actitud de perorar, la mano derecha apoyada sobre
un libro en que se lee *Stamp Act* y de aquí se infiere que este
fue el motivo de la erección de dicho monumento, en honor
de este grande hombre; le falta actualmente parte del brazo
derecho que una bala de cañón le quitó durante el último
sitio en que la plaza fue tomada por los británicos. No hay

4   (Sic.)

teatro, ni espectáculo alguno; el único paraje donde las mujeres se ven en número general es la iglesia, en los días domingos y de aquí resulta que el número de la congregación es siempre por lo general crecido y muy lucido —el interior de las iglesias es sencillo y muy aseado lo cual contribuye a hacer el paraje más agradable y da lucimiento al concurso— las horas del servicio por la mañana son las diez y media y por la tarde las cuatro; a cuya hora tampoco falta concurrencia pues como el objeto de la juventud no solamente es el celo de religión y que ni hay paseos ni parajes públicos de concurrencia, la iglesia lo suple todo —una prueba de ello es que la gente anciana y padres de familia casi no concurren del todo y ¡por casualidad se ve uno en la iglesia!

A pocos días de mi llegada merecí al general Green el favor de que enviase su edecán el major Edwards para que me manifestase militarmente las fortificaciones de la plaza —efectivamente tomamos nuestros caballos a la punta del día y con bastante escrupulosidad lo examinamos todo—. Las que circuyen la plaza (que son bien extensivas) y sus avenidas están fabricadas provisionalmente y no se puede negar que con juicio y suma inteligencia, particularmente dos grandes reductos avanzados por la parte de tierra que (como casi todas las demás) son obra del famoso ingeniero británico Montcriff: todas van a toda prisa a su decadencia y no hay siquiera un cañón montado sobre sus explanadas: lástima por cierto, pues, sin embargo, que la construcción es provisional, los fundamentos de los principales baluartes son de ladrillo y el resto tan bien soportado con trabazones de madera, que con poco cuidado podrían durar largo tiempo. A cosa de 6 millas más adelante, saliendo por la puerta de tierra, esta otra obra de campaña compuesta de varios reductos que forman una completa línea de protección a un campamento británico que estaba allí establecido, como especie de puesto avanzado para impedir el acceso a la plaza y cubrir sin duda los trabajos de las obras citadas, al tiempo que se construían. Este en mi concepto es uno de los puestos de campaña más bien fortificados que puedan imaginarse, por un modo original: el terreno al frente está cubierto de un piñal espeso y por consecuencia debía proteger todo aproche del enemigo; pues que hizo Montcriff en estas circunstancias, tomó un crecido número de esclavos, hizo abatir todos los árboles por un considerable espacio, dejándolos caer sobre el terreno interpoladamente en el mayor desorden posible; y de este modo formó un abatis de casi 2 millas de largo y media de ancho, enteramente inaccesible, sino por un angosto paso que sirve de comunicación entre este puesto y el país; los flancos están apoyados sobre los ríos Cooper y Ashley. De este modo supo este hábil ingeniero formarse con las mismas desventajas del terreno, su mayor y más segura defensa.

El fuerte Moultry y Johnston, que están a la entrada de la bahía sobre las islas Sullivan y James se hallan en la misma situación que las demás corriendo a su decadencia; en el último solo se conservan dos malas piezas de artillería para llamar las embarcaciones que entran en la bahía cuando se ofrece. El primero, tan afamado por la defensa que el año de 79 hizo, repulsando el ataque de mar que dirigió el almirante Sir P. Parker, no tiene una pieza siquiera; pero su construcción merece atención; los parapetos son sumamente elevados, por cuya razón los fuegos superiores del bajel no podían hacer la mayor impresión sobre la gente que servía la artillería; y el maderaje de parapetos, etc. de palma muy bien trabado y rellenado con tierra, el efecto del terrible y constante fuego británico de cinco navíos de guerra, por más de diez horas de tiempo, no pudo hacer siquiera la impresión de demoler un merlon; la bala que tocaba en la palma (como se observa aún) se embotaba y caía afuera sin penetrar cinco pulgadas, ni levantar astilla. Esta madera sin duda es la mejor que puede encontrarse para este género de fortificación, pero concurre la circunstancia que con la tierra y la humedad se pudre pronto. Inmediato a este fuerte en el paraje que llamaban Pest House (pues en el día no se ve semejante edificio) está otra fortificación en figura elíptica que podrá montar treinta y cinco piezas de artillería y tiene hornillas en el centro para encender la bala roja (parece que la idea ocurrió también a Montcriff, antes que el comandante de Gibraltar la pusiese en práctica con nuestras flotantes) todo construido con aquel gusto, solidez, inteligencia y sencillez que caracteriza las obras inglesas: por dos o tres parajes se ve que se había puesto fuego a esta obra con designio de destruirla cuando los británicos evacuaron la plaza; pero una lluvia que sobrevino lo apagó, preservándonos por esta casualidad un monumento de la habilidad e inteligencia del genio militar que la erigió. No así otra pieza algo mayor al parecer que ésta, construida por el mismo ingeniero sobre un banco que se descubre al centro de la bahía, opuesto justamente a la boca de su entrada, que llaman Shule's Folly y, el único punto seguramente de donde la artillería puede contener una fuerza naval que decididamente quiera atacar el puerto y la ciudad: el fuego quemó y redujo a cenizas todo el maderaje, arruinando por consecuencia cuantos parapetos y, obras exteriores se manifiestan, pero sin fundamentos que es la obra maestra (y sin duda la mejor de su especie que se ve en toda la América ésta) subsisten aún y existirán por largo tiempo. Este paseo y visita de los fuertes lo hice en una mañana agradable en compañía de míster Yung de Savannah y míster J. Penman, mi buen amigo, cuya generosidad y atenciones experimenté constantemente hasta el punto de mi embarque. El coronel Senf comandante del fuerte Johnston que debía acompañarme en esta excursión, hallándose obligado a marchar a Georgetown en asuntos de oficio, recomendó el asunto al capitán Bellevue, que manda el puesto en su ausencia y se portó con civilidad y atención.

En otra ocasión estuve a una partida de campo en compañía del coronel Lewis Morris, edecán del general Green y uno de los oficiales continentales más instruidos en su profesión que he conocido; la compañía fueron su mujer, su cuñada miss Huger, miss Eliot y miss Eliot su suegra: el día lo pasamos agradablemente ya paseando bajo la sombra de los copados pinos ya en la sensible y gustosa conversación de miss Eliot y miss Huger, que no son escasas de noticias, ni de gusto por las bellas letras. La casa de campo que sirve de recreo a esta amable familia está sobre la rivera del río Ashley a 8, o 9 millas de Charleston, se llama Accabee y está bien situada respecto de la configuración del país que siendo todo llano, no ofrece prospecto, ni comando ventajoso a la vista. Por la tarde nos volvimos a la ciudad y las damas jóvenes nos acompañaron a caballo, cuya diversión es favorita entre las damas del país y la practican a menudo: todos los días se ven partidas de a caballo de esta especie que corren las calles y avenidas de la ciudad. Una circunstancia ocurrió en esta ocasión que no quiero omitir: estando paseando con mi amigo el coronel por los alrededores de las casas de campo después de comer, noté un pequeño edificio de ladrillo que estaba inmediato a modo de cementerio, pregúntele qué cosa era y me respondió que el depósito de los huesos de la familia: recombinele con la impropiedad de semejante idea, al frente justamente de un paraje de recreo y gusto, etc. exhortándolo a que lo removiese de allí cuanto antes; pero a esto me recombino con asegurarme que si tal cosa hiciera, no solamente le tendrían por un impío, sino que sus gentes se creerían infelices... ¡válgate Dios y hasta dónde se extiende aún el dominio de la superstición y del error!

Uno de los caracteres más originales que aquí conocí, es el general Gadsden; su edad irá ya muy cerca de los ochenta y, sin embargo, ahora está cultivando el idioma hebreo. Ha construido un *Wharf* de suma extensión sobre el río Cooper (por el cual se embarcaron las tropas británicas protegidas de dos baterías sobre los flancos, a su retirada de la ciudad) y sin embargo de que la mayor parte de los inteligentes desaprobaban la empresa durante mucho la ejecución, él la realizó al fin. En el tiempo de mi residencia aquí se le prendió fuego una noche al *Wharf* por un almacén de ron que allí había y sin embargo de que todo el mundo ocurrió inmediatamente con temor y sobresalto en tan terrible y horroroso espectáculo, él daba sus órdenes y ¡tomaba providencias con la mayor serenidad...! ¡Hombre de extraña fortaleza y presencia de ánimo!

15

Míster Chief Justice Burck, autor del papel intitulado *Consideraciones sobre la sociedad, u orden de Cincinati*, que bajo el nombre de Casuis se publicó en Charleston el 10 de octubre estando yo allí, es sujeto de ingenio, habilidad y buen juicio y no puede negarse que en las inclinaciones de los sujetos se descubre la analogía del genio, talento, etc. pues jamás he encontrado sujeto tan apasionado admirador del mérito y buen gusto de nuestro inimitable Miguel de Cervantes. Le he merecido particular amistad y concepto; aprovechando infinito en su conversación y noticias durante todo el tiempo que permanecí en esta ciudad.

Doctor John Turnbull, el Penn de la Florida... es sujeto de vasta erudición, profundos conocimientos y sano juicio; a lo que reúne un trato amable y don de gentes que le constituyen un completo ciudadano del mundo. Favoreciome con su apreciable amistad y trato durante todo el tiempo de mi residencia en la plaza; honrándome por último con cartas expresivas de recomendación por mi lord Shelburne, coronel Barre, general Haldiman, doctor Pristly, etc. sujetos del primer carácter en Inglaterra; cuyo contenido se lee al número.

Doctor David Ramsay, autor de la famosa oración sobre las ventajas de la independencia de los Estados Unidos de la América, leída ante una pública asamblea en Charleston el año de 1778. Un genio activo, ideas justas, amor a la libertad civil y costumbres algo austeras forman el bosquejo de este carácter republicano... varias cartas de recomendación con que me favoreció a mi propartida me sirvieron de introducción y concepto para con varios literatos y miembros del congreso en Pensilvania y Jersey.

Judge Heward: el famoso miembro del congreso que cuando se trató el arduo asunto de declarar la independencia el 4 de julio de 1776 con resolución y ánimo heroico echó el voto decisivo y terminó el asunto probablemente para siempre. Austeridad de costumbres y de trato; justas ideas; y fortaleza inalterable, componen la parte principal de su carácter.

General Moultry: marcado en los gloriosos anales de la América, por la defensa obstinada que hizo del fuerte Sullivan (llamado desde entonces Moultry, en su honor) contra el dictamen del general Lee, que a la sazón mandaba en Charleston y opinó que se evacuase el fuerte como incompetente para resistir un ataque tan desigual: el enemigo cometió mil errores y desaciertos; la casualidad quiso que fuese rechazado y ¡ve Vmo. aquí Moultry levantado a las nubes y el famoso Lee, decaído al extremo, por la misma razón que merecía el mayor aplauso! nada prueba más los conocimientos y genio militar del uno y los cortos alcances del otro, que el hecho mismo porque el vulgo les ha calificado tan errada e injustamente. Sano juicio y una disposición humana, sociable e imparcial, adornan su carácter de hombre de bien.

Intendente Hutson: este empleo fue criado en su persona estando yo allí en el mes de septiembre; y su espíritu y resolución se manifestó luego en la supresión de los tumultos, o *mobs* fomentadas por el picarón de Guillon y conducidas por el doctor Faguan. Estos dos personajes o caudillos del populacho, habían dos meses antes insultado infinitos habitantes sujetos de respecto y carácter, a quienes bajo el pretexto odioso de *Tory*, o *British* el dicho Guillon quería echar del país a fin de lograr sus negociaciones mercantiles con toda excepción y ventaja propia: el gobernador y sujetos del primer carácter intentaron contener el daño a los principios, pero no pudieron con toda su autoridad impedir el que muchos individuos de forma, fuesen *Pump'd & Ducked* (esto es bañados y enlodados); al fin esto se contuvo por algún tiempo, hasta que poco después de la elección de míster Hutson intentando la propia gente juntarse otra vez para el propio efecto, el intendente envió una guardia al paraje señalado para que arrestase a todo individuo que con este designio se juntase allí y por este medio se remedió en un momento, el mal que un jefe irresoluto y temeroso había creído incurable... nunca más han parecido desde entonces las tumultuosas bandas, ni sus caudillos. Un juicio sano, bastante instrucción, amor a las ciencias, a la sociedad y a la humanidad, son las cualidades de este carácter amable.

¡Durante este tiempo asistí muchas veces a las cortes de justicia; y no puedo ponderar el contento y gusto que tuve al ver practicar el admirable sistema de la constitución británica! ¡Válgame dios y que contraste al sistema legislativo de la España! Entre los sujetos que más brillaban *in the Bar* (esto es en estrados) se distinguían E. Rutledge; coronel Pinckney; fiscal Moultry; y el mayor Pinckney. El primero posee un conocimiento mediano de las leyes, brillante y fácil explicación, con un modo bastante agradable y recomendable persona: el segundo es hombre de buen juicio, profundos conocimientos en su profesión y fuerza en el argumento, aunque su elocuencia ni es tan brillante, ni tan sonora como la del primero. Moultry tiene solidez, juicio y muy buena locución: el último en nada es completo aún, sin embargo, de que muchos lo creen un prodigio en todo: ha logrado una buena educación en Europa, es joven aún y da muy buenas esperanzas, sin que sus progresos manifiesten todavía nada de extraordinario.

El terreno de todo este Estado (como igualmente el de la Carolina del Norte) es arenisco y sumamente pobre por toda su extensión en el espacio de más de 100 millas distantes de las costas del mar; a cuya amplitud el terreno varía ya enteramente en calidad muy buena y la superficie es montuosa. Arroz y añil son los productos principales del país, cuyo valor le constituyen el más rico Estado de todos los de esta América: el primero se cultiva como se sabe en parajes cenagosos y de agua dulce, cuya oportunidad se logra aquí por medio de los abundantes ríos y mareas. A distancia de 20, o 30 millas de la embocadura de un río elige el habitante su terreno en el paraje más bajo; la marea que dos veces al día hace montar las aguas en la embocadura por 4 pies y medio de altura, inunda el terreno perfectamente y le constituye muy a propósito para dicha cultura. El añil no necesita de tanta agua y así se forma la plantación en terreno más elevado, aunque siempre en paraje húmedo y llano... De aquí resulta que todo el país por lo general está infestado de tercianas; y con tal extremo en el verano, cuando los efluvios de las aguas estañadas se aumentan y corren más por la atmósfera, que sin embargo de que las gentes de alguna comodidad procuran venirse siempre a la ciudad, o puertos de mar para preservarse del contagio, respirando el aire puro de la brisa, casi todos padecen poco o mucho y los físicos han hecho una observación bastante singular, que es, que si en esta soson[5] se muda de aire (esto es que los que viven en la campaña vienen a la ciudad, o los de la ciudad pasan a la campaña) irremisiblemente ataca la fiebre. Se observa igualmente que los efectos de este accidente sobre el forastero y particularmente sobre la balsámica sangre europea, son mucho más violentos y sensibles que en las gentes del país... éstas están tan acostumbradas ya al mal, que les saluda uno muchas veces preguntando ¿cómo va? y responden (batiendo los dientes con el frío de la calentura) muy bien, solo la calentura *¡pretty well only the fever!* Una circunstancia bien rara se observa también en la historia de este país relativamente a la introducción del arroz y su siembra en él; conviene la historia en que el azar de los tiempos en el año 1729 trajo un bergantín procedente de la isla de Madagascar de arribo sobre la de Sullivan en su viaje hacia Inglaterra y que el capitán ofreció un pequeño saco de arroz al gobernador. De cuya simiente se propagó la planta en todo el país... y ¡con cuánta razón no merecía este benéfico introductor la memoria y aplauso de estos pueblos! ¡pero para que se vea con cuanta dificultad se destruye un habito

5   (Sic.)

y preocupación; hasta mucho tiempo después y esfuerzos de los hombres más sensatos no se pudo conseguir el que la cultura fuese general y el pueblo conociese la incomparable ventaja que de aquí le resultaba! A otro azar semejante debe la isla de Jamaica la introducción de la apreciable hierba de pasto que llaman *guinee grass* (pasto de guinea). Produce, además, este país, mucho maíz, algún trigo, muy buena fruta, granadas, nueces, algodón, moreras y uvas, la viña se encuentra silvestre en los montes más vírgenes y remotos con bastante abundancia, en términos de que varios sujetos han hecho vino, pero ni el jugo es a propósito, ni el clima permite el que la uva adquiera su buena sazón; varios experimentos confirman esta opinión. Entre los árboles abunda el pino que llaman *light wood* y produce excelente terpentina, brea y alquitrán de que forman un considerable ramo de comercio. El arbusto que llaman *Bayberry*, es singular por su producción, pues de una especie de frutilla redonda que produce en racimos, extraen los habitantes (haciéndole hervir en agua) suficientes cantidades de cera con que hacen velas muy buenas: su color es verde y cuando arde forma una luz muy clara y exhala cierto olor suave aromático que le hace preferible a la cera: aún la consistencia de la pasta parece más dura cera. El comercio del Estado comienza con vigor, pero aún no hay cómputos exactos; por cuya razón daremos los que con más certeza se formaron justamente antes de la revolución general.

navíos	marineros	importación de Inglaterra	exportación de esta provincia
140	1.680	£ 365.000	395.666

La población se cree montará entre blancos y gente de color (la cual compone más de la mitad) a 225.000 individuos: en la ciudad de Charleston habrá como 16.000 habitantes en todo, cuyas vidas se han visto en riesgo inminente por varias ocasiones en el modo siguiente: el año de 1752 (entre otros) sopló un terrible huracán, de modo que el agua se levantó 10 pies sobre la más alta marea; las embarcaciones se desamarraron y vinieron a tierra, balandras y goletas se hacían pedazos contra las casas en Bay Street: los habitantes se refugiaron sobre los altos de las casas, desesperanzados de sus vidas, cuando el viento saltando milagrosamente al oeste hizo bajar las aguas de 5 pies en diez minutos: la casa de la salud (o Pest House) en la isla de Sullivan, hecha de madera, con quince personas dentro, se la llevó la mar por algunas millas arriba del río Cooper y nueve de los quince se ahogaron. Hallándome yo aquí a principios del mes de octubre, comenzó a representarse igual escena, pero por fortuna el viento cambió al N. O. y solo las bajas habitaciones de las casas situadas sobre el Southbay se inundaron: ¡al siguiente día nos encontrábamos los conocidos en la calle y nos felicitábamos como si hubiésemos emergido de un gran riesgo... malas chanzas por cierto!

30

El gobierno de este Estado, es puramente democrático, como lo son todos los de los demás Estados Unidos. Un gobernador, senado y casa de representativos, son un débil suplemento a los tres cuerpos que organizan el equilibrio admirable de la constitución británica. Los salarios de magistrados y oficiales del Estado son sumamente moderados y no creo llegarán a 3.000 £ esterlinas. Todos los gastos públicos de este Estado antes de la guerra sobre cálculo muy seguro no llegaban a £ 8.000.

Beaufort, situado sobre Port Royal Island (o la isla Port Royal) como 15 millas más arriba de la embocadura de Great River; es un lugar del mismo tamaño con poca diferencia que Georgetown y el único además que merece tal denominación en todo el Estado.

En poder del coronel Pinckney vi una lista de todos los individuos que por ley del Estado habían sido Proscriptos, o multados: 230 era el número de los primeros y cuarenta y ocho el de los segundos.

La Mar. Pensilvania. Carolina del Sur, 2 noviembre de 1783 a 16 enero de 1784

El día 2 de noviembre a las diez de la mañana, di el último adiós a mis amigos de Charleston y me hice a la vela para Filadelfia en el bergantín James, con su capitán Benjamin Darell, en compañía de los pasajeros siguientes: monsieur Macorell, negociante de Port au Prince en Santo Domingo; míster Focke, prusiano de nacimiento y secretario que fue de míster Van Bramme, cónsul de Holanda en la Carolina del Sur; míster Nealson, *farmer* de Jersey; su hija miss Jane, de diecisiete años de edad y muy bien parecida; y su sobrina miss Sally Singletery, de veinte, ambas muchachas alegres al estilo americano. A las seis de la tarde dimos fondo fuera de la barra de Charleston; y el 3 a las siete y media de la mañana nos hicimos a la vela, gobernando al L. N. E. A las nueve se retiró el piloto y observamos que un bergantín que se hizo a la vela con nosotros varó sobre la misma barra. El día 4, 5,

6, 7 navegamos con vientos variables del N. E. en demanda de Cape Fear.

El 8 tuvimos viento fresco del S. O. y el 9 a las ocho de la noche nos hallamos sobre Cape Look Out, tan empeñados sobre los arrecifes, que por una gran casualidad escapamos. Cuando el capitán al claro de la Luna percibió el peligro y mandó virar, solo estábamos a dos cumplidos del banco de los arrecifes y la embarcación iba a vela llena echando 7 millas... ¡es uno de los peligros más inminentes en que jamás me he visto...! Finalmente después de haber corrido por encima de estos bajos como 10 millas sobre 3 y menos brazas de agua (por fortuna el viento soplaba de la costa) nos desembarazamos del riesgo y dimos mil gracias al capitán por el peligro en que su imprudencia nos metió.

El 10 tuvimos viento fuerte del N. O. que aumentando más y más, vino a ser un temporal desecho que duró sin intermisión hasta el 17; obligándonos a capear casi todo este tiempo, porque el bajel no podía sufrir la vela: dos circunstancias en mi concepto nos redimieron de este segundo riesgo. Primera el que el viento soplaba de la Costa y por consecuencia nos alejaba de este escollo. Segunda la calidad y cualidad de la embarcación; pues sin embargo de que la mar y el viento nos querían comer y por confesión de los mismos marineros jamás habían visto otra semejante, ni hizo agua, ni rindió palo alguno con el balance, a las cinco de la mañana del propio día el viento se llamó al norte y el mar viniendo más apacible hicimos vela en demanda del Delaware, hasta el 19 a las ocho de la mañana que claramente descubrimos the Light House, o la casa de la linterna sobre el cabo Hinlopen, que con el cabo May forman la embocadura del Delaware. Hicimos señal inmediatamente para llamar el piloto, que a las once de la mañana estaba ya a bordo.

Con viento fresco del L. S. E. seguimos montando este hermoso río, cuyas riveras son sumamente amenas y llenas de chozas y casas campestres que las hacen sumamente agradables, en particular la ribera izquierda que forma la provincia de Delaware y es terreno fértil: la opuesta que forma el Estado de West Jersey, es terreno árido y se conoce en la abundancia de pinos que le cubren, pues este árbol es el signo más positivo de un terreno arenisco y de poco meollo. A las cinco de la tarde vinimos al ancla sobre Rudy Island distante 65 millas de la embocadura del río, donde encontramos varias embarcaciones al ancla que aguardaban tiempo favorable para hacerse a la mar.

Sobre la rivera opuesta a la isla en la parte de Pensilvania, hay un lugar pequeño llamado Port Penn. El 20 a las siete de la mañana nos hicimos a la vela en proseguimiento de nuestra derrota y dimos fondo a las diez AM (por falta de viento) en el lugar de New Castel 15 millas río arriba: los pasajeros que veníamos a bordo, excepto las mujeres, fuimos a tierra donde nos dieron un excelente almuerzo en la posada de Israel. La casa de la posada es edificada por un holandés y de data anterior a Filadelfia, como lo es también el lugar que fue el primer establecimiento europeo sobre este río. Después de almorzar dimos un paseo por el lugar, que tiene bonita situación, buenas casas y como setenta vecinos y a la una nos embarcamos e hicimos a la vela con viento fresco del N. O. a las tres de la tarde pasamos por frente del lugar que llaman Wilmington, 6 millas más arriba sobre la rivera izquierda, situado sobre una bella hermosa colina. Diez millas más arriba está el pequeño lugar que llaman Marquisbook y cuatro más adelante sobre el propio río el de Chester que contendrá sesenta casas. Aquí había anclado un navío de sesenta y cuatro holandés llamado el Overissel y una fragata de treinta y seis que junto con otro navío igual (que se separó en el viaje y se supo después se había perdido) componían un escuadrón al mando del Comodore Rimersmar y vinieron a conducir al ministro Plenipotenciario de Holanda que desembarcó en este paraje. A las cinco y media de la tarde dimos fondo 9 millas más arriba en el paraje que llaman los primeros caballos de Frisia por haber plantado aquí unas máquinas (que tienen cierta similitud) a fin de obstruir la navegación del río en tiempo de la guerra, cuando los británicos se apoderaron de Filadelfia en el año de 1777, protegidas de un fuerte situado en la rivera de Jersey sobre el paraje que llaman Billing's Point. A las ocho de la mañana con la marea en favor nos hicimos a la vela y con sumo cuidado pasamos los segundos caballos de Frisia (pues apenas hay una abertura en el conmedio del río, para que pueda pasar un navío) que están situados 3 millas más arriba al frente de Mud Island, sobre la cual permanecen aún los restos de la fortificación que la hizo famosa por su defensa y coadyuvó a contener todo el esfuerzo de la escuadra británica, que intentaba pasar, por largo tiempo; tal vez no lo hubieran conseguido los enemigos, si algunas embarcaciones que se colocaron por el pequeño canal del oeste (que se suponía de poquísima agua) no la hubieran enfilado por la espalda.

No puede dudarse que los caballos de Frisia que llaman, es una de las más sólidas y felices invenciones que pudo producirse en fortificaciones de esta especie... ¡por cuanto no sería el sublime y general ingenio del docto Franklin que produjese esta singular invención! el nuevo sistema de chimeneas en que con una tercera parte de leña, o carbón de la que comúnmente se gasta, se consigue dar más calor al cuarto o pieza

20

que se intenta calentar. El jabón famoso para afeitarse que se vende en Boston con el nombre suyo. Los conductores para preservación de los rayos, etc. con otro sinnúmero de invenciones y descubiertos menores, que aunque no tan brillantes como los de las leyes de la electricidad y otros de este jaez, son mucho más útiles al género humano, han sido productos igualmente de este grande amigo de la sociedad... Una batería sobre la costa de Jersey en el paraje que llaman Red Bank, protegía igualmente su defensa. Seis millas más arriba sobre la propia costa de Jersey, está el pequeño lugar de Gloucester y dos más adelante Filadelfia donde llegamos a las diez del día, amarrándonos en los *Wharfs* entre multitud de embarcaciones de todas naciones que frecuentan esta ciudad hermosa, libre y comerciante. Inmediatamente (día 22) nos desembarcamos sin ceremonia alguna ni registro.

Las mujeres con míster Nealson se fueron por su lado y míster Marcorell, míster Focke y yo nos encaminamos a la posada llamada the Indian Queen, su patrón míster Thompson en 4th Street donde tomamos alojamiento pagando a razón de un peso fuerte por comida y alojamiento (excepto licores); seguramente debo confesar que en ninguna parte he visto más aseo, abundancia, regularidad y decencia lo cual constituye esta posada la mejor que he conocido. La ciudad es sin disputa la mayor y más hermosa de todo este continente, sus calles son regulares y cortadas en ángulos rectos, la anchura por lo general es de 50 pies y Market Street tiene 100 pies; con pavimentos de ladrillo por un lado y otro para pasar la gente de a pie, por cuya razón se hace poco uso de coches y carruajes; de distancia en distancia al frente de las casas formando postes al pavimento de la calle, hay pompas de madera, donde con la mayor comodidad y limpieza se suplen todos los habitantes del agua que necesitan.

Boca del Delaware a Filadelfia	
a Redy Island...	65"
a New Castel...	15"
Wilmington...	6"
Marques Hook...	10"
Chester...	4"
Billing's Point...	9"
Mud Island...	3"
Gloucester...	6"
Filadelfia...	2"
	120" millas.

En la confluencia de los ríos Delaware y Schuyl Kill está situada Filadelfia en paraje seco y dominante. Nueve calles que corren de un río a otro, cortadas por diecinueve otras perpendicularmente, forman el centro. Las casas son cómodas, aseadas y de buen gusto, aunque algo reducidas; tienen jardines por lo general y su arquitectura es lisa y llana como el traje y costumbres de los primeros habitantes. Tiene muchos y muy buenos muelles de madera para la facilidad del comercio, el principal se extiende a 200 pies de anchura. El mercado, la casa de asamblea (donde se juntó casi siempre el congreso para la grande obra de la independencia) el hospital, la cárcel y los cuarteles para la tropa, son principales edificios; construidos con mediana inteligencia y sin adorno ni decoración alguna; el *Beefmarket* es el mejor, más aseado y abundante que he visto en ninguna parte; las mujeres decentes suelen ir a él por la mañana y traer a casa pedazos de vaca en sus manos sin que resulte ensuciarse ni dar mal olor alguno... ¡tal es la propiedad y aseo con que todo está regulado!

Las iglesias, Christ Church, Saint Peter y Saint Paul son las mejores y su arquitectura juiciosa; el interior aseado y con algunas estufas de hierro que son de infinito auxilio en el invierno. La iglesia de los papistas es pequeña pero aseada y bien regulada. Finalmente el aseo, igualdad y extensión de las calles, su iluminación por las noches y la vigilancia de las guardias establecidas en cada esquina para la seguridad buen orden y policía de la ciudad constituyen a Filadelfia una de las más agradables y bien ordenadas poblaciones del mundo. ¡Entre las curiosidades que se observan allí es la colección de Peale; ésta consiste en unos cien retratos de tal cual mérito hechos por el propio artista, de los primeros caracteres e individuos así patricios, como extranjeros que han contribuido a la revolución de la América; cuya obra no solamente ofrece entretenimiento y gusto al pasajero curioso e instruido; si no que da luces para la historia y forma las ideas patrióticas y virtuosas de la juventud, a quien presenta el más digno monumento que pudo erigirse a la gloria de un pueblo entero! ¡Digno ejemplo ciertamente para la imitación de todas las demás naciones que aprecian la virtud y el buen gusto!

Poco después de mi arribo estuve a ver nuestro enviado o agente don Francisco Rendón, para quien traje carta del general Cagigal: me recibió con sumo agrado y hospitalidad brindándome su casa, mesa y facultades en términos tan obligatorios, que me fue preciso aceptar lo primero y pasar a su casa, en cuya compañía he vivido todo el tiempo que estuve en Filadelfia. Un genio bastante sociable, junto con la residencia de más de cuatro o cinco años en esta ciudad le ha adquirido un conocimiento casi general de todas las gentes y por este medio (junto con gran número de cartas de recomendación con que me favorecieron mis amigos de Charleston) en poquísimos días me vi introducido y recibiendo convites y favores de las más principales gentes del país; recordaré aquí sus nombres por gratitud y reconocimiento. El general Thomas Mifftin, presidente del congreso; Robert Morris Esqr, superintendente de finanzas y del departamento de marina; John Dickinson Esqr, presidente del Estado; Le Chevalier Caesar Anne de la Luzerne, ministro de la corte de Francia; J. P. Van Berkel, id. de Holanda; don Francisco Rendón, agente de la corte de Madrid; monsieur de Marbois, cónsul general de Francia; William Moore Esqr, ex presidente del Estado; John Penn, ex gobernador de la provincia y descendiente por línea recta del fundador; Joseph Read Esqr, ex presidente del Estado; general Washington; general Saint Clair; general Ay Wayne; doctor Benjamin Rush; David Rittenhouse, secretario del Estado y genio astronómico; coronel Charles Petit; George Mead Esqr; Jacob Read y J. Beresford, miembros del congreso por Charleston; James Wilson; Jacob Jarwis; Thomas Hutchings Esqr, geógrafo general de los Estados Unidos y hombre de gran capacidad en esta línea; míster Cose; míster Ross; míster Shippin; míster Hill; míster Powel; míster Holker; doctor Vankroff; James Benezet, autor de un pequeño escrito sobre la doctrina y religión de los cuáqueros, bien escrito; míster Chew, Rr Shevet, célebre anatomista y tiene varias piezas anatómicas en su escuela o gabinete, formadas por sí mismo en pasta, que demuestran singulares conocimientos y habilidad en el arte; P. S. Du Ponceau Esqr, intérprete de las lenguas extranjeras por el Estado; es joven de muy buena disposición intelectual; aplicación y conocimiento extenso de las Lenguas vivas, que habla con singular facilidad y buen dialecto; major Moore; John Vauhan; monsieur Barriere, uno de los poquísimos franceses que he conocido en este continente capaces de discernir, en medio de sus nativas preocupaciones, las ventajas de un gobierno libre, comparativamente con cualesquiera otro despotismo; y que sea un buen republicano monsieur Sarsnau, secretario de Rendón; don Joachin de Quintana, compañero de Valois en La Habana, que llegó aquí de Inglaterra y perdió su embarcación, carga y parte de la tripulación (entre ellos una preciosa muchacha cuáquera de dieciocho años que él traía de Inglaterra y por falta de quien le diese la mano y sacara encima de la toldilla de la embarcación donde estaban él con los que se salvaron, se ahogó en la cámara) sobre las costas de Monmouth en Jersey; es uno de los poquísimos también de mi nación que hayan penetrado el arcano maravilloso de la constitución británica y que sea buen sectario: ¡pero nunca le perdonaré el pasaje de la desdichada cuáquera! míster Governeur Morris, el ingenio agudo del lugar; y me parece que tiene más ostentación, audacia y oropel, que valor real; Chief Justice, Thomas M'Kean, juez de la suprema corte: ¡hombre de bastantes conocimientos en su profesión, pero de un carácter furbo y no muy buen corazón! ¡Chief Justice Smith, de Jersey; hombre de franco corazón y muy buenos conocimientos; posee el dibujo, música, etc. y en la casa que vive míster Rutherfurd en Nueva York se ven varias piezas del gusto antiguo, dibujadas con mediano gusto y bastante conocimiento! Míster William Hamilton, sujeto de amable carácter, elegante modo, generosidad y buen gusto; general Muhlenberg; Frd. A. Muhlemberg, miembro del consejo de censores y sujeto de carácter en el país; su origen alemán como lo son infinitos en este paraje, procedentes de pobres colonos holandeses, alemanes, etc. El barón de Steuben, ex inspector general del ejército americano; general Armand; general Steward; mayor Segond; mayor Du Pointy.

Mujeres miss R. Morris, llamada por antonomasia Queen Morris, en significación de su carácter vano, altivo y algo afectado; un nacimiento oscuro y sin principios de educación formal dan una sombra de posición bien desgraciada a este refinado personaje. Miss Powel, rival de la antecedente en ocupar el primer puesto en los concursos públicos, pues sus cualidades son muy diversas; sobre un nacimiento decente recibió esta muy buena educación, cuyos principios ha adelantado con progreso singular por aplicación y genio y si un tono magistral y afectación pedantesca no desgraciasen su discurso, sería la conversación más amena y agradable que pudiera desearse. Miss Penn, este carácter da no pocos celos a los dos antecedentes, pues poseyendo una moderación aparente, con mediana instrucción y modales finos, junto con ser mujer del gran cacique del país, se suele llevar las primeras atenciones en las concurrencias públicas, no sin notable mortificación de las otras ya mencionadas. Miss Jas. Allen; un modo atractivo y elegante; franco trato; generosidad, buen parecer y no poca coquetería son el carácter de esta viuda agradable. Miss Polly Vining; una sobresaliente instrucción; agudo ingenio y fluente elegante locución, hacen su trato y conversación sumamente agradable y solicitado de extranjeros y hombres de gusto, mezcla de bizarrería y voluntariedad en sus acciones, producen muchas veces un contraste casi incompatible con sus singulares conocimientos y buenas ideas. Miss Peggy Chew; graciosa, amable muchacha. Miss Sally Shippin; claro entendimiento, muy buena educación, manera elegante y un humor festivo constantemente y jovial, le hacen sumamente amabilísima; por otra parte el corazón más noble, sensible, franco y generoso, con su poco de coquetería forman el conjunto más bello que yo he conocido. Miss Moore, una forma elegante del segundo orden y conocimiento de los idiomas francés e italiano que posee y habla medianamente, con buena dosis de coquetería hacen su trato divertido y muchas veces agradable. Miss Moore (fue m. Q.) muy bien parecida y nacida in the West Indies. Míster Crook, id. miss. id. miss Coxe, miss Molly Coxe, ambas muy bien parecidas. Miss Moll Shippin, amable bondad, the miss Bond, miss Sitgreves y miss Miller, cuatro individuos componentes del número de las gracias de Filadelfia, aunque sin extraordinario mérito. Miss Hicks, célebre por el pasaje ocurrido con La Case. Miss Jane y Margaret Marshall, amables sujetos. Miss Susan y Rebeca Morris, dos muchachas cuáqueras, cuñadas del general Mifflin; su instrucción, buen genio y sencillo elegante modo y traje, son muy particulares por cierto; y dan más favorable idea del sistema cuáquero, que los escritos de Fox, Barclay, Whitehead, etc. me favorecieron mucho con su amistad y trato. Miss Isabela Marshall, otra muchacha cuáquera, bien parecida e instruida, habla el francés medianamente. Miss Laurence, madre de miss Jas. Allen, una matrona de majestuoso porte y sumamente bien parecida. Miss Shippin, hermana de la antecedente; mujer de muy buen juicio, agradable sociedad y excelente corazón. Míster Rush, bien parecida y sensible. Míster Vauhan y the miss Vauhan sus hijas, esta familia ha venido recientemente de Inglaterra y es una de las de más carácter de esta ciudad; su trato, instrucción y elegante modo les distingue muy particularmente. Míster Rutlege y miss Rutledge, mujer e hija del famoso gobernador J. Rutledge de Charleston; la primera es mujer de mucho respeto y buen juicio; la muchacha tiene instrucción y es medianamente bien parecida; míster Allen; miss Moore, mujer del mayor; miss Jones, sabidilla y presumida de tal; miss Footman, muy buena muchacha y de suave trato; míster Craig.

Aquí reflejaré sobre algunos caracteres que me parecen contener alguna particularidad.

¡Robert Morris, superintendente de finanzas, etc. Este me parece sin duda el oficial de más capacidad y desempeño en su línea, que los Estados Unidos han tenido durante la pasada contestación, en ningún departamento! Se dice, sin embargo, que los auxilios extraordinarios de Governeur Morris han contribuido principalmente para ello; pero solo una reflexión que me ocurre ahora, ofreceré en vindicación el mismo Morris me contó un día de sobremesa, que el año de 1761, pasando en una pequeña goleta sobre la Punta de Maisí de la isla de Cuba, un corsarito francés del muro de San Nicolás les persiguió e hizo varar sobre la costa de Baracoa y que de este modo escaparon, dejando el barco perdido y acogiéndose con los trastos que pudieron salvar a dicho lugar: que de aquí intentaron hacer fuga a las Islas de Bahamas en un bote pescador, lo cual habiendo sido descubierto les hizo ir presos a la fortaleza donde permanecieron algún tiempo y por falta de haberes, o carácter, se vio reducido a vender la camisa quedando desnudo, para comprar naranjas (que hay allí en suma abundancia) con cuyo único alimento subsistió tres días, hasta que sabiéndolo casualmente el obispo Morel que pasaba por allí en su visita, dio mejor providencia y se les envió luego a la isla de la providencia como podemos pues concebir que un hombre en estas circunstancias hace veintidós años y que por su ingenio y habilidad solamente ha llegado a formarse una fortuna de cerca de un millón de pesos, como se asegura, le faltase capacidad para dirigir sus negocios, ¿con el auxiliar de todas las facultades que el congreso pudo darle?, ¡yo a lo menos no lo concibo...!

Le Chevalier de la Luzerne, ministro de la corte de París... hombre de lucimiento, generosidad y suave trato; pero débil y sin habilidad para su empleo —de aquí resulta que monsieur de Marbois, hecho últimamente cónsul general de su nación, es el mentor que todo lo dirige: sus talentos, ni su habilidad creo que son remarcables en ninguna especie y mucho menos en política; bien que su presunción y osadía e ignorancia le persuaden todo lo contrario— cuando murió Miralles nuestro agente, pretendió muy lleno de seguridad y satisfacción que la España le nombrase para esta comisión... y cuando la paz última se rumiaba y la independencia de la América se creía positiva, escribió una carta al ministro de Francia persuadiéndole sería muy conveniente el que la pesca de Terranova no se acordara a los americanos y que la guerra continuase algún tiempo más, para que bien azotados éstos se recordasen mejor del beneficio que debían a la Francia... La carta fue interceptada y leída públicamente en el congreso (bien que bajo el juramento de que ninguno de los miembros mencionase fuera el asunto por dos años) y véase aquí como en un día hizo el señor de Marbois, más perjuicio a los intereses de su nación, ¡que bien son capaces de producir sus servicios en cien años de vida! La intriga es su pasión dominante y el conducto por donde pretende manejar todas sus transacciones políticas y privadas, empleando a veces bajísimos medios para el logro de sus fines y no negaré que si en algún ramo posee conocimientos es en este —tampoco le falta insinuación y astucia para tramar este género de negocios—. Otro género de personaje anda por allí (monsieur Ottó) con carácter de secretario del ministro; sirve de bastonero en los bailes que da su excelencia; anda encotillado; juega del petimetre; y tal vez del confidente; y no creo que sirva para mucho más. Estos son los actores principales de la escena galicana, si excluimos al agente de España, que por la maldita concomitancia e ignorancia nuestra (sin embargo de que no hay un individuo que en su corazón no la deteste) hace él rol de un subalterno, en toda la fuerza del término.

J. P. Van Berkel, ministro plenipotenciario de Holanda: juicio, moderación, larga experiencia y suave trato, componen la parte principal del carácter de este buen hombre; y no dudo con el tiempo, que atento la línea de conducta que sigue y analogía grande que prevalece entre las gentes del país (muchas de ellas venidas de Holanda) tenga más séquito y popularidad, que el partido francés, que llaman. Dos hijos jóvenes, no muy avisados y un secretario bastante hábil (míster Taucker) forman su moderada familia.

Volviendo a la ciudad es de observarse que ni teatros, ni casas de asamblea se han construido aún, porque este género de diversiones son inconstitucionales en el sistema cuáquero; cuya persuasión ha sido predominante en el país; no obstante, que toda religión y sectas son permitidas, cuáqueros; anabaptistas; Church of England; metodistas (su modo de cantar los Salmos es sumamente agradable); presbiterianos; moravianos; luteranos; católicos; reformistas (ésta es nuevamente compuesta de aquellos cuáqueros que tomaron armas en la guerra y fueron por consecuencia expulsos de su antigua iglesia); Winchermitas (llamaremos así una doctrina flamante, que su autor Parson Winchester está ahora predicando y consiste sustancialmente en el benignísimo y racional dogma de la salvación universal), etc. todos alaban a Dios en el lenguaje y modo que les parece mejor.

Una pequeña pieza se representó allí a mi llegada en un teatro reducido que últimamente se formó para el caso; pero ni los actores eran tolerables, ni el gobierno les protegió en nada; antes bien tuvieron que hacer fuga para no caer en manos del Sheriff que ya les perseguía por la ofensa. Usaron sin embargo de la estratagema de tomar cada actor en la mano un cuadernillo que suponían ser la pieza que se representaba para evadir de este modo el literal sentido de la ley considerándolo como lectura y no como representación; pero como aquí no valen sofismas, lo seguro fue tomar las de Villadiego. El concurso fue numeroso, sin embargo; y no es extraño pues éstas fueron acaso las primeras piezas dramáticas que se han representado en el país: el *costume* de los actores era el más miserable e indecente que he visto jamás: una circunstancia contribuyó, sin embargo, a dividir nuestra atención como espectadores y fijé, que habiendo los muchachos a fuerza de pedradas y con ayuda de algún populacho que no lo eran, forzado su entrada en el patio, solíamos ver tres escenas al mismo tiempo, una cómica sobre las tablas; otra compasiva en los aposentos, con las damas que desmayadas reclinaban su pálido pecho sobre la baranda y atletas inmediatos; y otra trágica en el patio a palos y trompadas; el concurso era tan crecido que aunque uno hubiese querido descartarse no podía salir y lo que es peor, ni aun moverse; en fin cuatro horas de Planton pagaron mi curiosidad a la primera concurrencia que me ofreció Filadelfia; y los pies se me hincharon de tal modo (con motivo sin duda de haber estado veinte días a bordo sin hacer ejercicio y también del frío que comenzaba ya) que tuve que tomar dos purgantes para el recobro. La iglesia principal de los cuáqueros (hay cuatro o seis en la ciudad) o *Quaker Meeting* que llaman, está en Market Street cerca de la casa de ciudad; su arquitectura sumamente destituida de gracia, ni adorno. Muchos bancos colocados por todas partes para comodidad de la congregación; una pequeña tribuna, o galería en que se acomodan los predicadores apatentados (esto es que conocidos de la congregación por hombres piadosos e instruidos tienen patente para ello y gozan cierto grado de preeminencia en esta línea); y una división para las mujeres, todo con negligencia poco gusto y no mucho aseo, son los únicos adornos que se ven en el interior del templo: a que se añade algunas palmatorias de hoja de lata, arrimadas por las paredes y pilares, con sus velas de sebo, que dan una oscura iluminación al tiempo de celebrar servicio por la noche. Una de éstas asistí a los oficios, que comienzan a las seis y concluyen a las ocho; toda la congregación estaba sentada en los bancos, su sombrero puesto y la cabeza inclinada con el mayor silencio; en esto que se levanta el vecino que tenía a mi izquierda y en tono enfático dice a los demás, ¡*my spirit says that God shall not always tread upon earth!*, ¡*because he is in heaven!* poco después un otro de los predicadores principales (mi vecino se supone un principiante solamente tomando por texto un proverbio que dice *think twice & lead once* nos encajó un sermón de más de hora y media, en el estilo de nuestros frailes hebdomadarios). Otra voz lúgubre y enfática, al parecer de mujer, recitó the *Comon Prayer*, o el Padre nuestro; y luego poniéndose todos de pie se daban la mano con la expresión *friend* y promiscuamente salimos todos de la iglesia hombres y mujeres, notándose que algunas de éstas también daban la mano a los hombres llamándoles *friend*. Nada pude observar (sin embargo, que el concurso era numeroso) de aquellas convulsiones, o temblamientos que se supone afectan estas gentes en la iglesia cuando se sienten movidos del espíritu divino; ni menos otra ceremonia que merezca el título de ridícula: ¡confieso, no obstante, que me hizo armonía el que unas gentes remarcables, por su religiosidad, juicio y limpieza pusiesen tan poco cuidado en la arquitectura, adorno y aseo de los templos!

Las diversiones de la ciudad se reducían a un baile, o asamblea que llaman, cada quince días en City Tabern, en un salón bastante largo, pero estrecho. Los costos se reemplazan por una suscripción que a este fin se hace a principios del invierno y el manejo se da a cuatro personas elegidas por los subscriptores que dirigen todo con orden y decencia. Las damas y forasteros que llegan a la ciudad reciben luego su carta de convite y son admitidos sin que les cueste nada; pero no así los avecindados en la ciudad, pues si no son subscriptores se supone que no gustan de la diversión y no se les convida. El baile comienza a las siete y dura hasta las dos o tres de la mañana; los que no gustan de bailar juegan a los naipes en mesas que para el caso hay preparadas en cuartos inmediatos. Entre once y doce sube toda la concurrencia a la sala del segundo piso, donde se sirve el té, café y chocolate con bizcochos y tostadas en distintas mesas. Concluido, renueva el baile, que dura hasta que les parece y cada tino entra o sale: juega, o baila, o calla cuando le acomoda... El concierto de Bentley, que llaman, es también cada quince días y la sala en que se ejecuta no está mal adornada, entre los ejecutores se distingue la flauta de Brown, que es de mediano mérito. *The German Concert*, se ejecuta en la misma sala cada quince días formando alternación con el antecedente; los profesores son casi los mismos y así hay poca diferencia. El precio de la boleta de entrada son 10 chelines; precio sumamente alto para el país, bien que la entrada no es muy crecida. El ministro de Francia da bailes a menudo y es el único que tiene sala a propósito para ello; pues con motivo de las fiestas que dio hace dos años al nacimiento del delfín, hizo construir en el jardín pegado a la casa una pieza de madera, cuya capacidad y proporciones son combinadas con mediana inteligencia y acierto. Podrá contener de tres a cuatrocientas personas; y tiene una galería interior, que corre por los cuatro lados del paralelogramo (figura del edificio) donde los que no están bailando pueden pasearse, gozando al mismo tiempo la diversión de ver jugar a los naipes y danzar los que están en el centro. Nótase, sin embargo, ser ésta algo estrecha, pues las parejas que se pasean de vuelta encontrada, no tienen espacio suficiente para pasar cuando se encuentran y les es preciso ladearse. No podemos negar que el caballero se porta en todas estas funciones con dignidad y franqueza, pareciendo en el concurso como uno de tantos, sin dar la menor sujeción a nadie. Le notan algunas damas sin embargo de llevar el *sens facon* al extremo, pues a veces se marcha fuera de casa a visitar favoritas, dejando todo el concurso divertido en el baile y los naipes. Da también sus bailes en el invierno nuestro Rendón, aunque no tan a menudo, ni tan lucidos, por razón de ser su sala mucho más estrecha y es, sin embargo, la mejor y más capaz de todas las otras casas de Filadelfia. Su jardín es sin duda el mejor y más agradable para pasearse en el verano, que tiene la ciudad, viniendo a ser el resorte de las primeras gentes, en las tardes y noches de verano. Varios sujetos de gusto me informaron, que una función dada aquí por Rendón en el verano (con motivo creo del nacimiento del delfín) fue la más elegante y agradable en su especie, que ellos habían visto en Filadelfia. Su porte y su trato son decentes en sus circunstancias y le hacen ciertamente digno de haber tenido mejor educación y más conocimientos. Míster R. Morris y míster James Allen, suelen también dar sus funciones por las noches, reducidas a baile y juego de naipes, que llaman *Private Partys* y son sumamente agradables; la compañía es escogida, las gentes conocidas y por consecuencia hay más confianza y satisfacción. En los de míster Allen se nota, además, cierta franqueza y agasajo que inspira su elegante modo y tono afable conque se maneja en su casa y realmente realzan y distinguen su carácter de todos los demás. Míster John Penn, tiene concierto privado en su casa una vez en la semana, a que concurren los mejores profesores que suelen hallarse en la ciudad. La sala es pequeña y así también por necesidad la orquesta y compañía. Éstas son todas las diversiones que había en Filadelfia durante mi residencia allí; las cuales indican suficientemente que sus habitantes aman y cultivan la sociedad, siendo el baile su diversión favorita. En casa de entrenador Allen he visto madre (míster Lawrence), hija (míster Allen) y dos nietas (the miss Allen), bailando a la par en la misma contradanza y sujetos que rebasan de los cincuenta, se ven comúnmente danzando contradanzas hasta el día, con muchachas de quince. Quéjanse los forasteros sin embargo de que las gentes aquí son hurañas y no muy hospitables; yo solo he observado cierta reserva y encogimiento al principio de su trato (particularmente en las mujeres) que es característico del sistema americano; y tiene su origen tal vez, en no ser introducidos desde los primeros años al trato general de las gentes, ni frecuentan después las concurrencias públicas, en que el contraste y variedad de modos y costumbres, ensanchan las ideas y forman en nosotros un trato liberal, franco y generoso; cualidad a veces mucho más apreciable en la sociedad, que las que dimanan de la riqueza y vastos conocimientos. De este mismo defecto, suelen, sin embargo, muchos individuos derivar otras ventajas en su instrucción, particularmente las mujeres; pues segregadas de la sociedad general de las gentes, se entregan a la lectura y cultivo del entendimiento y si por fortuna aciertan a encontrar quien les dirija bien, hacen progresos singulares. Miss Vining, míster Powel, miss S. Shippin, miss Moore, miss Molly Coxe, miss P. Chew; y las cuáqueras miss Susan y Rebeca Morris, miss Isabel Marshall y otras, son testimonios incontestables. Entre los hombres de letras se distinguen míster Rittenhouse, cuyos adelantos en la astronomía y en la máquina de Orrery le han hecho famoso; doctor Rush, profesor de física en el colegio de la ciudad; presidente Dickinson, autor del papel periódico intitulado *The Filadelfia Farmer*; reverendo doctor Smith, director del Colegio de Princeton en Jersey; John Armstrong junior, autor de dos papeles dirigidos al ejército americano sobre media paga y conmutación, dignos de Junius; míster Governeur Morris; reverendo doctor While, el mejor orador que había en el púlpito; míster Du Ponceau, edecán que fue del barón Steuben y secretario en el oficio del departamento de los negocios extranjeros, etc. Los hombres están inmergidos casi siempre en sus negocios mercantiles y en la intriga política; cuyo espíritu prevalece aquí más que en otra parte alguna de esta América, sembrado y cultivado con esmero por la Francia.

El 8 de diciembre entró en Filadelfia el general Washington de paso para el congreso, que se hallaba congregado en Annapolis, a fin de hacer su dimisión en toda forma, habiendo ya tomado posesión de Nueva York y desbandado el ejército, etc. La entrada fue a las doce del día, en compañía del ministro de Francia y sus dos edecanes, coronel Humphrys y coronel Benjamin Walker, que venían con él desde Nueva York; el presidente Dickinson, míster R. Morris y algunos otros oficiales americanos que se hallaban a este tiempo en Filadelfia; y una compañía de milicias de caballería, que salieron a distancia de 4, o 6 millas a recibirle. ¡Niños, hombres y mujeres expresaban tal contento y satisfacción como si el Redentor hubiese entrado en Jerusalén! Tales son las nimias ideas y sublime concepto que este hombre afortunado y singular logra en todo el continente... bien que no faltan filósofos que le examinen a la luz de la razón y conciban más justa idea, que la que el alto y bajo vulgo se tiene imaginada y es cosa bien singular por cierto, que habiendo tanto personaje ilustre en América, que por su virtud y talentos han formado la grande y complicada obra de esta independencia; nadie tiene un aplauso general, ni la popularidad que este jefe; o por mejor decir nadie la posee sino él. Así como los rayos del Sol reflejando sobre el ustorio se concentran en el foco y producen un efecto tan admirable en la física. ¡Así igualmente las producciones y hechos de tantos individuos en América reflejan sobre la independencia y concentran como en el foco, en Washington! usurpación tan caprichosa, como injusta. Al siguiente día estuve a visitarle en compañía de Rendón y entregué una carta que traía de recomendación del general Cagigal. Debíle en consecuencia bastante agasajo y tuve el gusto de comer en su compañía todo el tiempo que estuvo esta ocasión en Filadelfia; su trato es circunspecto, taciturno y poco expresivo; bien que un modo suave y gran moderación le hacen soportable... nunca conseguí verle deponer estas cualidades, sin embargo de que el vaso corría con humor y alegría por sobre mesa y que al beber ciertos tostes (o saludes) se ponía de pie y daba sus tres *Cheers* como todos nosotros. En este supuesto, no es fácil formar concepto fijo de su carácter y así suspenderá el juicio por ahora, ínterin la casualidad, o el tiempo ministra mejores fundamentos para ello.

A fines de diciembre ya comenzó a caer tanta nieve, que en las calles de la ciudad y caminos circunvecinos había más de 2 pies en la superficie; con cuya circunstancia toda la carruajería se altera y en lugar de la rueda se usa el patín; llamole así, porque el efecto del *Sledges* sobre la nieve y el hielo no es otro que el que resulta cuando una persona corre sobre patines. En el campo, en la ciudad y por todas partes no se ven más que *Sledges*; y van con una velocidad tan grande que a veces parece imposible puedan los caballos resistir. Toda la máquina es de madera, construida bastante ligeramente y los pies que forman exactamente la figura de los patines, están forrados con una plancha de hierro delgada; de modo que estando el camino igual y batido ya por algunos carruajes que hayan pasado primero, el *Sledge* se resbala por encima de la nieve y el caballo casi no arrastra peso alguno, pues la repetición continua de pequeños reempujones es lo que basta para conservar siempre el movimiento. Dos caballos (que es lo que comúnmente se pone) suelen arrastrar seis, u ocho personas con la mayor facilidad del mundo, a razón de 19 millas por hora. Con esta circunstancia pues y deseoso de probar esta favorita diversión del país, dispuse ir a visitar a mi amiga Q., a miss P. Vining, que se retiró por la Pascua a Wilmington sobre el Delaware, donde reside comúnmente en compañía de su madre y hermano míster John Vining, joven de unos veinticuatro años. Ejerce este la abogacía y no le falta ingenio y agudeza. En compañía de este; el capitán Hoops, oficial del ejército continental; míster Hamilton joven comerciante inglés; y míster Cornet Taylor, oficial de las guardias de a caballo de S. M. británica; salimos de Filadelfia en dos *Sledges* a la una del día. A las dos y media llega al lugar de Chester distante 14 millas y media, comimos muy bien en la posada que llaman el general Washington. A las tres y media, seguimos nuestra jornada y a las cinco de la tarde estaban en Wilmington 12 millas y media más adelante, distante 27 de Filadelfia.

a Schuty Kill	"2
Darby	3 1/2
Chester	9
Wilmington	12 1/2

"27 millas

Todos tuvimos hospedaje en casa de míster Vining, donde nos trataron con el mayor agasajo y generosidad posible... Al siguiente día hubo baile de asamblea y como forasteros fuimos todos convidados a él: míster Taylor, míster Brown comerciante inglés que también se hallaba de visita en la casa de miss Vining y yo (porque los demás compañeros se marcharon para diversas partes al otro día) acompañamos a miss P. Vining que en obsequio nuestro asistió a esta concurrencia. Hubo de particular el ser ésta la primera diversión de la especie que jamás había ávido en el lugar, pues siendo cuáquero el establecimiento, nunca se había pensado en bailar; pero con la revolución en el gobierno, las costumbres como hijas legítimas manifiestan la alteración inmediatamente. La concurrencia aunque pequeña y en una sala muy reducida, fue decente y agradable (aquí es donde por la primera vez vi damas y hombres cuáqueros mezclados en este género de diversiones, bien que no bailaban ellos mismos). Tuvimos muy buena cena, compuesta de té, café, chocolate, lenguas fiambres, jamón, vinos, etc. y duraron las contradanzas y cotillones hasta las tres de la mañana en que la mayor parte de las gentes se retiraron. Allí tuve el gusto de conocer a míster Beresford, attorney general, doctor White célebre médico y hombre de juicio y conocimientos —algunos oficiales de menor graduación del ejército americano— y a William

Geddes Esqr, sujeto de respeto en el lugar, para quien traje cartas de recomendación del gobernador de Charleston, míster Guerard. Tuve el gusto de conocer igualmente y tratar después, al capitán de ingenieros míster Rutherfurd en servicio de su majestad británica, quien se había hallado en el sitio de Gibraltar desde muy a los principios hasta su conclusión; con este motivo creció en ambos el deseo y curiosidad de instruirnos cumplidamente en varios hechos y acontecimientos ocurridos durante esta famosa y dilatada escena militar; comunicamos nuestras observaciones, comparándolas con atención y exactitud y puedo asegurar recibí singular complacencia e instrucción al de Filadelfia a Wilmington ver confirmadas por las suyas, mis principales ideas relativas a este sitio extraordinario y singularmente en el ramo de artillería, que parece es su estudio favorito y en que realmente manifiesta más conocimientos comparativamente. Él detuvo su marcha por dos o tres días, con este motivo; cuyo tiempo lo pasamos en las citadas conferencias y en visitar y reconocer los puestos que los británicos ocuparon y fortificaron a las inmediaciones de este lugar, cuando tomaron posesión del país, en consecuencia de la derrota en Brandwine; diome, además, noticias de varios amigos y conocidos que dejé yo en Gibraltar el año de 1775-1776. Cuando estuve allí tres meses con fin de ver la plaza, su guarnición y las tropas hannoverianas que llegaron para el relevo de una parte de las británicas; liamos buena amistad y se marchó para Wilmington en la Carolina del Norte donde tenía una hacienda que le pertenecía, habiéndose él retirado a Europa en los principios de esta revolución para formar su educación y después continuado en calidad de oficial el sitio de Gibraltar; por cuya razón su propiedad no había sido confiscada aún. Yo me aproveche también de la ventaja de la buena compañía e inmediación para ver el sitio de la famosa batalla de Brandwine. Efectivamente tomamos nuestros caballos después de almorzar y en compañía de míster Geddes y dos oficiales americanos que se hallaron en la acción, nos fuimos a ver esta posición tan decantada que distará como 12 millas. A las doce del día llegamos al paraje y con la mayor atención lo examinamos todo, observando muy particularmente la posición y movimientos de ambos ejércitos... pero ni yo entiendo ¿por qué Washington se expuso a un riesgo tan evidente? ¿Por qué el general Howe no vadeó el río por Chads Ford y le atacó inmediata con todo su ejército? ¿Por qué Cornwalis marcha 10 millas a Trimbles y Jeffery's Ford, teniendo que desandar otras tantas para dar con el enemigo, dejando todo este tiempo expuesto el flanco izquierdo de su ejército; cuando con haber andado 3 o 4, pudo haber ejecutado el mismo movimiento? ¿Ni por qué finalmente se permite que el ejército americano que enteramente quedó derrotado a las ocho de la noche, se reúna y forme otra vez al día siguiente y el inmediato en Chester, Filadelfia, etc.? Yo seguramente no lo entiendo, ni puedo penetrar las razones que para ello tuviesen estos caudillos.

    A las tres de la tarde nos volvimos por otro camino un poco más cerca y a las cinco llegamos a Wilmington... Por la noche tuvimos nuestra partida de cartas al *comét*, en la agradable compañía de miss Vining, que nos divirtió infinitamente con su inagotable genio y agudeza. Al siguiente día temprano nos dispusimos para emprender nuestra vuelta a Filadelfia míster Taylor y yo; tomamos en consecuencia nuestros caballos a las ocho de la mañana, con la idea de detenernos a almorzar en casa de míster Geddes que vive sobre el propio camino de Filadelfia, a distancia de un cuarto de legua a la salida del lugar; pero el frío era tan intenso (la primera vez en mi vida que me he visto en conflicto de la es-

pecie) que tuvimos que meter piernas a los caballos y cuando llegamos en casa de míster Geddes (estaríamos como diez minutos solamente expuestos al aire) sin embargo, ni teníamos sensibilidad en pies, manos, orejas, narices, etc., ni podíamos apearnos del caballo. Un buen fuego y excelente almuerzo nos restituyó pronto nuestra sensación y resolvimos desde luego no abandonar la posada ínterin el tiempo continuase tan severo. El agrado, buen trato y hospitalidad de míster Geddes nos hizo con tanto más gusto adoptar este plan; pero habiendo moderado infinito el tiempo a eso de las dos de la tarde, resolvimos volvernos a Wilmington después de comer, aunque no a caballo; pues así como Sancho cuando fue manteado en la venta, le cobró tal ojeriza que ni aún quería verla después cuando se le ofreció pasar por allí; ¡así también a nosotros con el manteado que el frío nos pegó sobre nuestros rocinantes...! y así nos valimos del Faetón de míster Geddes que iba al lugar en busca de los chicos que estaban a la escuela, en el cual y bien cubiertos con mantas de lana nos aventuramos justamente como gato escaldado...
Al siguiente día fue muy frío también, por lo cual diferimos nuestra jornada para el siguiente, en que más moderado el tiempo, con el auxilio del Faetón de míster Vining y medias de lana por encima de las botas, dobles guantes y dobles cabriolees de bayeta, mantas, etc. emprendimos segunda vez nuestro viaje.

A las siete de la noche llegamos a Chester y protexto que no con poca satisfacción, pues al ponerse el Sol comenzó el frío a apretar de tal manera, que ninguno de nosotros podíamos tener las riendas en la mano por más de diez minutos sin sufrir pena infinita en los dedos y vernos precisados a alternar a cada instante. Finalmente buen té, buena cena, buena cama y una sirvienta robusta y no mal parecida repararon pronto estos perjuicios. Por la mañana temprano tomamos nuestro almuerzo, muy bien servido y con mucho aseo por cierto y nos fuimos a dar un paseo por el lugar que contendrá como unas ochenta casas, pequeñas y pobres en lo general. Arrimado a los *Wharfs* que hay sobre el río, estaban amarradas algunas embarcaciones que con el frío se hallaban embutidas en una masa de hielo que casi cubría toda la superficie del agua; la curiosidad nos indujo a pasearnos por encima y aquí fue donde por la primera vez tuve el gusto de observar este fenómeno de la naturaleza. Luego tomamos nuestro Faetón y por el mismo camino que vinimos cubierto aún todo de nieve nos volvimos a Filadelfia. Poco antes de llegar al Schuylkill sobre una altura muy bien elegida, está situada la casa de campo de William Hamilton Esqr de muy buen gusto y sana arquitectura. A las doce del día llegamos a pasar el puente de madera que está sobre el Schuylkill y encontrándolo roto con el peso del hielo que se había formado sobre sus aguas y que solo una barca servía para ir pasando por un canal estrechísimo que habían cortado en el hielo, los innumerables carros que allí estaban detenidos; dejamos nuestro carruaje y caballos para que pasase cuando les tocara su turno y nosotros andando nos fuimos a Filadelfia donde llegamos a la una del día. Las calles aún estaban todas cubiertas de nieve y sus habitantes gozando de su diversión favorita de pasearse, o correr por mejor decir en sus *Sledges*.

10

Los productos principales del país son trigo en muchísima abundancia y muy buena calidad, maíz, cebada, cáñamo y madera para construcción de navíos; bien que se observa que en proporción de que el país se aproxima a los trópicos, la calidad es más pesada y no tan sólida como la del norte. Mucha y muy buena fruta, entre la cual se distingue la manzana que llaman *Pippin Apple* por su gusto y suave comer vegetales son igualmente abundantes y en una palabra nada puede decirse que falta en el mercado de Filadelfia, sino pescado, que aunque a la verdad no falta absolutamente, es poco y no de la mejor cualidad; pero el Beff & Butter exceden cualesquiera otro de los que yo he conocido en estos países. El comercio y tráfico que hay en la ciudad, es considerable, lo cual produce un tan crecido número de carros en las calles, que a no ser tan anchas, creo que resultaría confusión y, embarazo... Esto demuestra al mismo tiempo, que el comercio interior del país necesita conducirse por caminos y no logra la comodidad y ventajas del transporte por agua. La población de este Estado se computa a 350.000 habitantes; y la de la ciudad en particular a 30.000: sus exportaciones e importación en todo, montan según los cálculos más exactos formados hasta que dio principio la revolución pasada, al cómputo siguiente.

	Navíos	Marineros	Importación de Inglaterra	Exportación a Inglaterra
Pensilvania:	35	390	£ 61.100	705.500

13

Los gastos y expensas de esta provincia antes de la citada revolución, solo llegaban a £ 4.500, cuya circunstancia solamente indica el feliz gobierno y sabio sistema, que solo pudo producir tan admirables y florecientes establecimientos. La lista civil que llaman, está ahora en el pie siguiente.

	pesos fuertes
presidente...	4.000
juez Chief Justice...	2.000
dos id Puisne (cada uno 150 ps)...	3.000

delegados al Congreso (de 3 a 6 ps diarios, cada uno: esto varía cada año y comúnmente mantienen dos delegados).	3.650
senadores (10 chelines por día)...	495
Billing's Point	9"
Mud Island	3"
Gloucester	6"
total	13.145

Los demás oficiales tienen su sueldo en los gajes y derechos que le pertenecen.

De vuelta ya de Wilmington y habiendo visto en esta ciudad cuanto sus edificios, policía, comercio y gobierno ofrecen a la observación pública, con algún escrutinio en el carácter de los principales habitantes y sujetos de carácter, resolví proseguir mi viaje hacia Nueva York. A esto contribuyó igualmente el que fue ministro de Francia y sobre todo el badulaque *Marbois*, de resulta de algunas conversaciones que sobre mesa y en casuales reencuentros tuvimos, se alarmaron de tal modo, viendo que sus tramas y enredos políticos no me eran ocultos y que asimismo los falsos dogmas que tenían imbuidos en la generalidad de las gentes, relativamente a la expedición de la Jamaica y vergonzoso proceder de la España en todas las operaciones de la última guerra (ésta es su doctrina favorita y la máxima que con mayor ardor procuran inculcar en el espíritu de los americanos) se iban ahora a revelar por mí, en notable detrimento de su pomposo carácter e influjo; que comenzaron a armar mil chismes y tramas secretas para buscar el modo de inducirme a dejarles cacarear en su gallinero y proseguir mis viajes a otra parte. Rendón aturdiose el pobre y no sabía que hacerse en circunstancias semejantes; pero yo luego penetré todo el misterio y me impuse en todas sus circunstancias, informele de todo lo que yo concebía relativamente a él, etc. y de lo que él no sabía respecto de mí, el general Cagigal, etc. propusele el medio de que me escribiese una carta en respuesta a otra que yo le dirigiría explicando la materia por extenso a fin de que él se pusiese a cubierto por ambas partes, como se ve al número y yo abandoné al desprecio estos émulos galopolíticos, sin tomarme la satisfacción de combatirlos, ni darles la gloria de huirlos y mi amigo Rendón safó de un paso peligrosísimo, dándome mil gracias por todo; cuya circunstancia fue a la verdad el motivo principal que me indujo a adaptar este medio. ¡Despedime pues de todos mis amigos y conocidos, que con tiernas expresiones de amistad y agasajo promovieron en mí las más vivas inquietudes, o agradables repugnantes sensaciones de la ausencia!

Camino a Nueva York, 16 enero de 1784
Vol. 2

El 16 a las tres y media de la mañana partimos para Nueva York en el *Stage* que llaman. Este es un coche que sale periódicamente casi todos los días de la semana y en que los pasajeros logran la ventaja de la prontitud en el viajar igualmente que la baratez y comodidad de llevar el bagaje consigo mismo; el precio de Filadelfia a Nueva York es 3 pesos fuertes por cada individuo y uno por cada quintal de peso en el bagaje; por cuya razón todas las gentes principales del país, viajan por lo general en estos carruajes... con motivo de estar todo el país cubierto de nieve sobre más de 2 pies de espesor y hacer un frío extraordinario, el *Stage* estaba plantado sobre patines en lugar de ruedas, formando un gran *Sledge* cubierto con lona pintada para el abrigo; los pasajeros éramos diez, dos cocheros y un equipaje que desde luego pesaría doce quintales; todo este peso iba sobre un solo *Sledge* tirado por cuatro caballos que corrían a 9 y 10 millas por hora; y a no ser por el excesivo frío que muchas veces nos obligaba a detenernos en las casas públicas que a cada paso se encuentran sobre el camino, con el fin de calentarnos los pies y manos que se entumecían y nos dolían bastantemente (sin embargo de traer dos pares de guantes y escarpines de bayeta sobre las botas y medias), hubiéramos concluido muy pronto la jornada. A las siete de la mañana llegamos muertos de frío al lugar de Bristol, muy bien situado sobre el río Delaware, en la rivera opuesta, o por mejor decir enfrente de Burlington capital del Estado de Jersey, 1 o 2 millas de distancia; en una muy buena posada que aquí hay nos dieron de almorzar; con lo cual y habernos calentado como una hora al fuego, nos sentimos ya en mucho mejor disposición para continuar nuestro viaje. Yo me fui a dar un paseo por el lugar después de almorzar en compañía del doctor Craiggie, uno de los pasajeros, que me pareció hombre de forma, modo e instrucción; y a eso de las nueve del día partimos otra vez. La mañana estaba clara y hermosa, pero el frío era tan intenso que no nos permitía sacar la cabeza por las ventanas del *Sledge* para ver con gusto la campaña y de cuando en cuando obligaba a detenernos para meter en calor los pies y manos que nos aquejaban medianamente. A las diez pasamos sobre el Delaware que estaba enteramente helado, enfrente de Trenton, por el mismo paraje según nos informaron, que el general Washington lo pasó, cuando en la víspera de Navidad del año 1776: sorprendió e hizo prisionera la brigada de Heseses[6] que a las órdenes del coronel alemán Rall estaba acantonada en este lugar, guarneciendo

---

6 Antiguo gentilicio aplicado a los nacidos en el Estado federado de Hesse, Alemania. (N. del E.)

uno de los más importantes puestos del acantonamiento del ejército británico; y a las doce llegamos a Princeton, donde nos dieron muy bien de comer, en una tolerable posada. Este lugar está situado muy bien y reúne las ventajas de saludable y alegre: hay en él un colegio muy bien reglado para la educación de la juventud, cuyas ventajas y frutos son bien conocidos en toda esta América, el presidente principal doctor Witherspoon está ahora en Inglaterra; se ve aquí igualmente una *Oreirry*, perfeccionada por el célebre Rittenhouse, que aunque desordenada actualmente se conoce ser obra de sumo ingenio. Después de comer y tomar un paseo por el lugar con el compañero doctor Craiggie, seguimos nuestra jornada, pasando por los lugares de Brunswick (que está situado sobre el río Rariton) Woodbridge y Elizabeth Town donde llegamos a las siete de la noche muertos de frío. Mucho me alegré a la verdad de haber llegado a este lugar donde debíamos pasar la noche, pues además de que el frío nos afligía demasiado, algunos de los pasajeros que más gustaron la botella al tiempo de comer, se pusieron de tal humor, que no se les podía ya aguantar y hubo abuso de palabras a no poder más, temiendo por instantes que viniesen a las manos. En fin una buena cena, mejor compañía y cómodo alojamiento repararon el disgusto y cansancio que traíamos. Al siguiente día a las ocho de la mañana tomamos nuestro almuerzo y, habiendo dado un paseo por todo el lugar con mi amigo el doctor, seguimos nuestra ruta en el *Sledge*, pasando ciénegas, ríos y cuanta agua encontramos desde que salimos de Filadelfia, por encima del hielo; cuya circunstancia no deja de ser bien peligrosa, pues si por casualidad se rompiese el hielo, como muchas veces sucede por aquellos parajes en que el viento se introduce y llaman *Gin Holls*, es indefectible el ahogarse caballos y cuanta gente vaya en el carruaje; por lo cual todos los pasajeros se echan a pie en semejantes ocasiones y marchan a pie detrás del *Sledge*, seguros de que si el peso mayor no le rompe, mucho menos por consecuencia el menor; tal es, sin embargo, el frío, que muchos se quedan por no abandonar el abrigo (y yo fui uno de ellos) dentro del *Sledge* y suceden varias desgracias por esta razón casi todos los años. A las once llegamos al ferry o barca, que llaman Paulus Hook sobre el North River en la rivera de Jersey, enfrente justamente de Nueva York a distancia de una milla que será la anchura del río por este paraje. Aquí hay un muy buen puesto de fortificación construido por los británicos en la última guerra y seguramente merece particular atención en su especie, tanto por la situación ventajosa en que está construido, cuanto por el buen juicio, inteligencia y sabio modo con que el arte dispuso sus defensas... fue, sin embargo, sorprendido y tomado por el famoso oficial americano coronel Lee, que después de haberse posesionado de él y clavado parte de su artillería tuvo que retirarse. A las tres de la tarde que permitió el hielo flotante del río el pase de la barca nos embarcamos y en un cuarto de hora estábamos en la orilla opuesta, habiendo tenido la felicidad de no ser arrastrados por las tortas, o masas de hielo flotante que corrían sobre la superficie del río y habían ocasionado varias desgracias los días antecedentes ya sumergiendo, o haciendo varar en parajes muy peligrosos, las embarcaciones que se aventuraban a esta navegación. Por dirección del doctor Craiggie tomé alojamiento en la posada secreta de miss Mary Turner en Water Street pagando 8 pesos por mí y 3 por mi criado a la semana.

New Jersey se divide principalmente en East Jersey y West Jersey; la capital de la primera es Amboy, la de la segunda Borlington, donde alternativamente se juntan las asambleas.

La superficie y cultura del país es tan amena y agradable, que comúnmente se le llama el Jardín de la América. Por todas partes se ven correr arroyuelos y fuentes de aguas cristalinas, que conducidas con mano industriosa, por las faldas de las suaves lomas y colinas que hermosean la superficie del terreno, fertilizan la tierra y forman una serie de perspectivas las más agradables por todo el país en general; las quebradas están cubiertas de bosques frondosos preservados con inteligencia y cuidado para mil usos utilísimos, los cuales producen a la vista la variedad y contraste más hermoso con los trigos, cáñamos y otras siembras de los campos circunvecinos; abrigando al mismo tiempo una cantidad prodigiosa de pájaros de canto, que se acogen a su sombra y frescura en el verano y no añaden poco realce con su melodía a esta hermosa escena rural. La salubridad del país, es un otro de los más importantes y mayores vienes que goza New Jersey; la complexión y robustez de sus habitantes, el crecido número de niños que se ve por todas partes y la población y agricultura del país sobre todo, pues apenas se descubre un rincón, o quebrada donde no haya plantada una casa, son pruebas convincentes de esta verdad. Yo puedo asegurar con la misma, que en todo lo que he visto y viajado por este país (que no es una pequeña parte) jamás encontré un individuo que demostrase estar desnudo, hambriento, enfermo, u ocioso. Ni tampoco he visto parte otra alguna en que el pueblo en general parezca más feliz y sobre una misma igualdad, que aquí.

Desde Filadelfia   43
Frankford ...   5
Brunswick ...   17 1/2
insignia del Washington ... 5

Woodbridge ...	9 1/2
Bristol ...	10
Elizabeth Town ...	10
Trenton ...	10
Newark ...	6
Princeton ...	13
Paulus Hook ...	8
Nueva York ...	1
43	95" millas

El territorio a lo que se ve, está dividido por lo general en pequeñas porciones que llaman *Farms*, de que resulta que la tierra está mucho más bien cultivada y el número de casas es mucho mayor; bien que no de suntuosa apariencia como en otros países (La Habana y South Carolina supongamos) pero sí de una comodidad rural y feliz. Entre estos habitantes, se percibe un crecido número de familias alemanas y holandesas de origen, cuyo idioma y costumbres originarias ya casi no se perciben; el comer a las once, o doce del día solo está aún en pie. El terreno más bien puede llamarse indiferente que bueno y sobre las costas del mar es sumamente pobre y arenisco; pero la circunstancia (como llevamos observado) de estar regado por todas partes, en las manos de un pueblo industrioso y sobre todo bajo el influjo de un gobierno libre, le hacen prosperar a pesar de todos estos inconvenientes. Sus producciones principales son trigo y también toda especie de granos; variedad de frutas excelentes; vegetales; buenas maderas; y abundancia de ganados (el vacuno es pequeño en su tamaño); como igualmente algunas minas de hierro y cobre que en otros tiempos se han trabajado con utilidad y ventaja. El comercio lo han hecho hasta ahora por medio de Nueva York y Filadelfia, por cuya razón no ha podido prosperar aún. En el día piensan establecerle en Amboy, admitiendo los consejos que les da el sabio Abée Rainal y no dudo lo consigan en breve tiempo. La población del país es según unos 100.000 y según otros 150.000 habitantes; el medio proporcional será tal vez más conforme al número verdadero. ¡Una tolerancia general forma la base de su gobierno en el ramo espiritual; cada uno es dueño de rogar, o alabar a Dios en la forma y lenguaje que le dicte su conciencia! ¡No hay religión o secta dominante, todas son buenas e iguales! ¡Así reinase el mismo dogma y liberales principios en lo político!

Los gastos civiles de esta provincia bajo el dominio británico ascendían a 1.200 libras esterlinas. Los presentes con poca diferencia, son como sigue.

the Governor salary ...	£ 550 or 1.466 1/3 dolars
-------perquisits -...	400
Chief Justice ...	350
other judges ...	300 and 250
The Treasurer ...	150
Attorney general ...	30

there is 13 countis which annually chuse 1 counsellor and 3 Assembly-men, their wages is two dolars a day (formerly 6.)

El gobernador actual es his Excell. William Liwingston Esqr, se elige anualmente y puede ser reelegido indefinidamente. Véase la memoria que recibí de míster Rutherfurd, hacendado en dicho Estado y hombre de juicio, veracidad observación y conocimientos.

Ciudad de Nueva York, 17 enero de 1784

Descansando de la fatiga del viaje y habiendo formado algunos conocimientos en Nueva York, pensé inmediatamente pasar a Boston con el fin de hacer una visita al país y volverme inmediatamente a Nueva York, para desde aquí embarcarme para Inglaterra; pero lo duro del invierno me detuvo suspenso algún tiempo, obstruyendo enteramente la navegación y los caminos aunque cubiertos de nieve, se ponían intransitables con las frecuentes *Thaws*, de modo que ni *Sledge*, ni ruedas podían intentarlo; así determiné aguardar aquí hasta que el tiempo mejorase. Con esta idea cambié a mejor alojamiento en Maiden Lane número 19, casa de míster Elsworth, excelente posada secreta, pagando 7 pesos fuertes a la semana (fuera de fuego y licores) por mi persona; pues el criado que conmigo traje de Filadelfia se me huyó pocos días después de mi arribo; le había comprado a bordo de una embarcación Irlandesa, que trajo una cargazón de más de 300 esclavos entre mujeres y hombres, por el precio de 10 guineas en Filadelfia obligado a servirme dos años y medio; era nacido en Escocia y tendría dieciséis años de edad, su nombre John Dean, pareciome honesto y sin malicia, pero el sujeto probó lo contrario. Una salida hacia Kingsbridge sobre la isla de Nueva York, fue mi primera incursión en el país este, con ánimo de ver las fortificaciones que allí hay y hacer al mismo tiempo una visita a mi amigo el coronel Lewis Morris, que con su madame vivía en una casa de campo llamada Courtland's House donde residen sus padres y familia. A las nueve de la mañana salí de Nueva York en el Faetón de míster D. Parker, que fue tan atento y obsequioso conmigo, que sin haber motivo de particular amistad, me brindó con carruaje, criados y caballos, en un modo tan obligatorio y sincero, que hube de admitir la oferta; a las once llegué a dichas fortificaciones que están situadas sobre dos alturas bastante difíciles de acceso llamadas, la que está sobre la izquierda y cae al North River Lan Hill y la de la derecha que cae sobre el East River Laurel Hill; en la primera está el fuerte Washington (llamado después Knyphausen, en honor del general hannoveriano que lo tomó de los americanos con una guarnición de 3.000 hombres) y en la segunda el fuerte George construido enteramente por los británicos; el pasaje por en medio de estas dos pequeñas montañas, es sumamente estrecho y expuesto a un fuego inmenso de las alturas; a que se añade haber cerrado el paso enteramente por medio de unas líneas muy bien y muy sabiamente construidas, que corren desde un fuerte al otro y apoyan sobre los dos ríos ya mencionados; distan 12 millas de Nueva York y no pude examinarlas con despacio porque el frío era excesivo. Tres millas más adelante está Kingsbridge, un puentezuelo de madera sobre Harlem River, o Spiking Devil como vulgarmente le llaman, a un pequeño brazo del North River que corre por esta quiebra y forma la isla de Nueva York abriendo comunicación por este paraje con la *Sonda* o East River que llaman. Andando 2 millas más adelante llegamos a la mencionada casa de Courtland, donde encontré a mi amigo el coronel, que se alegró infinito de verme (nuestra amistad se formó en Charleston South Carolina) en cuya compañía, la de su mujer míster Morris, miss Morris su hermana y dos hermanos jóvenes el uno alférez de artillería en el servicio de la América y el otro comerciante, pasamos el resto del día sumamente agradable; al siguiente intenté huir a ver White Plaines, pero no fue posible tanto por el excesivo frío, como por la mucha nieve que cayó la noche antecedente obligándonos a no desamparar el fuego en todo el día. Al otro quise volverme a Nueva York, pero no fue posible a causa de un *Snow Storm*, que cubrió de nieve todos los caminos por más de 3 pies de espesor. La mañana del inmediato fue serena y emprendí mi vuelta para la ciudad; con sumo trabajo, pues los caminos aún no estaban batidos y había mucha nieve, llegué a una taberna que está en unas casas que hay a las inmediaciones de las mencionadas fortificaciones de Laurel Hill, donde bebimos un vaso de vino, se dio un pienso a los caballos y yo en el ínterin emprendí con el auxilio de un cazador que allí se apareció, vecino del rededor y que conocía todo el terreno por haber sido tomado prisionero en el ataque del fuerte Washington el 16 de noviembre de 1776, examinar despacio todas aquellas fortificaciones y puestos; en consecuencia comenzamos a ascender la montaña con bastante dificultad enterrándonos a veces en la nieve hasta el pescuezo, pero al fin en una hora y media, o dos horas de tiempo lo visitamos todo. El fuerte Washington es un pentágono, reducido con cinco baluartes y almacén a prueba para la pólvora, pero sin agua ni foso; una guarnición de 300 hombres es cuanto puede abrigar para su defensa; su situación domina todas las alturas circunvecinas y el prospecto que comanda por todas partes es uno de los más agradables y extensivos que puede imaginarse. El fuerte George es un paralelogramo muy bien construido con cuatro baluartes, su almacén a prueba, barracas y aljibe; puede muy bien abrigar una guarnición de 400 hombres: tanto este fuerte, como los demás reductos, líneas, etc. que por aquí se ven construidos

29

por los británicos, manifiestan el buen gusto, solidez y juicio, que esta nación ingeniosa y sabia descubre en todas sus obras. El coronel de ingenieros Montrosél parece ser el autor de ellas, junto con el capitán del propio cuerpo Tyers. Concluida esta investigación militar y helado de frío a la verdad, descendimos a la venta, o taberna, donde me calenté exterior e interiormente con buen fuego y un vaso de vino y proseguí mi jornada para Nueva York; todo el terreno que sigue desde estas fortificaciones hacia Nueva York, es sumamente defensable hasta llegar al paso de McGowan distante como 3 millas, donde crece la dificultad y un pequeño número de tropas bien conducido, pueden detener el mayor ejército; siendo dueños de las aguas se entiende, los defensores. A las cinco de la tarde llegué a mi alojamiento de la ciudad pirrado de frío.

Pocos días después serenando un poco más el tiempo (bien que el frío cada vez más duro, *Sonda* y ríos helados) determiné hacer otra pequeña incursión sobre Long Island. A las doce del día me embarqué en el Ferry que llaman, en compañía de Jack McEvers joven de unos dieciocho años que con suma civilidad se me brindó para la expedición y atisbando coyuntura favorable para atravesar la *Sonda* por en medio de la gran cantidad de hielo flotante que la cubría, pasamos en menos de un cuarto de hora, con toda felicidad a Brooklyn, pequeño lugar situado en la rivera opuesta de Long Island que tendrá como 150 casas pequeñas, de gente pobre por la mayor parte; aquí comimos en la posada principal que es bastante buena y tomamos un *Sledge* para continuar la incursión, pues todo el país y caminos estaban cubiertos con 2 y medio, o 3 pies de nieve lo que menos. A las dos de la tarde dejamos Brooklyn, pasamos por Bedford otro pequeño lugar que está 4 millas más adelante camino de Jamaica y a las tres y media paramos en una posada 2 millas adelante, que llaman *the hall way house* para calentarnos un poco, pues traíamos ya los pies, manos, orejas, narices, etc., casi helados: después de haber bebido un vaso de vino y sentirnos tal cual reparados proseguimos nuestro camino corriendo como una exhalación y a las cinco llegamos a Jamaica en casa de míster Charles McEvers, tío de mi joven compañero, que nos recibió con el mayor agasajo y hospitalidad; tiene tres hijas jóvenes de catorce a dieciocho años muy bien parecidas y pasablemente instruidas; dos hijos jóvenes también y un cuñado oficial en el servicio británico llamado capitán Bibby, edecán que fue del general Frazer en la acción de Saratoga, cuya mujer había muerto de sobreparto pocos meses antes; las muchachas se llaman miss Mary, miss Nancy y miss Eliza de amabilísimo genio y particular aplicación a las Letras, miss Nancy en particular. En compañía pues de esta agradable compañía pasamos la noche muy divertidos y al siguiente día armamos (o por mejor decir dispuso míster Evers) una partida en *Sledges* para ir después de almorzar a ver algo del país; a las diez tomamos dos *Sledges* y toda la compañía nos embarcamos (excepto las damas, porque hacía demasiado frío) para ir a ver Hampstead Plain distante como 6 millas de Jamaica. Todo el terreno estaba cubierto de nieve y puedo asegurar que cuando llegué a esparcir la vista por dicha llanura, me pareció un gran lago pues por varias partes forma horizonte y la superficie parece tan igual como la del mar, se dice tiene 20 millas de largo y sobre 7 de ancho. De aquí procedimos a visitar dos familias principales que viven en las inmediaciones 4 millas más adelante, la primera fue la mujer e hijos del coronel Ludlow y la otra mujer e hija del Judge Ludlow, que está contigua a menos de una milla de distancia, en una hermosa y muy agradable casa de campo donde perfectamente gozan la apacible vida del campo. A 3 o 4 millas más adelante está un montezuelo, o altura que llaman Succes Hill, en cuya cima hay un pequeño lago (Succes Pond) que en todos tiempos se mantiene lleno de aguas, tiene mucho pescado y un fondo extraordinario. Desde esta altura se descubre el prospecto más agradable y al mismo tiempo se ve la *Sonda*, el océano y las tierras de Connecticut. Para las tres nos restituimos a Jamaica y el resto del día lo pasamos al lado de un buen fuego en sociable, militar y literaria conversación. Al siguiente día después de almorzar, míster McEvers y yo tomamos el *Sledge* e hicimos otra incursión hacia la parte del sur de la isla por el paraje que llaman Rock Way, distante 12 millas de Jamaica, los caminos son sumamente llanos y agradables, pues por todas partes se ve agricultura, habitaciones, aguas y bosquezuelos ventajosamente bien situados. A las tres estábamos ya de vuelta, habiendo andado más de 30 millas en dos horas y media de tiempo, sin fatigar los caballos en lo mínimo. La noche la pasamos en la misma agradable compañía que la antecedente y al siguiente día me restituí a Nueva York, pues el sumo frío no permitía muchos paseos por el campo y a la verdad me hacía ya apetecer el abrigo de cómodo alojamiento en la ciudad. Después de almorzar Captain Bibby y yo nos fuimos a visitar (ínterin se preparaban los *Sledges* para la marcha) algunos campamentos formados por las tropas británicas, que estuvieron acantonadas en estos parajes a cosa de una milla de distancia del lugar en las faldas de unas colinas inmediatas; cuyas huts, o chozas aún permanecen, construidas con sumo arte y acierto; la chimenea es de piedra suelta, sin ningún género de mezcla y el resto de alguna madera y palmas, tan bien abrigado todo que pueden resistir el más duro invierno, tal vez mejor que las casas de la ciudad; cada una puede contener de cuarenta a cincuenta personas y en caso necesario una compañía. A las doce tomamos nuestros carruajes y en compañía de mi camarada el joven McEvers, nuestro generoso huésped Old McEvers (que también quiso acompañarme a Nueva York) y su hijo, emprendimos la marcha; cerca de las dos llegamos a las inmediaciones de Brooklyn, donde paramos a examinar las fortificaciones construidas por los británicos (a una milla de distancia) con el objeto de conservar aquel puesto aun cuando el enemigo se hiciese dueño de toda la Isla, pues siendo el terreno bastante elevado y opuesto justamente a Nueva York, les podrían obligar a abandonar la ciudad, siempre que se apoderasen de este puesto; la fortificación principal que llaman New Fort, es un paralelogramo muy bien construido, con cuatro baluartes, foso espacioso, almacén a prueba, agua de pozo y barracas para la guarnición; podrá abrigar muy bien una guarnición de 1.600 hombres; dos o tres puestos más construidos con igual juicio e inteligencia forman como unas obras avanzadas del antecedente. Por allí se ve igualmente los trazos y restos de las líneas americanas que los británicos quisieron atacar el año 1776 cuando Washington se retiró por la noche con todo su ejército a Nueva York por el ferry, dejándoles enteramente burlados y redimiéndose seguramente de una ruina irremediable; también se ven *the heights* of Guana, donde dos días antes fueron completamente derrotados y hechos prisioneros los generales americanos Sullivan, lord Stirling y Udell, que bajo de las órdenes de Putnam, se batieron tenazmente con un cuerpo de 6.600 hombres, contra el ejército británico que mandaba el general Howe compuesto de 22.000 el 27 de agosto. A las tres nos embarcamos en el Ferry Boat y logrando la oportunidad de una clara sobre el East River para evitar el hielo flotante, en un cuarto de hora atravesamos el paso. Long Island es considerada por los newyorkinos como el Hesperia de la América y no se puede negar que la superficie del país, caminos, aguas, cultura, bosques, etc., la hacen parecer un jardín ameno y agradable en el verano. La calidad del terreno, productos, etc., es muy semejante al de Jersey. La memoria número que recibí del coronel William Floyd y míster Gilston, vecinos nativos de dicho país y sujetos de instrucción e incontestable veracidad, es prueba de lo dicho. La isla ésta tendrá como 140 millas de largo y de 9 a 15 de ancho, sus frutas son muy buenas y entre ellas se distingue la manzana llamada Newton Pippins, que se considera superior a toda fruta de su especie en el universo. Su población se asegura llega a 30.000 individuos; y contiene 90.000 cabezas de ganado vacuno y 1.00.000 de ganado lanar (ovejas).

West Point, 20 febrero de 1784

El 20 de febrero emprendí otra incursión hacia West Point, con designio de ver este célebre puesto y parajes circunvecinos en que se representaron algunas escenas militares de la guerra última. Provisto pues de cartas de recomendación que me dio el gobernador del Estado Clinton, mi amigo el coronel Hamilton, general míster Dougall, míster Parker, etc. Tomé mi *Sledge*, a las dos de la tarde y en compañía de comandante Taylord emprendí mi marcha; a las tres llegamos a la casa de campo llamada Coronel retirado Morris's Country house, distante 10 millas de Nueva York, una de las más hermosas y agradables de su especie que he visto en América, tanto por su situación como por la limpieza y gusto en que está construida. Dos millas más adelante están las pequeñas montañas llamadas Land Hill y Laurel Hill, donde paramos y subiendo a pie al fuerte Washington situado sobre la primera, tuve el gusto de dar una vista otra vez a las famosas líneas británicas que tengo mencionadas anteriormente. Tres millas más adelante pasamos King's Bridge que está sobre el arroyo llamado Harlem Creek el cual forma la isla de Nueva York, separándola del continente por aquella parte; y andando una milla más llegamos a la casa de Courtland donde hicimos noche, habiendo sido muy bien recibidos y hospedados por la señora mujer del general míster Morris y sus dos hijos más jóvenes. Por la mañana temprano nos pusimos en marcha y atravesando el espacio de 14 millas por un terreno sumamente quebrado y montuoso llegamos a White Plains. Aquí almorzamos en una pequeña posada, que es la única casa que allí permanece y concluido procedimos a visitar los puestos y situación de los ejércitos americano y británico que operaron sobre dicho terreno el mes de septiembre de 1776. Allí permanecen aún los restos de las baterías y líneas, que cubrían el ejército americano, compuesto de 20.000 hombres, cuando el general Howe con el británico consistente en 22.000 le quiso atacar. Se ve sobre la derecha igualmente el puesto llamado Charterton's Hill, donde el general americano míster Dougall fue atacado y batido por superior fuerza británica, obligándole a retirarse bajo las líneas del ejército... Una y media milla más hacia el interior del país, están las montañas de North Castel, donde tomó su segunda posición el ejército americano y aún se ven restos de las líneas que le cubrían. El pequeño río Bruncks corre por sus faldas y quebradas. No hay duda que considerando todas circunstancias, la posición primera del ejército americano era sumamente débil y que los británicos debieron haberle batido antes, al mismo tiempo que intentó alterar su posición; pero no es ésta la primera que se le escapara al general Howe, ni tampoco el primer lance de la especie que por su culpa redime a Washington y su ejército de una ruina absoluta. La segunda posición era ventajosa y juiciosamente ocupada; el ataque entonces tal vez hubiera sido imprudente por parte de los británicos. Cuatro millas más adelante se encuentra otro pequeño río llamado Somell sobre el cual hay un pequeño puente de madera y una milla más allá está el pequeño lugar de Tarry Town sobre el North River. Cerca de este paraje se ve un gran árbol sobre el mismo camino real, en cuyo sitio fue arrestado por tres jóvenes labradores milicianos el sargento mayor Andree, cuyo suceso produjo tanto ruido después, de aquí le llevaron a New Salem que dista 10 millas y desde aquí a West Point 10 millas más adelante a 9 millas de Tarry Town se encuentra New Bridge, un puente bien construido de madera, que está sobre el río Croton, cuyas aguas son bastante abundantes; aquí comimos tal cual en un *auberge* rural y siguiendo nuestra ruta por un camino siempre quebrado, montuoso y cubierto de rocas, llegamos al ponerse el Sol a Peekshil pequeño village de unas veinte o treinta casas pequeñas, sobre la rivera del North River, a 10 millas más adelante. Aquí encontramos tal cual posada y una escena la más cómica entre un esquire del lugar, *a Justice of Peace* y un borracho, que se encajó en la posada, les insultó de mil modos y nadie se atrevió a contenerle, o echarle de la casa, sin embargo de que los insultados personajes componían la police del lugar y manifestaban ganas de ejecutarlo. Al siguiente día procedimos nuestra ruta sobre el hielo por medio del North River, cuya superficie parecía toda una lámina muy pulida y hermosa; el hielo tendría 2 pies de espesor y la nieve que había encima de este uno y medio, de modo que no llevábamos el menor recelo de riesgo, pues sin embargo de que muchas veces se verifica romperse este por los parajes en que el viento se introduce entre la superficie de las aguas y la tabla del hielo, el camino estaba ya tan trillado con la multitud de *Sledges* que iban y venían por el río arriba, que no había fundamento para el menor cuidado. Aseguro ingenuamente que este espectáculo todo me pareció una de las más extrañas escenas que pueden verse en la naturaleza; las riveras del río por ambos parajes son sumamente elevadas y montuosas, la superficie de sus aguas bastante extensiva y espaciosa, de modo que mirar el alto de las montañas cuando se va por medio del río, o por el contrario observar desde las alturas los carruajes que corren por medio de este, es una escena magnífica y extraordinaria. Los objetos parecen tan diminutos en medio de estos majestuosos rasgos de la naturaleza, que los caballos y el *Sledge* se me antojaban algún juguete de niño de la misma forma, tirado por un par de perrillos de falda. A las diez de la mañana llegamos a West Point y nos dirigimos a la posada que allí hay, sin que nadie investigase, ni se cuidara de saber quiénes eran los forasteros nuevamente llegados, una de las más agradables circunstancias que se gozan en un país libre: ¿cuántas formalidades no hubieran sido necesarias en Francia, Alemania, etc., primero que se nos hubiese permitido entrar en dicho puesto? A las once, después de haber tomado un segundo almuerzo, fuimos míster Taylor y yo a visitar el comandante del puesto, a quien entregamos nuestras credenciales y nos recibió con la mayor hospitalidad y atención, obligándonos a tomar alojamiento en su casa propia. El día estaba sereno y algo templado el frío, por cuya circunstancia aprovechando la ocasión emprendimos inmediatamente la visita militar, comenzando por los almacenes de armas, municiones, etc. En éstos se conservan como unos 20.000 fusiles de infantería fábrica francesa, con bayoneta y correaje respectivo; algunas municiones de artillería, juegos de armas, partisanas, sables y no en el mejor estado de limpieza, colocación, ni aseo. Allí se ve igualmente el modelo en pintura de la medalla del orden de Cincinatus. Pero lo que verdaderamente es digno de admirar y merece observación es la famosa cadena que servía para cortar enteramente la navegación del río, atravesándola desde el fuerte Clinton a la isla Constitución, que reduce la anchura del río por este paraje, forzándole a pasar por un canal profundo de 70 brazas y poco más de media milla de ancho. Los eslabones de la cadena son de la forma ordinaria, pero de un espesor tan considerable que no sé cómo podían mantenerle sobre agua. De distancia en distancia había unos gruesos maderos unidos al hierro que servían a soportarla y para que la marea al montar y descender no hiciese mucha impresión sobre ellos y la rompiese, tenían mucho cuidado en que estuviesen colocados de punta, esto es, presentando la punta del madero a la corriente; por cuyo medio y cuatro robustos cabrestantes que había fijos en ambas orillas, la mantenían tirante sobre la superficie de las aguas; algunos anclotes se dice también contribuían a sujetarla, pero yo no concibo la utilidad que éstos podían producir para el caso, en un fondo tan profundo. No puede negarse que la máquina ésta es un esfuerzo del genio, industria y espíritu audaz del pueblo que la produjo. Dícese que su costo asciende a 70.000 libras y no dudo que si el rey de España la hubiese pagado, hubiera costado más; pero a ellos no creo les costase la décima parte de esta suma. De aquí pasamos al fuerte principal que se llama Clinton (del nombre del coronel que con su tropa comenzó a levantar tierra y edificarlo) situado sobre la rivera del río, opuesta justamente a Constitution Island, en paraje elevado que comanda perfectamente el canal del río y baterías rasantes que al pie hay construidas para protección de la cadena; su recinto es más bien estrecho que otra cosa y su construcción e idea de un mérito común; el general americano Du Portalle, capitán que era de ingenieros en Francia y pasó al servicio continental en los principios de la revolución, es el autor de esta obra. Está allí depositado igualmente un tren de artillería de 160 piezas de todos calibres con carros de municiones avantrenes, etc. la mayor parte tomadas a los ingleses en Saratoga y York Town; pues han adoptado el estilo de poner una inscripción a todas las piezas que han tomado de los enemigos (idea del general Knox) en que se lee el paraje, o sitio donde fue tomada; fabricándose por este medio otros tantos monumentos de sus gloriosos triunfos, sin costo alguno. Entre ellas se ven también cuatro pequeñas piezas de antigua construcción, su calibre como de a cuatro, que junto con dos morteros viejos de marina, componían todo el tren de artillería, conque comenzó el ejército americano a disputar la independencia de este continente; el pueblo de Boston las sacó de la ciudad encubiertas en carros de heno. De aquí ascendimos la montaña inmediata que comanda dicho fuerte Clinton y la llanura en que están establecidos los edificios principales como son cuarteles, casa del comandante, almacenes, etc. y allí está el fuerte Putnam (también toma su nombre del coronel que lo comenzó a construir) que es el que sigue en consistencia y fuerza al fuerte Clinton, bien que aun es mucho más reducido; obra del general americano Kosiuszque, polonés de nacimiento que pasó a este continente cuando la revolución; una serie de montañas que mutuamente se dominan hace que estos puestos parezcan defensas muy precarias; a que se añade que las producciones del arte en fortificarles, ni son ingeniosas ni de mucho juicio; aún se estaban corrigiendo imperfecciones en este fuerte cuando concluyó la guerra y así se ven un millón por corregir todavía. Si alguno de los fuertes circunvecinos merece el nombre de llave del puesto, es este; pero en mi concepto el más dominante, es el primer escalón por donde se puede comenzar a desalojar consecutivamente sin mucha dificultad, a menos de que un ejército en campo raso, no se oponga a ello. Los fuertes Willis y Webb (que también toman su nombre de los oficiales que con su tropa comenzaron a construirlos) no son otra cosa que unos reductos, dominados sucesivamente por algún otro, o por alguna altura inmediata. Concluida la visita de todos estos puestos nos retiramos serían las tres de la tarde en casa del comandante coronel Hull, que nos dio buena comida; y por la noche gozamos de la compañía de las damas de la guarnición que a la novedad de los extranjeros, vinieron a tomar té con míster Hull. Al siguiente día después de almorzar emprendimos otra vez nuestra visita militar, en compañía de la mayor parte de los oficiales de la guarnición que quisieron bien acompañarnos y ascendiendo la montaña no con poca dificultad y fatiga, pues es bien alta y perpendicular, cubierta toda de hielo y nieve en la sazón; llegamos a los puntos número 1, 2, 3, 4, que corren en circunferencia de 5 millas alrededor de todo el puesto y son otros tantos reductos cuyos terraplenes apenas pueden soportar artillería ligera. Una serie de dominaciones que circuyen este puesto ha producido tanto número de débiles obras avanzadas, de que resulta que las partes superiores y que debían ser las más robustas y fuertes, son las más débiles; nuestro paseo este día concluyó en una casa fuerte de madera (a Block House) que está sobre el río, muy bien construida y es la obra más avanzada por aquella parte; a las tres y media llegamos no poco fatigados al alojamiento del sargento mayor de artillería Doughty, que nos dio muy bien de comer; y por la noche estuvimos a tomar té y cenar en casa del comandante de artillería sargento mayor Bauman, que nos obsequió muy bien igualmente. Temprano al día siguiente atravesamos el río en

Sledge y visitamos las fortificaciones de Constitution Island, que consisten en tres fuertes reductos muy bien construidos y situados en parajes dominantes que protegen la gran cadena y pase del río por aquel paraje. Hicimos igualmente una observación cortando el hielo por el conmedio del canal y le hallamos 2 y medio pies de espesor. De aquí pasamos en nuestro *Sledge* sobre el río a la parte opuesta por el paraje que llaman el Ferry y ascendiendo una montaña sumamente elevada y de difícil acceso visitamos los dos puestos que llaman South y North Forts, que son unos reductos medianos situados en parajes muy dominantes, de acceso difícil; desde ellos se descubre infinito terreno y un prospecto inmenso sobre el North River; ambos son obra del ingeniero Du Portalle y en mi concepto no podrían servir para mucho más, que descubrir los aproches del enemigo por aquellos parajes. Al pie de estas alturas y a 2 millas de West Point, está la habitación y casa del general M'Dougall (llamada antes del coronel Robisson) donde bajamos a las tres y su hijo el coronel, que a la sazón se hallaba allí únicamente, nos dio muy bien de comer; por cierto que las mejores manzanas que he gustado en mi vida, las comí allí este día (llámanlas Pippins y las de este paraje son muy especiales) dicha casa es la misma en que vivía el general Arnold y su mujer, cuando se escapó, al tiempo de descubrirse su ignominiosa traición por la captura de mayor Andree. Al oscurecer nos volvimos toda la comitiva a West Point, donde los demás oficiales subalternos nos obsequiaron con una cena muy decente. West Point es por su situación el punto más ventajoso que podía elegirse para cortar la navegación del río, pues además de la angostura de este por aquel paraje, la vuelta que da el río, obliga precisamente a toda embarcación a cambiar las velas y cortar por consecuencia el curso de su velocidad; a cuyo tiempo los obstáculos y baterías mencionadas, le pueden arruinar facilísimamente. Un ataque por tierra sería de más probable suceso, pero como siempre el ejército mantenía una posición capaz de socorrerle en caso de necesidad, esto no era posible tampoco. La situación es sumamente romanesca y elevada en las partes superiores; Buter Hill que está justamente pegado tiene 1.200 pies de elevación sobre la superficie del río. Veense también desde West Point las montañas Catskill que son las más altas de todo este continente por esta parte. Entre las cosas ingeniosas que noté aquí en la artillería fueron dos cañones como de a dieciocho que habiéndoles desmuñonado los ingleses (como lo hacían comúnmente cuando tomaban gruesa artillería a los americanos), éstos los habilitaron, poniendo a uno muñones supuestos, por medio de un sortijón de hierro que le introdujeron por la boca y afianzaron en el paraje correspondiente con sus muñones pegados; al otro le embutieron hasta la mitad en un trozo de madera y así le colocaron sobre la cureña donde hacía su servicio como todos los demás... ¡cuánto no descubre el espíritu e industria humana, cuando la necesidad le obliga!

26

El 26 temprano, después de tomar un ligero almuerzo, emprendimos nuestra vuelta a Nueva York por la parte de Jersey con el ánimo de ver la cascada de Passaic; los oficiales de la guarnición fueron tan civiles y atentos que quisieron venir acompañándonos por obsequio hasta Stony Point, coronel Hull, míster Pierce, paymaster general; mayor Guibbs; mayor Doughty; míster Taylor y yo nos acomodamos muy bien en dos *Sledges* y marchamos río abajo por encima del hielo como una exhalación. Cinco millas más abajo de West Point sobre la rivera del oeste del río se ven las ruinas y situación del fuerte Montgomery y asimismo la punta de la rivera opuesta llamada Antony's Nose (por la similitud que forma de una nariz) en que estaba fijada una cadena, para cortar la navegación del río, protegida por el fuerte Montgomery; cuya pérdida hizo que los americanos formasen después la idea de fortificar y establecer a West Point. Continuando nuestra lapónica ruta sobre el hielo llegamos a Verplanck's Point, 7 millas más abajo, donde tomamos tierra y atravesando un espacio como de 2 millas llegamos a King's Ferry, frente de Stony Point donde está un reducto, capaz y muy bien construido (tal vez el mejor que he visto jamás, de su especie) llamado La Fayette. Se ve igualmente en estas inmediaciones el campamento que los ejércitos americano y francés ocuparon el año de 82 a su retirada de Virginia, después de la toma de Cornwallis, etc. y no olvidaré recordar aquí una anécdota, que en este paraje ocurrió, digna de la inmortalidad. Un paisano amo del terreno en que estaba plantado el campamento francés, hizo su aplicación para que le pagasen el piso, los oficiales no hicieron caso de la pretensión, ni quisieron dar una respuesta satisfactoria; lo cual visto por el patán republicano, se quitó de ruidos y fue en busca del Sheriff para que arrestase al deudor; y vea Vmd. venir estos dos pobres labradores sin una simple arma en la mano, pero sí con el Palladio y autoridad de las leyes, resueltos con firmeza heroica a arrestar al general francés míster de Rochambeau al frente de todo su ejército, por el pagamento de los perjuicios y establecimiento del campamento sobre sus tierras... El general fue efectivamente retenido por el Sheriff y pagó al punto lo que se debía al pobre labrador (unos 10 o 15, pesos era toda la suma) con lo cual terminó el procedimiento... ¿cómo es posible que bajo de semejante auspicios, no florezcan los países más áridos y desiertos? ¿y que los hombres más pusilánimes e ínfimos sean dentro de poco tiempo honestos, justos, industriosos, sabios y valientes? De King's Ferry atravesamos el río sobre el hielo, no con poco recelo, pues en algunos parajes trasminaba el agua y se conocía que estaba bastante delgado; pero un buen guía que llevábamos por delante y un palo en la mano para soportarnos en caso de que los pies abriesen grande agüero, nos animó; y todos pasamos a pie, echando por delante el *Sledge* y caballos para mayor seguridad. Tendrá el río por este paraje algo más de una milla de ancho. En una pobre taberna que allí hay encontramos algún pescado fresco que acababan de coger en el río (por un agujero que para este efecto abrieron sobre el hielo) del cual dispusimos nos compusiesen algo que comer, en el ínterin que íbamos a visitar el puesto. Stony Point está sobre la rivera del oeste del North River, enfrente justamente del fuerte La Fayette y es por su forma y situación uno de los más ventajosos puntos de fortificación que la naturaleza ha formado... comanda perfectamente cuanto terreno hay alrededor bajo el alcance del cañón y por su configuración flanquea naturalmente todas las avenidas por donde puede ser atacado; de modo que con poquísimo auxilio del arte, puede formarse aquí una de las más fuertes piezas de fortificación, que quiera imaginarse... En el día solo hay un pequeño fuerte de tierra y madera, que fue a lo que lo redujeron los americanos después de haberle tomado y arruinado sus fortificaciones; pero aún se ven muy distintamente los trazos, fosos, etc., de éstas, según estaban construidas por los británicos y puedo asegurar ingenuamente que después de haber bien examinado y meditado el asunto, no concibo como pudo practicarse la operación de la toma, tan a poca costa... La guarnición consistía en 800 hombres de tropa reglada, número suficiente para su defensa; pues aunque quiera ocurrirse al efugio de decir fueron sorprendidos, no es probable, cuando sabemos que los puestos avanzados dieron su alarma a tiempo e hicieron fuego sobre las partidas americanas que atacaron; la fuerza de éstas ascendía en todo a 1.200 hombres escogidos y mandados por el general Wayne. Las órdenes eran de que nadie cargase el fusil y de matar al primero que cejase hacia atrás, pues la idea era atacar y asaltarle solo con la bayoneta... un soldado insistió en cargar sin embargo de las órdenes antecedentes y el oficial que estaba presente le mató inmediatamente con su espontón, cuyo ejemplar severo y muy digno de aplauso, contuvo el desorden y dio éxito a la empresa. Las pérdidas fueron sesenta muertos y cuarenta heridos por parte de los británicos; treinta muertos y setenta heridos de los americanos. El detalle de toda esta acción lo obtuve sobre el mismo terreno, por el coronel Hull comandante actual de West Point, como llevo dicho y que asistió personalmente a dicha acción; poseyendo además de las cualidades de militar y buen soldado, bastante instrucción, juicio y veracidad; cuyas circunstancias no me dejan duda ser ésta una de las más brillantes acciones de su especie, que en la historia militar puede encontrarse... concluida nuestra investigación militar, nos volvimos a la taberna donde encontramos ya nuestra dispuesta comida pronta, con la adición de algunas batatas, buena manteca y cidra en abundancia. El apetito estaba bien dispuesto también y así comimos grandemente en el estilo campestre, tomando luego el camino, pues eran ya las dos de la tarde. Los amigos acompañantes volvieron a pasar el río con el mismo guía que trajimos para tomar su *Sledge* que quedó en el fuerte La Fayette y seguir a West Point; y nosotros (míster Taylor y yo) tomamos el nuestro, para seguir en demanda de Passaic Falls. Andando como 2 millas sobre el camino carretero, cerca de la rivera del río está la casa de míster Smith donde desembarcó el mayor Andrée y tuvo su primera conferencia con el general Arnold; es bastante capaz, nueva y de buena arquitectura; 3 millas más adelante, andando siempre por camino bastante bueno, encontramos el pequeño lugar de Haverstrow, situado justamente sobre la rivera del North River; aquí notamos que había una cantidad enorme de leña cortada para remitir a Nueva York conforme el hielo se deshiciese y franqueara la navegación del río, pues se experimentaba una escasez tan suma, que un carro de leña solía valer 20 o 30 pesos. Siete millas más adelante encontramos el lugar llamado Clarkstown que tendrá como quince casas de vecindario; aquí nos detuvimos a dar un pienso a los caballos y tomar un calentón, pues el frío apretaba como un demonio; lo cual verificado seguimos adelante y andando aún 7 millas llegamos al oscurecer a Orangetown (otros la llaman Tappan, del nombre del distrito) donde hicimos noche en una posada holandesa, su vecindario está incluido en dieciséis casas. Veese aquí la situación que ocupaba el ejército americano en sus campamentos, el año de 81 cuando el desgraciado Andrée fue ahorcado; he visto el cuarto de su prisión, gentes que le asistieron con inmediación... y paraje de la ejecución. Al pie de la horca se enterró su cuerpo y allí existe aún su sepulcro, con la marca de dos lápidas comunes sin inscripción, ni marca que indique el menor recuerdo de su memoria... no me queda duda, después de haber examinado profundamente el asunto y recogido la más autentica información, de que el plan del proyecto que le condujo al suplicio mencionado, fue parto suyo enteramente, apoyado sobre la estrecha amistad que formó en Filadelfia con míster Arnold (entonces Shippin) cuyo conducto le pareció y fue sin duda el más adecuado para manejar el complot. El suceso manifestó muy bien que no le faltaba habilidad para la trama y manejo de gabinete; pero al mismo tiempo nos deja conocer, que ni era hombre para la ejecución, ni tampoco tenía aquella presencia de ánimo que es indispensable para manejar estos lances... El modo de jugar el suyo Arnold cuando por una carta supo que el dicho Andrée era arrestado, etc. escapándose sin la pérdida de un minuto, de entre el medio de todos sus enemigos, por encima de un millón de riesgos; forma un contraste bien singular y característico del genio y espíritu de entrambos. Por la mañana a las ocho después de almorzar continuamos nuestra ruta, por un camino sumamente agradable, sobre los bordes del Second River, cuyos campos son los más bien poblados, amenos y deliciosos que pueden verse en esta parte del globo y a 10 millas encontramos el lugar de Peramus, de la misma población que el antecedente y continuando por un camino igualmente agradable 7 millas más adelante, llegamos al pequeño lugar llamado Totaway Bridge, del nombre de un puente que allí hay sobre el río Passaic... Aquí paramos en una posada regular y dando tiempo a que los caballos tomasen un pienso para pasar a ver la catarata que está a media milla río arriba, nos fuimos en el ínterin mi compañero y yo a ver un fenómeno, no menos curioso, conocido allí por, *the child with the big head*, su nombre es Peter Vanweette de una familia originaria de Holanda, como lo son las más de este país; su cuerpo y miembros son correspondientes a un muchacho de seis años, pero la cabeza tan monstruosa que parece la de un gigante; sin duda abultará como tres cabezas de hombres regulares y la mayor enormidad es en la parte superior... su complexión es muy blanca, pelo rubio, ojos azules y vista tierna, la barba es regularmente poblada y nunca ha permitido que le afeiten, una criada se la corta con unas tijeras; de estar siempre recostado (pues no puede mantenerse de otro modo) tiene desfigurado el lado derecho de la cara... cuando nació, me informó su padre, hermano y familia, no demostraba semejante imperfección, bien que tenía el hueso abierto desde la sexta derecha hasta el cerebro; pero a pocos días se notaba ya que la cabeza le crecía desmesuradamente y así continuo creciéndole hasta que tuvo diez años de edad que parece terminó su obra la naturaleza y paró; cuando yo le vi tenía ya veintiocho y nunca había tenido grave enfermedad... come y bebe grandemente de todo sin estar sujeto a indigestiones, no obstante, que jamás deja de estar echado en su cuna, pues le es imposible manejar, o soportar la cabeza con el cuerpo. Gasta buen humor y parece de un natural pacífico y alegre, gusta que le visiten los extranjeros y conversa con bastante racionalidad; entre las cosas que hablamos me dijo, que conocía y tenía amigos en casi todos los países de la Europa menos en España, por cuya razón celebraba mucho más de conocerme... que sus viajes sobre la tierra solo se habían extendido a 2 millas (en una muda de casa que hizo la familia) pero que los de debajo tal vez serían de mayor extensión... ¡Él parece enteramente conforme con su suerte, que es cosa bien particular, por cierto! De aquí nos fuimos a ver The Falls, que como llevo dicho están a media milla más arriba del puente. La altura desde donde cae el agua será de 65 pies y el ancho del río por aquel paraje como de 80 varas; hay allí igualmente una caverna formada por las mismas rocas, que llaman la chimenea por su configuración. No hay duda que la cascada es bastante alta, espaciosa y que merece verse; pero no tiene prospecto absolutamente, pues cae en una grieta estrecha que forma la roca y así no puede verse de frente, ni horizontalmente. Cuando se examina de arriba, el ángulo que forma la vista es casi recto; y si vamos al otro lado del río para tomar un punto horizontal, el ángulo es sumamente agudo... de modo que más agrada la idea que presenta la imaginación, que la que procura la vista. Concluida esta observación nos volvimos a comer al lugar y a las dos de la tarde emprendimos nuestra vuelta a Nueva York. A 7 millas de camino muy bueno y sumamente agradable, encontramos el pequeño lugar de Aquackmunk; 6 millas más adelante una especie de terreno cenagoso que produce una madera llamada *Ceder* muy propia para la construcción de navíos, etc. que llaman S*chuyley Swamp* y 4 adelante el lugar de Bergentown, cuya población llegará a ochenta casas. Procediendo 2 millas más adelante, llegamos serían las cinco de la tarde a Paulus Hook; en este Ferry House encontré el posadero más insolente y pícaro que he conocido en toda América, o por mejor decir el único; pues habiendo yo llegado con tiempo suficiente para embarcarme en el bote y pasar a dormir a Nueva York, como era mi idea, por no sé que palabra que oyó a mi criado sobre pasar o no los caballos, hace señal al bote de que se vaya, cuando actualmente estaba yo pagando mi pasaje en la casa y me deja allí aquella noche para sacarme los gastos de la posada por la mañana... ¡No sé a la verdad cómo tuve sufrimiento para aguantar este bribonazo! Todo el país referido de Jersey, está altamente cultivado, muy bien poblado y por su situación y amenidad todo junto, forma uno de los más agradables campos que mis ojos han visto jamás... El 26 por la mañana, después de haber dado una vista al famoso puesto, que el bizarro coronel Lee (oficial americano que entonces tendría veinticuatro años de edad), con 400 hombres, sorprendió la guarnición inglesa, compuesta de 200 regulares, clavó la artillería, se llevó varios prisioneros e hizo su retirada con todo suceso.

Viaje de Boston a Portsmouth. New Hampshire

Octubre 15 de 1784

A las tres y media de la tarde me embarqué en Winnesimmet Ferry (tendrá 1 3/4 millas de ancho) y en cosa de un cuarto de hora pasamos a la parte del continente en que está situado Charlestown, dejando sobre nuestra izquierda la playa en que los ingleses desembarcaron sus tropas (en setenta botes) cuando el ataque de Bunkershill (o por mejor decir Bread's Hill que es el propio paraje en que sucedió la acción sobre dicha). Allí encontramos el *Stage* y nos embarcamos en él una mujer, una niña de ocho años y cuatro hombres, gente al parecer de buenos modales. El camino no es muy malo aunque pedregoso y el terreno es bastante pobre en lo que se alcanza a ver. A las cinco llegamos a N. Wells Inn donde hicimos alto un cuarto de hora, tomamos una taza de té y marchamos inmediatamente el camino no es tan pedregoso de aquí adelante; a las siete llegamos con felicidad a Salem y yo me alojé en la posada que llaman Goodhue's Tabern, con muy decente acomodamiento.

16

Por la mañana estuve a ver William Wetmore Esqr para quien traje una carta de recomendación; este me recibió con sumo agasajo y atención, estuvimos juntos a dar un paseo sobre las alturas inmediatas que llaman Gallow's Hill, porque allí acostumbraban ahorcar las brujas en tiempos de craso fanatismo y de aquí vimos en completo prospecto todo el lugar y la bahía, hermosa vista por cierto. De aquí bajamos y dimos un paseo por el lugar, cuya calle principal tendrá cerca de 2 millas de largo (es verdad que es casi la única que hay) vimos de paso la casa de ciudad, que es un antiguo pobre edificio casi totalmente arruinado y la casa de míster Darby que es buen edificio y la mejor del lugar. Después pasamos a ver los archivos de la ciudad donde leímos algo particular.

Salem. Año de 1667 County Court.

Marido y mujer, por haber cometido fornicación antes de estar casados, fueron azotados y multados. Otros por decir by god multados. Otros por haber fornicado simplemente, azotados y multados. Una mujer por no asistir a la iglesia, azotada y multada. Otros por jugar a los naipes simplemente, multados, etc., etc. similitud con el código *of the blew Laws in New Haven*. Me excusé de ir a comer por razón de aguardar el *Stage* Coch, que debía llegar a las dos y yo me proponía seguir a Portsmouth, pero ni este llegó, ni yo tuve el gusto de comer y dar una vista a los arrabales con míster Wetmore. Este vino al anochecer a mi posada y me propuso el ir cenar con él, pero yo me excusé por estar algo fatigado y su casa sumamente distante; quedamos en ir a la iglesia al día siguiente y por la tarde a Marblehead; pero habiendo llegado el *Stage* a las nueve y informándome que partía al siguiente día temprano, les escribí una apología, reservando la mencionada partida para mi vuelta.

17

A las siete de la mañana me embarqué en el *Stage* y partimos de Salem, no había más que dos hombres de compañía, cosa muy singular, pues sea en las barcas de ferry, o en los coches de camino, paquetes, etc. nunca faltan mujeres que incomoden. El ser domingo sin duda fue el motivo de que tan raro accidente aconteciese; y, sin embargo, una aguardaba que se le fuese a buscar, pero por no sé qué accidente el patrón del coche lo olvidó. Pasando los pequeños villages de Danvers, de Beverley, de Wenham, llegamos al de Ipswich distante 14 millas de Salem donde almorzamos en una posada mediana y siguiendo nuestra ruta por Rowley otro pequeño lugarejo, Parker River, río que admite la navegación de pequeñas embarcaciones pero que no jira casi ningún comercio, sobre el cual hay un puente regular de madera, llegamos a eso de las dos de la tarde a Newbury Port lugar de consideración. El camino que llevo referido desde Salem es bastante bueno y sumamente poblado de casas por una parte y otra, con abundancia de orchards, o árboles frutales, que le hacen bastante ameno y agradable. Las tierras parecen, sin embargo y son efectivamente pobres el producto general es pastos, maíz y centeno, sin embargo, tal es la industria y espíritu que la libertad inspira a estos pueblos, que de una pequeña porción de ellas sacan con qué mantener sus crecidas familias, pagar fuertes tasas y vivir con comodidad y gusto, mil veces más felices que los propietarios de las ricas minas y feraces tierras de México, Perú, Buenos Aires, Caracas y todo el continente américo-español. Las distancias de la ruta referida son como se sigue

de Salem a Danvers	3
Beverly	2'/2
Wenham	2 1/2
Ipswich	6
Rowley	4
Parker River	4
Newbury Port	4
	26 millas

Concluida la comida nos pusimos en camino a eso de las tres de la tarde, a las cuatro pasamos Amsbury Jerry sobre el río Marrimack (que es de bastante agua) con sus dificultades, pues siendo domingo no quiso el barquero pasar el coche, hasta que otros enviados suyos bajo de mano lo hicieron con retardo y obligando al cochero y a nosotros a pagar feriage doble; ¡no está mala la estratagema religionaria! pasando después por los esparcidos lugarejos de Salsbury y Saybrook, llegamos al de Hampton Falls, donde paramos a dar un pienso a los caballos y tomar té. Ya era casi oscuro cuando renovamos la marcha, pero con la confianza de que el camino que restaba era llano y muy bueno el cochero no se apuraba mucho y nosotros, no instábamos. Cuando a cosa de haber andado 3 millas vea usted que se paran los caballos de repente, mi criado salta a tierra y hallamos que el coche estaba sobre la orilla de un foso bastante profundo y solo por el espacio de medio pie, ¡no había caído la rueda dentro con todos nosotros de volteta! con algún trabajo hubimos de sacar los caballos y coche del peligro, obligando al cochero que era un ignorante y estaba pelado de miedo a seguir, uno de los pasajeros lo tuvo también y se quedó en una de las posadas inmediatas del camino; el otro que conocía dicho camino ofreció sentarse en el sillón del cochero para dirigirle y yo con esta seguridad eché un sueño en el coche; celebrando haber escapado del pasado riesgo. A las diez de la noche llegamos a Portsmoutb, en donde tomé alojamiento at Stiver's Taverne cené muy bien y luego me fui a la cama, cuyo reposo lo requería el ajetreo pasado.

18

La mañana se empleó en escribir algo del diario y entregar unas cartas que traía para Joshua Wentworth Esqr, coronel Langdon y míster Sheaf. Ninguno estaba en su casa, con que di un paseo por el lugar y me volví a la mía a horas del comer. La dicha posada esta no es la mejor posible, pero no había cosa más buena en el lugar. Después de comer vino míster Langdon a visitarme y convidarme a tomar té en su casa. Efectivamente fui, me recibió míster Langdon con sumo agrado y atención y allí lo pasé en sociedad con alguna compañía que había hasta las once que me retiré a la posada.

19

Por la mañana estuvimos a dar un paseo por el lugar míster Langdon y yo; vimos la casa de ciudad o asamblea que llaman, cuyo edificio no es más que conveniente para el propósito; de aquí pasamos a ver al famoso constructor John Peck para quien traía yo cartas. Lo encontramos en un tinglado u oficina cerca del mar donde se construían algunas bergas y palos para embarcaciones (con sumo gusto y limpieza por cierto) tuvimos allí una larga conversación acerca de su sistema de construcción y del poco premio, o recompensas que su patria le había ofrecido para descubrimientos tan importantes al comercio y a la navegación. Ofrecióme una visita al día siguiente y míster Langdon y yo procedimos a dar una vista a los edificios del lugar que excluyendo tres o cuatro casas de tal cual magnitud, todos los demás son bien indiferentes. ¡Jamás vi un lugar de su tamaño en que reinase mayor tristeza y soledad por las calles! a las dos fui a comer con míster Langdon que realmente me trató con suma hospitalidad; no había más compañía que su propia familia, entre ella un hermano de la mujer, joven abogado de unos vientidós años en quien la arrogancia e ignorancia brillan conspicuamente. Al té tuvimos además de míster Toscain, vice cónsul de Francia en New Hampshire, su trato sumamente suave y hombre de alguna instrucción. El resto de la noche se pasó en sociedad y a las once me retiré a la posada.

El clima este es tan variable que ha habido más de 31 grados de alteración en el termómetro, en el espacio de veinticuatro horas. Añádase a esto que el frío es tan continuo que por nueve meses en el año están obligadas las gentes a mantener fuegos constantemente en sus casas. ¡Con cuántas desventajas luchan estos pobres habitantes! y ¡cuántos obstáculos vence su industria infatigable!

20

Esta mañana estuvo a visitarme el constructor míster Peck y tuvimos una larga conversación acerca de su nuevo plan de construcción, cuya sección va al margen delineada sobre mi mesa por él mismo; sus principios son igualmente que prácticos y científicos, filosóficos. La forma dice este ingenioso artista es el motor principal de una embarcación. Se ve que una ballena después de estar muerta y por consecuencia sin movimiento en sí, cuando sopla un viento fuerte los botes que la remolcan se ven precisados a cortar el cable por temor de zozobrar con la violencia que el cuerpo muerto del pez les arrastra; no obstante, ser dichos botes de la construcción más valiente que puede imaginarse. Mas, dice el mismo, en la construcción moderna se han dado tales delgados a la proa y quilla de bajeles, que en el exterior forman una multitud de curvas inflectas, las cuales no se hallan en las obras de la naturaleza, particularmente en peces; y por consecuencia deben ser las menos adaptables al cuerpo de una embarcación, etc. Esta es la base principal de su teoría y que confieso me ha hecho una impresión superior a toda otra sobre la materia esta. Cuando este artista después de infinita oposición construía su primera embarcación en Boston, las gentes la llamaban Peck's Folly (la locura de Peck) hasta que por sus propios ojos vieron y se desengañaron de que ni voltearía con la fuerza de la vela, como sus cortos alcances decían, ni era una locura. Esta construcción reúne ventajas que los demás constructores y todos en general creían incompatibles, esto es que siendo de la mejor vela que conocemos, cargan más que otra de igual porte y tienen menos balance que las de distinta construcción. Ha construido ya siete desde que comenzó la guerra última, a cual mejores. Yo he visto dos que son *The Express of China* perteneciente a míster Parker en Nueva York y marchó para la China; y *The Leda*, de míster Swan en esta ciudad, ambas reunían todas las cualidades que llevo mencionadas. Se queja este hombre de ingenio, que no haya aquí un arsenal en que él pudiese rectificar ciertas operaciones y descubrimientos que cree muy ventajosos en la teórica. Después de esta conversación sabia y utilísima, salimos a dar un paseo a pie hasta una altura que está a cosa de una milla del lugar desde donde hubimos una vista completa de la entrada del puerto, bahía y mayor parte del lugar; cuyos ardedores son bien áridos y el terreno pedregoso por toda la circunferencia. De aquí descendimos a la marina y tomando un pequeño bote, pasamos a una isla que forma el gran canal de la entrada en la bahía, sobre la cual hay aún un fuerte y fragmentos de artillería para su defensa en tiempo de la guerra; el canal tendrá por esta parte como un cuarto de milla de ancho y así está fácilmente defendido. Desde este punto se logra una bastante completa vista de las islas que están interpoladas por toda la bahía. En una de ellas perteneciente a míster Langdon, se fabricó el navío de 74 *América*, que estos Estados presentaron a la Francia, por no tener artillería, jarcias, etc. con qué equiparlo (según un satirista de este continente dice) míster Langdon tuvo la dirección por el congreso. Observé igualmente en este paraje, la comida que se preparaba en una casa que allí hay para la maestranza que trabajaba en una embarcación que se construía a la sazón; y aseguro ingenuamente que quedé admirado de ver la abundancia y esplendidez conque se tratan las gentes mecánicas del país, por cuya razón no es extraño que la mano de obra vaya a tan alto precio. A las dos me retiré y míster Peck se fue a solicitar por Michel Sewall Esqr, famoso abogado y hombre de ingenio, para visitarlo por la tarde; pero sucedió que se hallaba fuera de la ciudad, corriendo el distrito con sus cartapacios bajo del brazo, siguiendo la corte para buscar con qué comer y ganar popularidad.

Lo mismo acontecía al nombrado general Sullivan por cuya razón tampoco tuve el gusto de verle. Vive este en una indiferente casa de campo a 14 millas de Portsmouth, donde tiene su mujer y número de hijos, segregados enteramente de la sociedad y sin darles educación formal. Nunca recibe compañía en su casa y así son poquísimos los que pueden decir haber visto, a madame Sullivan, o a los hijos. ¡Vaya usted a juzgar las extravagancias de los hombres! La tarde y noche la pasé en sociedad con madame y míster Langdon, cuyos caracteres son bastante sociables; ella es muchacha y bien parecida, casada por razón de Estado, como lo son casi todas las mujeres en estos países. Él se hizo conocido (era un pobre capitán de balandra) y por haber al principio de las pasadas disensiones con la Inglaterra, apoderándose de la pólvora que había en el castillo que está a la entrada del puerto, a la cabeza de un mob de 2 o 300 individuos, sin embargo de la débil resistencia que intentaron un oficial y ocho o diez soldados que había de guardia; con estas municiones se hizo después el sitio de Boston y el suceso dio tal consideración al amo Langdon, que luego fue hecho miembro del Congreso, comisionado en varios asuntos de importancia, etc. ¡Curso natural de los negocios humanos!

21

La mañana se pasó leyendo un libro acabado de publicar y que está escrito con juicio, instrucción y tal que gusto Belknap's *History of New Hampshire*, Vol. 1th es su título. Vino míster Peck y fuimos a dar un paseo por la marina. No se puede dudar que este puerto es excelente, particularmente para navíos de porte por los fondos que tiene pegado a tierra; cuando la escuadra francesa a las órdenes de Vodreulle, vino el año de 82 a Boston y los navíos desmantelados pasaron allí a componerse, se vio la ventaja. Los mástiles para navíos y vergas que aquí se trabajan son los más limpios y perfectos que quiera imaginarle; a lo que principalmente contribuye la superior calidad del pino. A las dos fui a comer en casa de Langdon y tuve ocasión de tratar a su excelencia el presidente del Estado Nath'l Folsom Esqr, en la conversación que tuvimos convino conmigo de que la constitución era imperfecta en el artículo que exige la profesión de la religión protestante para haber de ser miembro de la legislación. Es un hombre súper envanecido y que no oye; pero como quiera que hay dos partidos y que cada uno requiere el yo, el modo de contentarlos es haciendo uno que sea inútil... y ¡vea usted aquí una de las ventajas de estas democracias! Míster Cushing de Boston y un otro sujeto era toda la compañía; porque en dicho lugar no estilan convidarse unos a otros, ¡la sociedad está desterrada y cada uno se encierra en su casa con la mujer a gozar de los placeres domésticos que llaman, con su pan se los coman! Por la tarde asistí a la asamblea general que a la sazón se juntó para poner en práctica la nueva constitución, que se admitió en convención por el pueblo el año antecedente. Lo primero que se me representó cuando entré en la sala de asamblea, fue todo el mundo estar de pie una trulla de clérigos, ocho en número leyendo un memorial o adrede con dicho motivo... En esta acción se descubre la ambición y vanidad de los eclesiásticos y la simplicidad y preocupación del pueblo, en pagar extraordinarios respetos a unos simples miembros de la república, cuando se hallan, representando la majestad del pueblo. Concluida esta escena monacal, se ajornó la asamblea para el día siguiente; y yo me retiré a tomar té en casa de Langdon. Aquí encontré dos presidentes de unos pequeños colegios que hay en el interior del país, míster Wheelock y míster Woodbridge, son sus nombres y si hemos de juzgar del instituto por los preceptores no habrá poca pedantería en dichos seminarios. En fin después de oír escolásticas majaderías por dos horas, estos señores nos hicieron el favor de irse. Cenamos en compañía de la familia míster Cushing y yo, que me marché a casa a las once, para volverme al siguiente día hacia Boston. La relación siguiente dará tal cual idea de la presente situación del comercio, población, etc. como quiera que se me comunicó por sujetos de toda instrucción y veracidad. En punto al lugar es bastante mal formado y tiene la más triste apariencia que quiera imaginarse.

casas	800
templos, de todas persuasiones	5
colegios	2
News Papers, in the State.	2
habitantes de la ciudad	5.000
ídem del Estado	90.000
embarcaciones de comercio pertenecientes a este puerto	56
ídem que se fabrican anualmente para fuera, etc.	30
artículos que produce el país de Comercio.	
mástiles de todos tamaños, tablazón, bacalao,	

aceite de ballena, pieles finas.

22

No con poca dificultad hube de conseguir una silla con un mal caballo (costome 5 y medio pesos) en que a las ocho de la mañana emprendí mi marcha. A las nueve llegue a Greenland, donde me dieron muy bien de almorzar y también al caballo que lo necesitaba más que yo. A las diez proseguí mi jornada por el mismo camino que vine, el cual está pobladísimo por todas partes y a la excepción de algunos pedazos areniscos es bastante bueno y llano. A las dos y media de la tarde llegué al ferry con felicidad, donde me embarqué con mi criado y en menos de un cuarto de hora, desembarcamos al otro lado en Newbury Port. Encamineme luego a la posada de míster Davenport, que hallándose llena, me dirigió a la posada secreta de Merrill donde hallé muy superior alojamiento. El ajetreo del camino y el frío me indujeron a quedarme en casa leyendo a Ferguson, sobre el aumento y década del Imperio Romano, que me parece escrita con acierto y profundidad.

23

La mañana hizo muy buen tiempo y salí a entregar algunas cartas que traía. Entregué una a míster John Tracy, que me recibió con agasajo, aunque metido en un Store midiendo sal que es aquí un precioso artículo por ser tan necesario. Después me fui a dar un paseo por todo el lugar que está comprendido principalmente en una calle que corre por espacio de una milla sobre el río Marrimack. Tiene muchos y buenos muelles para la carga y, descarga de embarcaciones, lo que anuncia la cantidad del comercio. Las gentes parecen más animadas, llenas de negocios y una alegre apariencia por todas partes. Al mismo tiempo observé un crecido número de embarcaciones mercantes que se construyen por lo que se alcanzaba a ver de la rivera de dicho río. Después de este largo paseo, me fui a comer en casa de míster John Tracy; cuyo edificio está a un cuarto de milla fuera del lugar, en una situación ventajosa y bien dispuesto. Allí encontré una larga compañía de los habitantes del país y antes de comer subimos al tope de la casa para dar una vista a un extensivo y agradable prospecto que desde allí se descubre tanto hacia la boca del río, el mar, Cape Ann, como hacia el interior del país. Tuvimos nuestra buena comida en el estilo americano, con algo de doctrina rusoyca en la conversación (Emilio compareció en la mesa) y concluido cada uno marcho a hacer algo de negocio antes que llegase el Sabath pues dudo que los judíos observen más restricción en la materia que estas gentes. Míster Freeman, oficial que fue del ejército continental y sujeto de finos modales, me acompaño a dar un paseo en el jardín hasta la hora del té, que pasamos a tomarlo con miss Tracy; en cuya amable compañía y la de su marido pasamos hasta las once en festiva sociedad.

24

Siendo domingo míster Tracy y Freeman pasaron por mi alojamiento para ir juntos a las diez a oír un predicador famoso llamado J. Murray; efectivamente fuimos a la iglesia presbiteriana y vea usted aquí mi apóstol que en el tono más enfático comienza la deprecación rogando a Dios por la ruina y extirpación de los paganos, mahometanos, Anticristo (el papa) y sus secuaces, herejes... ¡de modo que un momento se quedó todo el universo, excepto su rebaño, excluido de la protección divina! ¡Bárbaro, ignorante...! siguió disparando en el mismo tono hasta las doce y media que por fin acabo de rebuznar. De aquí proseguimos a hacer una visita a míster Dalton, que me recibió con sumo agrado; y después a comer con míster Tracy y su familia. Concluido se trajo allí una espada y una pipa de piedra, obra de indios que se encontró el año pasado con los huesos de un cadáver, por el general Titcomb, en un bosque suyo a una milla de Newbury Port y digna de admirarse por la paciencia e ingenuidad que requiere para ejecutarse sin instrumento metálico, como aparece. La memoria que sigue es la mejor información, que pude adquirir; por la que podrá juzgarse del comercio y situación presente de dicho lugar con seguridad. Los edificios más conspicuos son the Presbiterian Meeting (donde está enterrado el famoso predicador Georg Whitfield, Esqr) y las casas de J. Tracy, John Jackson, N. Tracy, T. Dalton y Captain Coombs.

casas	375
iglesias de todas persuasiones	5
habitantes del lugar	4.109
News Papers	1
embarcaciones de comercio pertenecientes a este puerto... como	100
Idem. construidas cada año entre este lugar, Amesbury y Salsbury... como...	100

Artículos de comercio que produce el país
mástiles, lumber, construcción de embarcaciones, Pot & Perl, ash, linaza, rum de la Nueva Inglaterra, bacalao, alquitrán.

25
A las siete de la mañana tomé el *Stage* y me puse en marcha para Salem, por el mismo camino que vine. No había más que un pasajero en el coche y así fuimos muy cómodamente en Ipswich, almorzamos y yo di un paseo por este antiguo lugar, uno de los primeros que se formaron en esta parte del continente y que en el día está casi arruinado. Apenas hay unos pequeños *wharves* en que cargan las pocas embarcaciones que a ellos se llegan. Luego continuamos nuestra ruta y a eso de las tres llegamos a Salem donde me alojé en la posada the Social Club, bastante decente y cómoda. La tarde estaba fría y yo bastante fatigado, conque pedí té y pasé el resto leyendo hasta la hora de acostarme.

26
Un fuerte constipado y dolor de muelas me atacó, con que me quedé en casa al lado del fuego, leyendo como podía. A la tarde me sentí un poco mejor y así emprendí salir a ver a mi amigo William Wetmore, en cuya agradable compañía y la de su amable mujer (joven y muy bien parecida) lo pasé hasta las once que me retiré a casa.

27
Mi amigo míster Wetmore y yo tomamos una silla a eso de las once de la mañana y emprendimos una incursión a Marblehead, lugar situado sobre el mar a la entrada del puerto de Salem, distante 4 millas de dicha ciudad. El camino es muy bueno hasta que se quiere llegar a este lugar de pescadores, que todo se convierte en puras rocas y sobre estas están plantadas las casas. Toda su apariencia indica perfectamente lo que es, las habitaciones pobres, pero llenas de gente, particularmente niños, cuyo número es mayor en proporción

que el de ninguno otro que yo había visto (500 muchachos contamos jugando en la calle conforme pasábamos míster Wetmore y yo) todos, sin embargo, están muy convenientemente vestidos, lo que demuestra que no hay en casa necesidad. Conforme bajamos a la marina por las pedregosas y desiguales calles que le interceptan, vimos por todas partes una multitud de tendederos llenos de pescado que se estaba sacando y no es poca adición a la escena pescatrix que representa el dicho lugar; como asimismo un fuerte que se construyó a la entrada del puentezuelo que allí se forma en que se abrigan las embarcaciones para su protección. Luego nos volvimos a Salem, observando segunda vez conforme pasábamos las calles el número de muchachos que andan por ellas. Las mujeres tienen fama de escandalosas costumbres; y se dice por allí que Marblehead es remarcable por muchos muchachos y gentes de pelo rojo. En la guerra última sufrió infinito, pero desde la paz recobra con sumo progreso su prosperidad. Dos edificios conspicuos, a más de la iglesia, se notan en este lugar que son las casas de coronel Lee y la de míster Hooper, prueba bien clara de que los Pobres han de formar siempre algún rico

casas	600"
habitantes	6.000"
embarcaciones pescadoras, que pescan por año 60.000 quiú de bacalao	60"

A las tres volvimos y en compañía del reverendo míster Barnard (para quien traje carta) comimos en casa de míster Wetmore. Concluido fuimos a ver la librería pública que contendrá como 550 volúmenes de no malos libros. De aquí procedimos a dar una vista al lugar, cuya calle principal tiene milla y media de largo. Los edificios más remarcables y buenos son las casas de míster Darby, capitán orden; míster Page; míster Pickman; míster Oliver. Sus warves son bastantes y buenos, pero the flats que llaman (unos bancos) les impiden el descargar y recibir toda la carga arrimados, lo cual produce bastantes gastos a los amos de las embarcaciones. Tiene este puerto la ventaja de no tener barra. Sobre una pequeña península, o istmo que se avanza dentro de la bahía se ve el paraje donde los primeros europeos se situaron, cortando la comunicación por un foso y palizada para su seguridad contra los indios... y vea usted acaso la razón porque este paraje fue poblado primero que el puerto cómodo y espacioso de Boston. Vimos asimismo algunas casas antiguas pertenecientes a aquellas desgraciadas familias, que el fanatismo inmoló a su ignorancia por brujería... míster Barnard es justamente un anticuario del lugar y hombre de letras. Este lugar prosperó mucho con el corso en tiempo de la guerra y no decae en la paz; son, sin embargo, sus habitantes notados de insociables, no sin fundamento de modo que forma ya proverbio.

casas	650
habitantes del lugar	7.000
templos de todas persuasiones	7
embarcaciones de comercio pertenecientes a este puerto	60
Idem. pescadoras (fuera de botes que llegaran a 100 con los de Marblehead)...	25
construirán al año embarcaciones	6
artículos de comercio que el país produce	
bacalao, lumber.	
News Papers a la semana	1

Al ser de noche nos retiramos en casa de míster Barnard donde tomamos té y en compañía de algunos eruditos del lugar, lo pasamos en sociedad hasta las doce que todos nos retiramos. Las transiciones, o variaciones del tiempo son excesivas y no sé cómo la constitución de las gentes pueden resistir.

28

A las ocho de la mañana tomé el *Stage* coche que marcha todos los días a Boston y en compañía de una buena mujer y dos hombres furiosamente habladores, continué mi ruta por el propio camino que vine de Boston. En N. Well's Inn almorzamos y para el mediodía estábamos en Winnisimmet Ferry. En cosa de un cuarto de hora desembarcamos en la ciudad de Boston y yo pasé a tomar mis propios alojamientos, que afeé me sentaron grandemente y mi salud lo requería ya.

Viajes por Rusia

Camino a Moscú[7]

11 de mayo de de 1787
En fin, por sendas intransitables y desnucaderos, aunque el camino aquí no es tan malo como el anterior, avistamos la gran ciudad de Moscú —32 verstas— cuya meseta de palacios, jardines y chozas todo junto, le da alguna similitud con Constantinopla. Sobre el camino hay varias casas de campo muy bien situadas, con abundancia de árboles, alamedas alrededor y las cercanías de la ciudad por todas partes parecen sumamente agradables y pintorescas. ¡Cómo estas gentes, que están obligadas a consumir tanta leña, han podido preservar tantísimos bosques, es cosa que no entiendo!

A las nueve PM, de día, llegué a la ciudad, la cual atravesé en busca del palacio u hotel del mariscal Rumantzov. Me llevaron justamente a otra parte, palacio del mismo mariscal, que habita hoy el general mayor Bakunin y allí estuve más de media hora, hasta que me dieron un criado para conducirme. Mas es particular que a mi vista se robasen aquellos criados la pelliza de mi criado que cayó en tierra, cuando éste se apeó para entrar con la carta y, solicitada después, la negaron absolutamente todos. A las once llegué al hotel y los criados me dieron alojamiento, pues el ayudante no estaba en casa. Fue menester pagar la posta doble, 4 kopeks por

---

7 Los documentos reproducidos en nota vienen agrupados al final del índice del original; reproducimos los títulos del índice entre corchetes. (N. del E.)

versta cada caballo, pues ésta es la práctica. Tomé una taza de té y me fui a la cama.

12 de mayo

Tuve visita por la mañana del ayudante señor Besin, teniente coronel en este servicio, que me significó que el mariscal le prevenía que franquease cuanto yo hubiera menester. Me hizo traer una berlina a cuatro caballos que cuesta diariamente 4 rublos.

Salí a la una a hacer visitas, mas el gobernador no estaba en casa. Le dejé mis cartas y un billete, pues ni yo entiendo a mis criados ni ellos me entienden a mí. Después de otras, vine a casa, me hallé cerrado y me fui a comer algo en casa del *traiteur* francés, a las tres, mas hallé que la mesa redonda estaba ya concluida y que la compañía no era de lo más selecta. Propuse el que me diesen un poco de sopa en un cuarto separado, pero no lo había y me querían servir en el mismo en que estaba toda la compañía indistinta. «*S'il vous plaît, monsieur*», me decía madame; «*il ne me plaît pas*», le respondí. Tomé mi coche para irme a casa a dar con un pedazo de jamón que me quedaba de mis provisiones de viaje, el cual, con un poco de leche que añadió mi criado, fue toda mi comida. Verificándose así el pasar tres días sin gustar cosa caliente, excepto el té que solía tomar cada veinticuatro horas, pues no se pudo encontrar qué comer a esta hora en las hosterías. Mi anfitrión, el mayor, no previó sin duda este caso, contando tal vez en que el general gobernador me convidaría a comer, mas éste no estaba en casa cuando yo llamé.

A las cinco PM tomé otra vez mi coche y continué mis visitas dejando las cartas y un billete, con ánimo de ir a la comedia a las seis, mas se me hizo tarde y no pude concluir hasta las ocho dadas.

¡Oh, qué extensiva ciudad es esta!, pues los jardines, parques y vacíos que en el medio se encuentran son muchísimos. Sin embargo, hay un gran número de muy buenos edificios y palacios construidos en el gusto italiano, francés, inglés, holandés, etc. y aun en un gusto peculiar, que se conforma muy poco con el griego y romano. A las nueve volví a casa fatigado. Tomé té, leí un poco, etc.

13 de mayo

A las nueve AM tuve un secretario del general gobernador cumplimentándome y dándome excusas por no haberlo hecho antes, pues mis cartas, por equivocación de los criados que me condujeron, fueron entregadas en casa del gobernador civil y así no se las llevaron a él hasta el anochecer. Me propuso asimismo el ir a ver la ciudad cuando gustase y yo resolví que hoy mismo. Se fue a hacerlo prevenir y quedó en volver.

En el intermedio tuve visita de los hijos de la señora Kamensky y de la princesa de Gortchakov, con mucha política y la primera convidándome a comer. Vino el secretario, señor Rost y fuimos a la Casa Imperial de niños expósitos. Su director, el señor Goguel, nos había estado esperando toda la mañana. Seguimos la visita y vimos todas las edades y clases diversas, tanto de mujeres como de hombres, todo bastante aseado y con muy buena dirección. Cuando pequeños, son mujeres que les asisten y cuando mayores, hombres. Se les enseña a leer, escribir, aritmética, etc., alemán, francés, etc. y a dibujar. Para los ejercicios de juventud, tienen en los jardines columpios y para formar una montaña de hielo para resbalar sin trineo. Cuando están ya educados pasan afuera con acomodo, o a una manufactura de naipes, medias, relojes, etc., que se ha establecido también por la corona en beneficio suyo. Hay actualmente en dicho colegio, según me informa su director, 1.600 expósitos y dados a criar en el campo, 2.000.

Luego pasamos al establecimiento que llaman del señor Demidov, comerciante ruso, el cual está en este propio colegio, que nos mostró el conde de Salentz, inspector actual, mayor en rango. Consiste en 100 jóvenes legítimos, que se instruyen para el comercio. A estos se les viste, alimenta, aloja e instruye en las lenguas rusa, alemana, francesa, inglesa y geografía, todo gratis. Vi sus apartamentos y todo en muy buen orden y no se puede dejar de aplaudir un semejante establecimiento, que con el tiempo procurará a la nación un cuerpo de comerciantes bien instruidos y por consecuencia más útiles. El fondo para dicho establecimiento es de 250.000 rublos que rentan 13.000 al año y con esto se subviene a todo muy bien.

Me retiré a casa a eso de las dos, donde comí y a las cinco PM tomé mi coche para ir al gran paseo que hoy hay en el convento de Novodievitchi —o convento de doncellas— donde estuvo encerrada la célebre princesa Sofía. Hubo un gran concurso de gentes decentes, ya en coches, en ventanas y a caballo varios hombres en el traje inglés, que es el que prevalece. El señor Rost me acompañó y seguramente habría más de 600 coches de muy buen gusto y con buenos atelajes. Me apeé y entré en el convento e iglesia que es bastante rica y allí observé varias mujeres de mercantes rusos en su traje de *fatá* o velo blanco bordado en oro, plata, seda, etc. y la cara muy bien pintada, cuyo afeite no lo necesitan a la verdad, pues la naturaleza las ha hecho bastante bien parecidas. Aquí encontré al señor Bougarelli, negociante y al señor de Saugie, que me vinieron a visitar un poco antes y con quienes conversé un poco sobre el país, convento, etc. Retomé mi coche y dimos aún vueltas al paseo admirando el crecido número de damas y jóvenes y muy bien parecidas. Llamé a casa del príncipe de Gortchakov, mas no había nadie en casa y así yo me retiré a la mía. Hice venir una buena moza de dieciséis años que el *Svoschik* o cochero me trajo mediante 2 rublos que le regalé; el bribón quería 5. Dormí con ella y por la mañana se retiró muy contenta con 2 ducados que le di.

14 de mayo
Vino temprano el edecán del general gobernador, señor de Levonov, capitán, para convidarme a comer con su excelencia, mañana y acompañarme a la Universidad, etc. Vino también el señor Rowan que me convidó a comer en el gusto inglés e hizo mil cumplidos. El general me envió igualmente al señor Mey, oficial de la policía, para que me acompañase y estuviese a mis órdenes, sabiendo que yo buscaba un criado francés y no lo encontraba. Es un joven modesto y de buena educación.

Partí con el ayudante Levonov a la Universidad, donde su director, el señor Tonwizen, me aguardaba ya y con suma atención y política me hizo ver todas las clases en las cuales se enseña gratis las lenguas francesa, rusa, alemana, latina, italiana e inglesa. Cada clase de éstas por lo común está subdividida en cuatro. Filosofía moral que la dictan en latín, como si la rusa careciese de expresiones; Historia natural, cuyo profesor nos manifestó una pobrísima colección de este género, que apenas sirve para demostrar en la escuela. Hay en el día aquí 1.000 estudiantes.

Luego pasamos a ver otro instituto contiguo bajo la misma dirección, que se tiene en un pequeño edificio contiguo, donde hay hasta 106 colegiales, pensionistas de la nobleza del Estado y reciben buena y liberal educación académica por 150 rublos al año. Con 50 más pueden vestirse, de modo que por 200 se hallan alimentados, alojados, vestidos e instruidos, lo que no es caro, por cierto. Sus alojamientos, dormitorios, etc., están muy bien dispuestos y con aseo, ¡de modo que es de desear que el número fuese mayor por el bien de la nación! Y cuando el edificio, que actualmente se trabaja para concluir, esté acabado, tal vez tendrá efecto este deseo. Me despedí de aquellas gentes prometiéndoles otra visita por la tarde y ellos quedaron tan contentos y no menos yo de su civilidad.

Al Kremlin, donde me aguarda el custodio, señor Kogen, Consejero Actual de Estado, para quien traje carta del príncipe Potemkin.[8] Me recibió con sumo agrado y procedimos

8   [Primer contacto con Potemkim]
    Miranda describe así su primer contacto con Potemkin (Diario 31-12-1786):

> Por la mañana escribiendo. Comí en tête-à-tête con la princesa y luego tuvimos varias visitas de damas rusas del país. Vino el príncipe Viazemskoy, quien me repitió que el príncipe Potemkin deseaba verme y luego un edecán de dicho príncipe convidándome a pasar la noche en su compañía. Hice buscar una espada a instancias de mi amigo y sobre todo de la princesa, por quien más bien tuve esta condescendencia... ¡válgame Dios y qué pequeñeces y miserias!
>
> En fin, a mi llegada, se me abrió campo por todas partes y los edecanes me condujeron al aposento privado de Su Alteza, que se levantó para recibirme muy políticamente y me hizo sentar... Nassau estaba sentado a su derecha, hablándole con suma confianza. Tomamos té los tres, hecho por las manos del mismo príncipe, que me hizo varias preguntas comunes relativas a la América española y me preguntó por mi patria. El dicho Nassau vino a mí, preguntándome si viajaba por orden de la Corte o por mi gusto, con otras cosas al tenor y luego pasó a informar al príncipe al oído. Un tal Ribas, nativo de Nápoles, edecán también y coronel de caballería en este servicio, vino

a hablarme en español y me parece sujeto de buen modo y tal cual instrucción. En esto entró la condesa Sivers, que es una zorra, que, aunque de buenas gentes, ha vivido como tal en Petersburgo y retirada en Krementchug, donde nadie la veía. Ha hecho ahora la amistad del príncipe, le sigue como su P... y todo el mundo se apresura a hacerle la corte. Vive aquí en la casa del comandante de la fortaleza; guibal, es su Edecán y Rumantzov, Nassau y el gobernador de Krementchug le adulan pública y bajamente. Al entrar, el príncipe le dio un beso, la sentó a su mano derecha y se acuesta con ella —según dicen— sin más ceremonia.

Luego vino al concierto compuesto de cinco músicos, entre los cuales un sargento mayor, un joven flautista de diecisiete años y otro violinista, eran pasables. Tocose música de Boccherini y me preguntó dicho príncipe si la música me gustaba, entrando en conversación sobre el mérito de este autor, que el cree preferible a Haydn y que de sus composiciones, los cuartetos son lo mejor.

El general Suvorov se me puso al lado para molerme con preguntas majaderas y el príncipe le dijo muy claramente que se callase la boca. ¡Oh, válgame Dios, que adulador, ridículo y contentible se hizo Rosarovich! que se metió allí sin llamarlo, hasta que al fin fue menester que un edecán lo echase fuera, por cuya razón también yo me retiré algo después de las nueve, aprovechándome del coche del príncipe.

Una vez más, el 1-1-1787, relata otro encuentro con el príncipe Ruso:

Lo pasé en casa escribiendo y por la tarde recibí un edecán del príncipe Potemkin convidándome a pasar la noche en su compañía. Supe que sintió mucho el que no me hubiese quedado a cenar la noche antecedente. Fue también la princesa que tuvo recado de su parte. Me recibió con suma política; hubo música al ordinario, yo me quedé a cenar, los príncipes se retiraron.
En la mesa me puso a su lado y hablamos sobre materias políticas. Entre otras cosas me dijo que la emperatriz había sido solicitada por el rey de España para que no recibiese a los jesuitas y que sobre el rehusar la petición, le había significado que algún día se arrepentiría de haber admitido «semejantes gentes» en sus dominios, reflejando que qué podrían hacer en un gobierno de nervio y que en uno débil todo el mundo podía. Se habló del marqués de La Torre, que era su amigo y de un tal míster Ellis, de Jamaica. También sobre el carácter del pueblo español y observome la cantidad de marineros de la escuadra de Aristizábal que se habían hecho mahometanos en Constantinopla. En fin, a eso de las doce concluyó la cena —solo había la gente de casa y la señora Sivers— y yo tuve el gusto, además, de ver entre las gentes que concurrieron cinco embajadores de los pueblos del Cáucaso, que han

a ver el tesoro. Subimos por la escalera roja que llaman, a causa de estar cubierta de este color o porque en ruso es expresión de cosa selecta, por donde solo los soberanos podían montar en otro tiempo —bastante mal, por cierto— y entramos en los cuatro apartamentos principales que contienen grandísimo número de vestidos, vasos, vajillas, joyas, coronas, bandejas de oro y plata, etc., la mayor parte antiguallas de los zares, mas de mucho valor el todo. Distínguense entre otras cosas, las coronas de Siberia, Kazán, Astrakán y Rusia; una gran silla de oro y plata embutida de piedras preciosas, hecha en Persia. Otra en que Iván y Pedro I se sentaban y una ventana cubierta por donde la hermana Sofía oía e influía en los hermanos. Una silla y arnés riquísimo, regalo del presente gran señor. Las leyes primeras que formó Juan Basilides, escritas en papel al uso romano y guardadas en una caja redonda de plata. Dos grandes bandejas de plata en que se representan batallas en bajorrelieve de muy buen

venido a tratar con la Rusia sobre asuntos políticos. El traje aproxima del Prusiano.

El 2 de enero tiene también otra cita con el alto funcionario ruso:

...Luego a casa a vestirme e ir a hacer una visita al príncipe Potemkin, mas Viazemskoy me decía que haría mal de ir si no me llamaba. ¡Ah, envidia maldita! En fin, en esto llega un edecán con recado del príncipe para si gustaba pasar la noche juntos. Fui allá y me recibió con la política y distinciones ordinarias. Supe que había extrañado el que madame no me hubiese convidado a comer con él y que se lo dijo. Tuvimos muy buenos cuartetos de Boccherini; el mayor Rosetter toca excelentemente el violín sin haber salido de Rusia. Ribas me informó que creía seguramente que el príncipe se proponía convidarme a la Táuride para ir juntos a Kiev. Mas yo le insinué con el mayor agradecimiento y en el mejor modo, que yo solo viajaba por instruirme y evitar en lo posible la proximidad de las Cortes, el favor, etc. Él me aseguró que Su Alteza había hablado de mi persona con sumo aprecio y distinción aquella mañana y que así él buscaría una ocasión de manifestarle mis buenos sentimientos...

gusto, dádiva, dicen, de un rey de Inglaterra. También algunas obras de marfil romanas, modelos de exquisito gusto; una pequeña colección de ámbar, etc., etc. El general Kogen me ha prometido una nota de estas cosas y si me la envía irá aquí inserta. Estuvimos después en la sala más alta y en el *Teremock* o pequeña torre que está encima, donde los zares solían montar por una pésima escalera, a gozar de las vistas hermosas que desde allí se descubren.

Pasamos luego a la armería, en que se ven en tres grandes apartamentos, infinitos fusiles, espadas y cimitarras de los antiguos zares y sobre todo un gran número de sillas de montar y arneses de caballos de un gusto oriental y riqueza suma. La plata, el oro, perlas, diamantes y bordados más ricos los decoran y en su género se puede decir que es la más rica colección de Europa. Noté aquí un crecido número de espadas tan grandes como el alto de un hombre y anchas en proporción, de modo que era menester servirse de las dos manos para usarlas. Algunas damas que se prevalieron de la ocasión, también nos acompañaron a ver estas cosas. Di mil gracias al general y me fui con dicho edecán a ver la famosa campana (y noté que todas las puertas y ventanas eran de hierro y cerradas a modo de prisión, lo que indica que no faltan ladrones). Está esta enterrada toda cerca de la torre de Iván Veliky o Juan el Grande, en el paraje mismo en que se fundió, pues cuando la suspendieron para montarla en dicha torre, un incendio sobrevino y quemando los maderos, cayó la campana en el mismo lugar de donde la sacaron y se rompió un pedazo del labio. Yo bajé por una malísima escalera para examinarla de cerca. Hallé que era una hermosa pieza, mayor sin duda que ninguna otra que exista en Europa y dos veces mayor, a mi parecer, que la de Toledo, en España. Los otros no se atrevieron a seguirme en la bajada por el riesgo que decían había de caer.

Un poco más adelante, sobre la Plaza de Parada del mismo Kremlin, está montada una grandísima pieza de artillería, de bronce, hecha en el gusto de aquellas monstruosas que se ven en Constantinopla, en forma de obús, aún mayor y se dice que fue tomada a los tártaros. Es hermosa pieza de fundición. Y otras dos están también al lado, fundidas aquí por rusos, en forma de culebrinas y de un grandísimo calibre. También hermosas piezas. A casa.

A las cuatro PM vino el señor Mey y fuimos a la Escuela General Nacional que está inmediata, bajo la dirección y plan del procurador general príncipe Viazemskoy, en que se enseña la lengua rusa en perfección por cuatro profesores. La aritmética, geografía y geometría gratis. El dibujo, etc. Hay actualmente 235 estudiantes y el número es ilimitado. Paréceme esta institución muy bien dirigida y que si la Rusia adopta estos planes generalmente, sentirá muy pronto su beneficio en la masa general de la nación.

* * *

A la casa de Inválidos, que está al remate de la otra parte de la ciudad. Paseamos primero el jardín y después fuimos a las barracas de madera en que habitan los pobres soldados en número de 350, muy estrecha y malísimamente alojados, a la verdad. Casi es imposible de sufrir la densidad del aire. Noté que estos todos se dejan crecer la barba. ¿No será ello más bien por pereza o indolencia que por superstición u otra cosa? Tampoco vi ningún cojo ni manco, ni sin pierna o brazo, lo que en un hospital de Inválidos de Rusia arguye muy poco crédito en la profesión quirúrgica, etc. ¡Si fuesen los del papa, pase! Tampoco dejan habitar las mujeres con sus maridos, lo que es cruel, a la verdad.

De aquí pasamos a la gran casa en que están los oficiales a dos y a cuatro en un apartamento, pues las cámaras son grandes y se ve que la casa no fue hecha para el efecto. Así la compró la emperatriz actual, que es la instructora, al general en jefe Soltikov. Los apartamentos altos van en ruinas y hay una capilla bonita. El director, señor Chipilov, nos enseñó todo con suma política y muy buen modo y me informó que hay allí actualmente veinticinco oficiales, que puede haber hasta 200 y que, cuando todos los edificios proyectados estén concluidos, el número de soldados iría hasta 2.000. Dicho director me propuso que bajásemos al hospital que está inmediato y así seguimos a pie cerca de 2 verstas. No creí que estaba tan lejos. Este se llama el Hospital de Catalina y está bajo su dirección. Contiene los inválidos enfermos y gente pobre hasta el número de 150 enfermos muy bien asistidos y en mejores circunstancias de aire y alojamiento que en las barracas de Inválidos. Hay sus apartamentos separados para las mujeres y otros para los locos, cuyo número son siete solamente. El todo está con bastante aseo y regularidad. Las camas tienen sus cortinas y no hay más que de seis a ocho enfermos en cada apartamento. Me despedí muy contento de estas gentes.

Al Hospital Militar, fundación de Pedro el Grande para 1.000 soldados enfermos. Hay actualmente 632 enfermos solamente. Visité las dos grandes salas que hay abajo y el aire es bastante denso, mal olor y demasiado juntos los enfermos, que realmente están bastante mal. Pasamos a lo alto en que está la botica bastante puerca y también una sala y escuela de anatomía, colección de piezas anatómicas, fetos, etc. Había un cadáver preparado para disecar.

De aquí pasamos a otro edificio o barraca, en que hay otra sala de enfermos que están realmente mucho mejor y más aseados que los primeros. De aquí pasamos a ver el baño, en el gusto ruso y muy cochino, no así los de los turcos. Al apartamento de los locos, en que había once solamente, entre ellos un francés. Al alojamiento de los estudiantes de anatomía, cuyo número es de 100, alojados, alimentados e instruidos gratis y cuando han concluido tienen su destino en el ejército. Están cochinamente alojados, mas no así otros veinte pensionistas —se reciben hasta sesenta— que pagan. Están muy bien alojados, aseados y con sus buenos libros que anuncian el hombre decente y aplicado. Muy bien a la verdad. Estuvimos después en el jardín donde se observa un círculo de árboles y uno en medio, que Pedro I plantó con su propia mano y es el más hermoso de todos.

Al Palacio Nuevo de Catalina, que actualmente se está edificando y no vimos más que el exterior, mas el gusto y proporciones de su arquitectura no es de lo mejor. Una logia en el centro, con columnas aisladas, mas embutida en la muralla y por consecuencia sin vistas laterales, es idea original. Mas la situación no es mala y tiene un bellísimo jardín. A casa ya de noche, donde vino mi moza del día anterior y dormimos juntos.

15 de mayo
Vino el ayudante y el señor Mey y nos dirigimos hacia la catedral para ver el tesoro, mas como era ya un poco tarde y por alguna equivocación del ayudante, hallamos todo cerrado. Yo en el ínterin monté a la Torre de Iván Veliky o Juan el Grande, para gozar de la completa vista que de aquí se goza de toda la ciudad. Efectivamente estuve allí muy divertido por más de una hora. La campana mayor es una pieza

hermosa. Me parece del propio tamaño que la renombrada de Toledo.

De aquí pasé a la famosa botica fundada por Pedro I para preparar bien toda la medicina que se distribuye a todas las boticas imperiales del reino. Me prometí encontrar una cosa magnífica, mas no lo es y está sumamente puerca. El gran apoticario me enseñó todos sus almacenes muy bien provistos de cuantos ingredientes son necesarios y el laboratorio químico, todo con el mismo vicio de porquería que he dicho antes. Es un alemán sin embargo, dicho señor mío. Visité asimismo el alojamiento de seis estudiantes o colegiales que aquí se instruyen gratis en la farmacia y no están mal y asimismo su alojamiento y su mujer, que son mejores... A casa a vestirme.

A la una y media fui a casa del general gobernador, P. D. Yerapkin, general en jefe, que me recibió con todos los honores, manifestándome que el príncipe Potemkin y el mariscal Rumantzov me habían recomendado muy distintamente y que se alegraría de poder servirme, etc. Encontré allí mucha compañía y entre otros al conde de Ostermann, senador privado y hermano del canciller que está en Petersburgo, quien me hizo halagos y sirvió de intérprete, pues el general no habla francés. Tomamos nuestro *shala* en el gusto ruso y después nos fuimos a comer. Hubo muy buena sociedad y una señorita que estaba a mi lado hablaba el francés y el amigo Korsakov que también estaba aquí. Mucho se enfadó el general con su ayudante cuando supo que la catedral no había estado abierta a mi llegada.

De aquí partí a las cuatro con el señor Rost al Hospital de San Pablo, fundado por el gran duque actual. Paseamos primero en el jardín que tiene muy buenas vistas y extensión. Luego a las salas, donde no hay más que 55 camas, mas muy bien cuidadas y aseadas. En cada pieza no hay más que dos o cuatro enfermos, con sus cortinas, ventilación y muy buen orden. Hay sus apartamentos también para mujeres, en que observé siete jóvenes y muy bien parecidas, que padecían del maldito mal venéreo, como asimismo un niño que apenas comenzaba a andar. Ojalá que todos los otros hospitales disminuyesen el número de enfermos y aumentasen la salubridad del aire, aseo y buen orden que en este de San Pablo se observa.

De aquí fuimos al Palacio Vorabiotzky —Dvoretz, o Palacio de los Gorriones— situado sobre una gran colina de este nombre a cosa de 2 verstas fuera de la ciudad. Es la más bella situación que quiera imaginarse y de donde la ciudad de Moscú presenta la perspectiva más bella. Yo no sé, a la verdad, por qué este sitio está abandonado y por qué la emperatriz no ha fabricado aquí en lugar de hacerlo sobre tantos otros parajes muy inferiores a éste. El palacio que allí hay es uno viejo de madera, casi enteramente arruinado y absolutamente inhabitable. Aquí estuve más de una hora gozando de la hermosísima vista que esta situación ofrece de la ciudad y de un prado hermoso que justamente está a la falda, con agua corriente del río Moscova.

De aquí fuimos al otro extremo de la ciudad a ver el otro palacio que se acaba de edificar en ladrillo, llamado Petroffkoy-Dvoretz o Palacio de Pedro. Está también a cosa de 2 verstas fuera de la ciudad sobre el camino de Petersburgo. Su arquitectura toda es en imitación de la gótica, más imperfecta y con muy poco gusto. Visitamos el interior que nada ofrece de remarcable sino la gran sala en forma rotonda de muy bellas proporciones con buenos adornos de arquitectura y magnífica en su tamaño. No tiene escalera principal dicho palacio y se sube por dos pequeñas que están encubiertas. Monté al tope sobre el techo, mas no ofrece vistas particulares. Monté también sobre dos torres de las que forman el recinto, con una muralla que gira por todo el rededor, mas ninguna de sus vistas, aunque no malas, es comparable, con mucho, a las del Vorabiotzky. A casa, donde llegué cansadísimo a las diez de la noche, aún de día y con Sol.

16 de mayo
Vino Korsakov a las nueve y fuimos como domingo, primero a la catedral. ¡Oh, qué multitud de gentes! Aquí estuvimos como diez minutos y partimos al Donskoy-Monastir o el Monasterio del Don, por ser obra de los cosacos del Don y donde la congregación es más selecta. Estuvimos allí como media hora, en cuyo tiempo examiné todas las pinturas al fresco que cubren sus plafones, murallas, etc., internamente y son de mejor gusto, diseño y colorido que cuantas llevo vistas hasta ahora en las iglesias griegas; aun la arquitectura parece mejor.

Aquí fue donde sucedió, hace dieciséis años, creo, el 16 de septiembre de 1771 V. E. —cuando la peste— el trágico suceso del arzobispo Ambrosio, que fue asesinado por la plebe con una hacha que le dividió la cara en dos pedazos. Él se disfrazó en vestido de paisano y se escondió en un zaquizamí de la iglesia; mas un niño le descubrió y los facciosos le sacaron fuera. Pidió que le dejasen primero hacer oración; se lo concedieron y viendo que dilataba, lo arrastraron fuera y como a 50 toesas fuera de la puerta, junto al sitio en que hoy hay una garita de madera, lo mataron. Cuando el emperador estuvo aquí fue a ver dicho sitio, en que habían puesto una piedra con una cruz; mas desde entonces la policía la hizo quitar. Luego pasamos a la Iglesia Católica Romana cuya congregación es numerosa y decente. La iglesia es poca cosa. Hay aquí además dos iglesias de protestantes luteranos y una de calvinistas.

A comer en casa de la señora Kamensky, que es de la familia Galitzin y es bien parecida y amable. Aquí estaba el príncipe Sibirsky, el príncipe Galitzin y la princesa de Georgia, con su hija de unos dieciocho años, muy bien parecida, ojos negros españoles. Y no hay duda, por los individuos que he visto de esta nación, que la común opinión que hace descender a los españoles de la Georgia, o por mejor decir los georgianos de colonia española, lo confirma el personal y facciones de esta gente. Tuvimos buena sociedad, tomamos café y luego al jardín, que es bastante bueno. Madame vino a hacernos ver su invernadero en el que había bastantes albaricoques. Estuvimos allí aún en sociedad; se opone a que sus hijos salgan fuera a educarse.

Luego me fui a casa de Korsakov, que ya me aguardaba para ir al paseo del jardín de la emperatriz. Fuimos allá a eso de las seis y media y estaba cubierto de un numerosísimo concurso de damas muy bien vestidas, jóvenes y hermosas. El cuadro era bellísimo y pintoresco en la gran avenida entrando por la pequeña puerta del remate que comanda la vista del todo. Dimos varias vueltas hasta después de las nueve y es cierto que tiene este paseo mucha conexión con el de Kensington en Inglaterra. El jardín está hecho en el gusto inglés y es hermoso. Observé que todas las damas, grandes y chicas, estaban pintadas excepto una y ésta era la hermosa señorita Mansurov, con quien tuve el gusto de hablar un rato y no le dejó de agradar mi observación... Hablé también con la señora condesa de Strogonov que parece mujer instruida. Ha viajado y vive separada del marido actualmente. Había aquí el grupo interesante de un mercante ruso a larga barba, su hijo y mujer. Esta muy bien parecida y con su velo o *fatá* muy rico y una escofieta de ricas perlas que al menos valdría 4.000 rublos y muy pintada, etc. Y el marido estaba tan hueco de que todos admirasen su mujer. Otra le acompañaba, tan ricamente vestida. A casa fatigado.

17 de mayo
Temprano fui a ver la nueva casa de gobierno que se está rematando de construir en el Kremlin. Tiene dos grandes piezas, una oval y otra redonda, que son magníficas y bien decoradas en arquitectura. La segunda planta contiene estantes para papeles, archivos, etc., de una gran extensión y es lástima que no conteniendo dicho edificio materia alguna combustible, estos lo sean, pudiendo haberlos hecho en lugar de madera, de cuero y hierro, pues muy bien puede suceder que sin quemarse el edificio ardan los papeles y archivos. Dicho edificio es vasto y no de mala arquitectura... mas es nada en comparación del que está enfrente del antiguo Arsenal —construido en tiempos de Pedro I por Le Fort—. Hay sin embargo un numeral sobre la puerta principal que dice 1736, lo que apoya la opinión de los que dicen fue obra de Münich en tiempo de la emperatriz Ana. En mi concepto, éste es el mejor edificio que tiene Moscú, tanto por su solidez como por sus bellas proporciones y gusto de la arquitectura. La puerta principal está decorada en piedra en orden dórico, por el mejor gusto griego y me admira cómo un tan magnífico y útil edificio no esté aún reparado de la ruina a que un incendio redujo su interior. Lo comienzan ahora a restaurar.

De aquí pasamos por la puerta en que estaba la imagen que causó el tumulto de Ambrosio, a la iglesia que llaman de las Trece Torres, porque efectivamente contiene este número, que están cubiertas por otras tantas cúpulas diversas y una galería elevada, o terraza que gira por todo el rededor. La disposición e idea del edificio es singular, a la verdad y por lo tanto merece ser visto. Un hombre comenzó a abrir candados y cerrojos y más cerrojos para mostrarnos en cada una de ellas, un altar o pequeña iglesia dedicada a un santo distinto, cuyo expediente no dejará de producir limosna en abundancia. Yo le preguntaba para qué era tanto candado, si aún robaban también a los santos y me respondió que ciertamente. Esta iglesia se llama Sobor-Pochrova o Congregación de Protegidos y es la por quien se cuenta que Iván Basilides hizo sacar los ojos al arquitecto, o ahorcar, para que no hiciese otra, etc. y no por la de Jerusalén, como dice el señor Guthrie, pues este templo es de posterior data.

De aquí pasamos a ver una figura del difunto rey de Prusia, Federico II, al natural, que mediante un rublo hacen ver. La semejanza no puede ser mejor, a que se añade el estar vestido con sus propios vestidos, botas, fraque azul con forro de tafetán encarnado, calzones de terciopelo negro de algodón, chupa de paño blanco, bien sucia de tabaco, pañuelo negro al cuello, etc. y hasta un pañuelo suyo con mil zurcidos ya y su marca en seda. Está representado en el acto de volver de la parada y leer algunos memoriales que están sobre una mesa. El autor es Stain, de Berlín, que ha enviado otras dos, dicen, a París y a Londres. La hacen ver con luces encendidas, lo que hace más perfecta la ilusión. Estuve allí muy divertido, contemplando al gran Federico por más de una hora.

A comer en casa de Korsakov, que tiene una muy buena pequeña colección de libros y bustos antiguos, etc., en una casa propia muy decente. Comió aquí igualmente un capitán de caballería francés en este servicio y el señor La Rosière, edecán que fue del duque de Broglie y hombre instruido en el arte militar, con quien hablé mucho sobre el particular y conoció a O'Reilly en casa de dicho mariscal.

De aquí fuimos al Vaux-Hall, que es un jardín formado por un inglés, el señor Madocks, en imitación del de Inglaterra. Hay una gran sala redonda que sirve de teatro —donde se representan pequeñas piezas en ruso—, pórtico circular y otros tres apartamentos en que se baila, se juega a los naipes y sirven té y café. En la rotonda también se baila, concluida que es la pieza. Había un concurso lucidísimo y demasiado numeroso para el lugar, que no es muy extenso. Se paga un rublo a la puerta y no entra sino gente de forma. Aquí estuve hasta las once y media que me retiré a casa, pues es una «seccatura», sin sociedad absolutamente y puedo decir que jamás vi tantas gentes juntas sin estar en sociedad.

18 de mayo

Temprano fui con el señor Rost a ver el tesoro de la catedral, etc. Primero en una de dichas iglesias en que se ve una magnífica pieza de oro sobre el altar representando el Arca del Testamento, dádiva de la presente emperatriz. Luego al tesoro, en que hay tantas mitras y vestidos con perlas, diamantes, etc., que no concluye. Entre otras cosas hay una pequeña arca o tabernáculo de oro cogido en Moldavia, presente del príncipe Potemkin; varios ricos vestidos que se pretende trabajados por las manos de la presente emperatriz y una mitra que vale más de 60.000 rublos; los libros de los Evangelios están guarnecidos riquísimamente en oro y adornados con piedras preciosas de un gran valor. En el centro de la iglesia hay una araña de plata maciza de extraordinaria magnitud. Vamos a las reliquias... las dos que se cagan en todas son un pedazo de la túnica de Jesucristo y un clavo con que fue crucificado... La manufactura de aquella no pude examinar porque la han cubierto con un cristal grueso para que nadie satisfaga esta curiosidad. Hay también una imagen colosal de la Virgen María que se dice trabajada por todos los apóstoles y milagrosísima. Malísima pieza de pintura, con respeto del apostolado entero.

De aquí pasamos a la segunda catedral en que están los sepulcros de todos los zares. Uno fue santo y así goza de un sepulcro de plata maciza muy bien trabajado, dádiva de Catalina II; mitras y libros también en menor número.

Luego a la tercera catedral en que no faltan también sus reliquias y vasos sagrados ricos, mas en menor número comparativamente. Y esta iglesia no está enladrillada de hierro como las demás, sino de un mármol que los frailes me decían ser ágata.

En fin, fuera ya de tanta reliquia y superstición, pasé al antiguo palacio de los Patriarcas, en que se ve una larga colección de vajilla en oro y plata, báculos y vestidos sumamente ricos... De todo me compadece más una colección de libros antiguos que está por tierra, en que me dicen hay varios manuscritos apreciables y tal vez contendrán algo de bueno que, en aquella forma, nunca llegará a nuestra noticia seguramente. También hay aquí dos grandes vasijas de plata en que se hacen los óleos, magníficas y de buen gusto. Todo este edificio es por el gusto del palacio de los zares, arquitectura tártaro-gótica y sin gusto alguno.

De aquí pasamos a la nueva casa del arzobispo, en el mismo Kremlin, que nadie habita y es muy buena. El presente arzobispo que la edificó prefiere otra, que está retirada del bullicio y tiene un jardín en que se pasea. Dicho palacio es bastante bueno y en él se observan varios retratos de sus antecesores, dos mesas de composición marmórea, regalo del príncipe Potemkin y obra de los jesuitas que se han retirado aquí, muy buenas; la colección de medallas y el lecho de la gran duquesa difunta, que se dio a su confesor Platón, como es de costumbre.

De aquí pasamos al palacio de la emperatriz, que sirve para el gobernador general de Moscú. Es magnífico y muy bien alhajado, con excelentes tapicerías de Gobelinos, que aún inmortalizan en sus dibujos la historia de Don Quijote. Dicho palacio era del mariscal conde de Tchernichev y la emperatriz lo ha comprado a la ciudad por 200.000 rublos; habrá costado el doble cuando menos. Tampoco lo habita el actual general gobernador, que prefiere su moderada casa propia. Visité aun la cocina, caballeriza, etc., todo muy bueno y bien dispuesto.

De aquí pasamos a las librerías francesas, mas no pude encontrar el mapa ni descripción de Moscú que buscaba. El librero me prestó un escrito del año pasado en que un ministro luterano de Petersburgo publica en Berlín reflexiones sobre esta nación rusa, muy bien. Asegura que el número de extranjeros en Petersburgo llega a 24.000 almas. He leído asimismo una historia de la vida de Pedro III, publicada por el señor de La Marche, que es interesante, aunque un poco acrimoniosa.

Luego pasé a ver la antigua Bolsa del Comercio aquí, que está por la mayor parte arruinada y es en forma de «han» con una galería y alojamientos en el segundo plano para los mercaderes que arribasen, como en Turquía. Abajo están las tiendas con su pórtico todo alrededor y así se llama en ruso «Gastinai-Duord», patio de huéspedes.

De aquí a las tiendas que están pegadas y en forma del *Bezistin* de Constantinopla. Las mercancías están por clases y las calles son sumamente estrechas. No creo haya menos de 6.000 tiendas en este solo paraje. En ruso se llama *Kitai*

Gorod, o la villa chinesca, naturalmente porque las mercancías de la China eran las principales que aquí se vendían antiguamente, cuando este país estaba en poca relación con Europa. Fui también a comer con Korsakov y el señor de La Rosière me informó de una obra póstuma militar de Guibert, con quien él estaba en correspondencia y que hace poco ha muerto. (¡Falso!)

Después al jardín de la emperatriz, que paseamos por todas partes y es hermosísimo. A las nueve al Club, que llaman, para el cual me envió el general un billete por la mañana. Esta es una magnífica sala, acaso la mayor de su especie en Europa —tiene 120 pies de largo y 72 de ancho— con sus buenas decoraciones de arquitectura en columnas aisladas de madera al parecer de orden corintio, creo. La forma es cuadrilonga y hermosa. Hay una galería que corre por todo el pórtico a la altura de los dos tercios de las columnas y en ésta está la música. Por toda la galería baja o pórtico, que es más elevado que el piso en que danzan, hay sus escaños forrados para sentarse, muy decentes. La iluminación se forma por dos series de arañas de cristal que cuelgan en los intercolumnios en la baja y alta galería, de que resulta que la iluminación no es igual y que el centro, que debía ser más iluminado, lo está menos que los lados.

Hay sus grandes salas para jugar a los naipes, sin lo cual no hay aquí diversión y también *toilettes* para refrescar la pintura constantemente, como también en el Vaux-Hall, en que observando nosotros una *demoiselle* muy empeñada en la maniobra a la vista de todo el mundo, mi compañero Korsakov, que la conocía, se tomó la confianza de decirle que aquella adición le era inútil, etc. «¿Cómo señor?, le respondió, ¿sería decente el presentarse por la tarde con el *rouge* marchito de por la mañana?» ¡Qué diablo de idea de la decencia tiene esta señora!

Hay también una sala grande en que se sirve de cenar y los que gustan, cenan muy bien por un rublo. Converse un poco con la señorita Mansurov; la princesa Gagarin estaba allí y es hermosa forma. Y es singular que ninguno de los directores se llegase a hablarme mientras estuve aquí, sin embargo de que me convidaron por el billete que me envió el general. Después de cenar me retiré a medianoche y la asamblea contendría esta noche más de 1.500 personas, la mayor parte doncellas, que no sé realmente cómo se han de casar. Se me asegura que este club se compone de 2.000 suscripciones, a 20 rublos los hombres y 10 las mujeres y de ellos 1.600 son mujeres. Otros dicen que 600 solamente son hombres, mas de todos modos el número es sumamente inferior.

19 de mayo

En casa por la mañana leyendo y a las dos me fui a casa del señor Rowan, donde llegué a las tres, pues vive en el otro extremo de la ciudad. Estaban allí el señor Bougarelli, el señor Saugie, etc. y tuvimos larga e instructiva conversación acerca del país, disposición del gobierno, no tan suave como parece, etc. Tomamos té juntos y después me fui a las seis a casa de Lazarov para ver varias muestras de telas de seda de muy buen gusto, que hace trabajar para entapizar el nuevo palacio de Catalina II. Me enseñó efectivamente hasta veintinueve diferentes piezas diversas, que en nada ceden, por el trabajo, colorido y solidez a las mejores de Lyon, bien que en el diseño podía haber más corrección y gusto. Dicha manufactura fue establecida por Pedro I y después el padre de éste, armenio de nación, la tomó y perfeccionó. Está, creo, a

60 verstas de aquí y en mi concepto es la primera manufactura de su especie en este país.

De aquí fui al teatro —el general me envió billete— en que se dio una pequeña ópera rusa, con bailes, etc.; todos nacionales los actores y a fe que imitan a los italianos y franceses en sus monerías perfectamente. Nunca hubiera creído que un cuerpo ruso pudiese plegarse y afeminarse tanto. Aquí hablé con la señorita de Korsakov, que me parece muy amable. El teatro éste es bien grande y por el orden general de los presentes, sin cosa particular. El señor Madocks, el del Vaux-Hall, es también empresario de éste. A casa y me trajeron una mala moza con quien dormí y chapé cuatro veces en la noche, cosa muy extraordinaria para mí.

20 de mayo
La consecuencia ha sido levantarme un poco tarde. Recibí recado del general gobernador, que el conde de Cheremetief me convidaba a comer, si gustaba de ver su casa de campo de Kuskovo. Me habilité y marchamos el señor Mey y yo. Ya estaban para sentarse a la mesa cuando llegamos, pues hay 7 verstas.

Comimos en muy buena sociedad en un pabellón que por fuera representa una pila de paja y por dentro está muy decente y después pasamos a su habitación que llama la *Solitude*, pequeño edificio separado del gran palacio. Tomamos café, vino el joven conde y me dio excusas por no haber estado a comer, parece amable. Después el barón de Lautitz, que vive en su compañía y el señor de Bouilli, preceptor de su hijo pequeño y hombre instruido, me acompañaron a recorrer este vasto jardín.

Primero fuimos a la parte que llaman el jardín anglochinesco. Observase, entre otras cosas, un capuchino muy al natural que escribe en su cueva y enfrente hay otra obra en que tiene su criada que le trae champiñones y es muy buena moza; una celda en roquería, etc. y casa de pesca. Aquí tomamos la «Línea», que llaman, con dos canapés unidos sobre un *trusky*, cosa muy cómoda para pasear el jardín — lo tiran dos caballos— y nos fuimos al Gran Palacio que es magnífico.

Remarqué en él, particularmente, un cuadro original que representa la batalla de Poltava y fue pintado en París bajo la dirección de Pedro I cuando estuvo allí y así se parece su persona que está a caballo. Me estuve más de una hora viendo este cuadro que es sumamente interesante. Y en la armería está la silla y *houppe* de Carlos XII, el día de la batalla, en terciopelo y con piedras; tal vez ésta sería la silla y caballo de respeto. Vi allí también, entre muchas armas, fusiles de Madrid, cuyos cañones gozan estimación general. Hay también varios cuadros flamencos de gusto y algunos plafones de mediano mérito. A la galería de retratos en que está una colección completa de todos los zares y soberanos de Rusia. ¡Oh, qué hermosa es la pícara de la princesa Sofía!... Bellísima mujer. Hay también la de muchos soberanos de Europa y el del rey de Polonia actual es el mejor y más parecido que he visto. En un gabinete se observan varias figuras pequeñas de cera: Voltaire, Rousseau, D'Estaing, Franklin, etc. y una mujer desnuda sobre la cama y otra que, perfectamente remangada, se lava el c... en el bidé. Esta última me dicen costó 100 libras en París y no hay duda que está muy bien trabajada, pues en los muslos y pechos se ven las venas, pelo, etc. y lo mejor es que aquí entran también las mujeres, mas en Rusia esto no es escandaloso. Vimos el obelisco de mármol que le regaló la presente emperatriz, que está enfrente de la gran puerta.

De aquí pasamos a los diferentes casinos y pabellones, todos en el gusto nacional y muy curiosamente adornados, como son la Gruta, la Casa Italiana, la Casa Holandesa, el Carrusel, Juego de Mallo, Laberinto, Teatro, Menagerie, Ermitage, etc. Este último tiene una mesa que se monta por cuerdas y asimismo cada plato, con sumo ingenio, muy bien adornado todo. Vi en un pabellón un par de zapatos de mujer, chinos, que no son mayores que los de un niño de tres años... ¡tal se oprimen el pie! Eran de tela de seda. En fin, hasta después de las nueve no pudimos acabar de concluir el paseo por este inmenso y variable jardín... muy en el gusto del príncipe Esterhazy en Hungría. Por último estuvimos sobre el belvedere, de donde se descubre todo el conjunto y se ve mejor el laberinto que está inmediato. Cenamos juntos y la señora Godin, que es la aya de la chica, parece mujer instruida y decente, como asimismo el señor de Bouilli. El conde me entretuvo con anécdotas muy interesantes acerca de la vida de Pedro I, pues su padre era el gran general y comandaba en jefe; el soberano bajo sus órdenes. Después de las once me retiré y llegué a mi casa cerca de la una de la mañana. El conde me regaló las perspectivas y planos, con una descripción en ruso, de dicho jardín.

21 de mayo
Temprano recibí un dibujo que faltaba del obelisco y la atenta carta adjunta del barón de Lautitz, convidándome en nombre del conde, a hacerle otra visita antes de mi partida. A las once fui a la catedral para ver oficiar de pontifical al arzobispo Platón con motivo de ser día del pequeño gran duque Constantino... Lo mismo que en Kiev, mas un gran concurso.

A las dos fui a comer a casa del general gobernador que tuvo convite de ceremonia e infinitas gentes. Me presentó al arzobispo Platón con quien tuve una larga conversación y es hombre de suma erudición y sinceridad. Me decía que la prueba de que aquí no había tolerancia, ¡era de que él no me podía decir que la había! Hubo sus brindis de ceremonia pasando la copa como en Kiev y comí un pescado fresco que llaman *Stealit* del Volga, sumamente delicado. Acabado de comer fuimos a tomar café sobre el balcón y hubo abajo danzas nacionales del pueblo, solo hombres, que no ceden en lubricidad a ninguna... y con una especie de castañeta con cascabeles como las que he visto antes. Platón me rogó que nos viésemos y ofreció carta para Troitza. Muy bien.

Hice una visita a la señora Lascarov, que está muy arrogante en su traje griego y no sería mala moza; le hablé de su hermana en Constantinopla. Me fui a casa del conde de Cheremetief para ver su gabinete de Historia Natural que me aguardaba. Efectivamente, la casa no es cosa... mas un cuadro en que se representa Pablo I conducido por la prudencia, tamaño natural, es interesante. Luego pasamos a dicho gabinete que es poquísima cosa, mas una perla cogida en Kuskovo, de un color excelente y muy perfecta, es cosa singular. Están allí también las conchas de donde salió, con otras de la misma especie en que se han encontrado otras, mas no de buen color. Son cenicientas. Tiene asimismo una biblioteca que contendrá 12.000 volúmenes y no lo parece y una pequeña colección de estampas.

De aquí pasé a casa del príncipe Gortchakov, que es sujeto muy atento. Tomé té y hubo baile de toda la familia y parientes jóvenes que aprenden a danzar con su maestro francés tan petulante... En sabiendo bailar bien, creen estas gentes que ya sus hijos están bien educados, no necesitan más. El carácter y no la instrucción, como me decía la señora Kamensky, era lo que ella quería para los suyos. Como si el uno pudiese formarse sin adquirir el otro. A casa a leer un ensayo sobre el comercio de Rusia.

22 de mayo

Temprano fuimos a los archivos en que se guardan todos los documentos más interesantes y memorables de la monarquía. Los dos directores vinieron acompañándome y tenían ya todo prevenido, pues estaban advertidos por el general gobernador. Pasamos primero a una sala en que está la Biblioteca de Müller —que es quien arregló este departamento como historiógrafo de Rusia— que compró la emperatriz y contiene 6.000 volúmenes relativos a la historia de Rusia.

Luego a varios otros apartamentos en que están divididos por naciones los papeles diversos que allí se contienen y comienzan sus datas desde el año 1263. Se conoce que han estado abandonados y muy mal conservados como aún se ven muchos que lo están actualmente. De aquí pasamos a otro mejor apartamento en que, en mejor orden y más bien conservados, están los diversos tratados y estipulaciones con potencias extranjeras en sus originales. Vi un tratado con Maximiliano en que le da el título de emperador y que sirvió a Pedro para fundar o apoyar su pretensión con toda la Europa. Me dieron la copia adjunta en ruso.

Tratados sobre comercio, etc., con la China, escritos en un papel sumamente fino y que se conserva como si fuese hecho ayer, mucho más durable, que el mejor pergamino o vitela. Ídem con la India, Persia, etc. Una carta de Enrique IV, de Francia, en que recomienda al zar un comerciante flamenco y también a un médico que está aquí, para que le permita pasar por cierto tiempo a Francia y que si gusta, le enviará otro bueno que esté cerca de su persona... Qué bondad y prueba de su amor por todos los hombres, rasgo en mi opinión que vale más que todo el panegírico de Plinio a Trajano..., firmaba Henri. Otra de María de Inglaterra y Felipe II de España. Otra de Elizabeth de Inglaterra firmada Elizabeta. Otra de Ana de Austria, regente de España, firmada «Yo, la reina». Otra de Carlos I de Inglaterra y con mil doraduras y adornos de pintura en el papel por la circunferencia. Y varios últimos tratados de paz en sus mismísimos originales, con la Suecia, Prusia, Dinamarca, Polonia, Turquía, China, Persia, etc., con otros varios documentos muy antiguos, de la reunión de Nóvgorod, en que hay hasta once sellos y en ellos estampaban, en lugar de armas, las imágenes de santos y ángeles. Unos libros de corteza de árboles o papirus, en que los pueblos de Kamchatka conservan el registro del tributo que pagan al zar, cosa muy curiosa.

Más interesante, sobre todo, las cartas, borradores y memorándums, de la propia mano de Pedro I, que en trece volúmenes se conservan aquí y dan más justa idea del método, gobierno, intención y carácter de este gran hombre, que cuanto la historia nos refiere. Una carta en que pide al *menher* admiral —Apraxin, supongo— que le envíe aquel atlas forrado de verde en que solían mirar muchas veces. Otra en que le pide le envíe aquel cirujano que quería sacarle una muela. Otra al mismo, dándole aviso de las tropas suecas que le dicen en Polonia y las rusas que se deben juntar cerca de Riga para oponérselas y Dios dará la victoria. Otra ídem, en que le carga un bastón, cuyo puño dibuja él mismo al pie de la carta y debe tener la cabeza de una esmeralda, un cerco de diamantes alrededor y sus armas por defuera, dejando lugar para las de Mentchikov —su procurador general— a quien se intenta dicho regalo; mas recomienda que el valor no exceda 3 a 4.000 rublos —compárese con los que yo he visto en Kiev— y concluye con decirle que le haga el favor de dar sus expresiones a su hermana —de Apraxin— y todos los parientes. Qué modo tan diverso al de los nuestros.

Un memorándum que contiene nueve artículos: 1.º escribir una carta a un rey; 2.º dar aviso a Marlborough y a los holandeses de la conducta del rey de Suecia con Patkul; 3.º enviar cierta cosa al rey de Dinamarca; 4.º dar respuesta a un comandante, etc., por donde se ve con qué estricto método despachaba sus negocios. Ya era muy tarde y así hube de retirarme de aquella gustosísima e instructiva ocupación, prometiéndome el volver otro día.

* * *

De aquí pasé a la manufactura de tafetanes, brocados y sedería de Babuchkin, que el capataz me enseñó con muy buena atención y por cierto que está muy bien; menos el diseño que no vale un cuerno y en mi concepto es el defecto prevalente de estas manufacturas... las sedas me dicen que las traen de Persia, Grecia y aún de Italia. Los pañuelos para que lleven las mujeres en la cabeza son muy buenos y ligeros. A la Torre Soujareba Bachna (Pan de Azúcar) o Torre del Almirantazgo, porque allí está esa oficina. Está situada sobre un paraje elevado y sobresale por encima de los demás edificios de la ciudad; mas como no se puede subir sino hasta sobre el techo de la casa que forma como la base del pan, porque para montar más arriba no hay escala, las vistas no son tan extensas como esperaba. Mas son buenas, sin embargo. Hay aquí igualmente un gimnasio o escuela, fundada por Pedro I para enseñar a leer, escribir y aritmética a cincuenta niños, hijos de soldados, mas está descuidada en el día. A la manufactura de Kollosov, también en seda y aún mejor que la antecedente. Me informó el amo que emplea en ella 180 hombres y hace 50.000 *archines* de género por año. A casa fatigado.

Por la tarde, con el favor del general que me franquea todo, fui a ver un convento de mujeres: Dievitch-Monastir, o convento de doncellas. La abadesa nos envió una monja que nos hizo ver todo. Primero fuimos a la habitación que sirvió de encierro o morada a la célebre y hermosísima princesa Sofía, hermana de Pedro I... son pasables. A la iglesia donde está su sepulcro y asimismo el de dos o tres princesas más. Luego a ver las celdas interiores en que viven las monjas, cosa muy pobre y reducida y aun puerca. Después, con su permiso, a la habitación de la abadesa retirada, señora de Kropotov, de una familia distinguida, que con suma política nos recibió y franqueó toda la celda para que viésemos hasta los menores apartamentos, camas, etc. y me dio por guía una muchacha de dieciséis años que hablaba el francés muy bien y era, a la verdad, asunto de tentación. Ella me decía que no veía la hora de salir de allí y que solo el agradecimiento hacia la abadesa que la había criado, la retenía. Tuvimos un rato de conversación con la señora de Kropotov y nos despedimos. Luego a la torre, que comanda vistas hermosísimas —nuestra monja nos acompañaba y seguro que tuve mis tentaciones de chap— y se descubren las casas de campo de Dolgoruky y Demidov, muy bien situadas en una colina inmediata. Esta torre es, por sus proporciones, la más hermosa de todas; su forma, rotonda y dividida en seis cuerpos que posan uno encima de otro en disminución. El material es ladrillo y su remate...

Nos despedimos de nuestra buena monja y fuimos a la manufactura de Miliutin en sedas, brocados, etc. Fuimos después al almacén en que tuvimos lugar de examinar dichas manufacturas despacio y me parecen seguramente mejores y de mejor gusto que las otras, la de Lazarov excepto. Me informó que empleaba 300 personas al año y fabricaba más de 60.000 *archines* de género, que, a no considerar más que medio rublo de ganancia por *archine*, son 30.000 rublos de renta y así se ve qué casa y arreos tiene el dueño.

De aquí pasamos al gran baño de hombres y mujeres que está sobre el río Moscú. Entramos primero en el de los hombres, en que había un sinnúmero desnudos que se bañaban sin el menor rubor. Por una puerta que cae a éste y un pequeño tinglado divide, pasamos al de las mujeres en que éstas, enteramente desnudas, se paseaban pasando de la pieza en que se desnudan al sudadero, al patio, para lavarse con jabón, etc. De modo que estuvimos viéndolas por más de una hora y ellas, sin cuidarse, proseguían su operación de lavarse, ya abriendo las piernas y estregándose el coño, etc. En fin, por una multitud de desnudos, en que ni uno bandaba, pasé afuera y repasando por la calle la puerta del de las mujeres, las veía desde allí muy bien y así entré de nuevo, sin que las cobradoras que estaban a la puerta me hiciesen el menor reparo. Las preñadas parecían disformes con sus barrigas desnudas y a la verdad que en este gran conjunto de originales, en que había de todas edades y formas, no pude descubrir aún la mayor similitud con la Venus de Médicis... Concurrirán a este baño más de 2.000 personas, particularmente los sábados y cada una paga solo 2 kopeks; sin embargo me aseguran que el propietario hace dinero. De aquí pasamos por la parte de afuera para ver las que después descienden al río del propio baño y vimos infinitas sin el menor rubor. Otras, aunque estaban por defuera y se lavaban su c... nos decían en ruso: «verás, mas no tocarás». Los hombres allí están casi mezclados con las mujeres, pues no hay sino una vara que marca la división del río. ¡Oh, Dios, aquí vi una bonita muchacha con todo el trasero acardenalado y negro de los palos o látigos que su amo le había dado porque rompió un vaso tal vez, o cualquiera otra friolera! ¡Qué diversas costumbres y modo de pensar! En los lugares aún subsiste la costumbre de bañarse hombres y mujeres juntos y esta emperatriz es la primera que ha procurado separarlos por la decencia.

De aquí pasamos a ver bailar los gitanos que bailan la danza rusa con suma voluptuosidad y había una moza muy bien parecida, a quien propuse el que viniese a mi casa y me respondió que por ella con sumo gusto, mas que el viejo no la dejaba de vista, etc. Entramos después en un burdel de pu... que hay inmediato; allí, por un rublo, chapé una buena. A casa.

23 de mayo

A las siete de la mañana partimos a ver el Palacio Imperial de Kalomenskoie, donde debe alojar ahora la emperatriz y en que nació el Gran Pedro I. Está a 7 verstas de aquí. Llegamos a las ocho y nos enseñó el custodio todo. Es de madera y en el primer piso aloja la emperatriz, los pequeños duques y el príncipe Potemkin. Arriba, Mamonov, embajadores, damas Branitzka, Skavronsky, etc.; estarán estrechos. Subí a un pequeño belvedere que está en el tope y la vista no es cosa muy particular en comparación con las que hay por aquí. Abajo vi un modelo de cómo estaba este palacio antes y es, con poca diferencia, en el gusto del Kremlin. Una pilastra de 3 o 4 pies de altura, en que ponía sus memoriales el pueblo y después eran recogidos por los secretarios del zar, existe allí aún. Unos lacayos de la emperatriz que entraron a examinar las piezas, anunciaban toda la insolencia que dicho rango, por lo común, da a la canalla que lo ejerce. De aquí pasamos a la iglesia que aún es la antigua y muy poca cosa por cierto. En ella se observa una pequeña tribuna en que el zar y su familia asistían a la misa, etc., en el tono de sencillez que prevalecía entonces.

De vuelta estuve a visitar la prisión de esta ciudad, que se llama de Kaluga, en que están todos los prisioneros del gobierno en número de 267, hombres y mujeres con sus divisiones respectivas, todo en madera. Y hay su separación para las gentes decentes; los enfermos se curan allí mismo, en una especie de hospital. El todo está pasablemente aseado y los presos no tan miserables como en otras partes, según parece. Aquí se da el knut y se remiten los criminales a sus destinos de Siberia, etc. Hay constantemente aquí dos oficiales de policía y dos de infantería, con una guardia de cuarenta y cinco hombres para la seguridad, etc.

Vine a casa a vestirme y a las doce y media fui a comer a la mejor posada rusa —la de Pastujov— para juzgar de la manera nacional. Los criados estaban vestidos con camisas de color: azules, encarnadas, con gran decencia... Pedimos nuestra comida en un cuarto separado para dos y observamos que en el principal había una mesa muy decente con cinco cubiertos para el embajador de Roma que decían venía a comer. Me hice informar y hallé que el embajador dicho era yo mismo, pues el general, oyendo que yo iba a comer, previno que tuviesen un cuarto decente. En fin, convidé a un oficial que había allí y los tres nos fuimos a la mesa que estuvo muy bien servida en el gusto ruso, comenzando por pescado, cuyo plato lo componen mejor que nosotros; caviar muy rico; *kichlesti*, hidromiel y cerveza fueron las bebidas —ningún vino— y al fin me sirvieron helados y café extra. El precio es un rublo por cabeza; yo pagué 5 por los tres y ellos quedaron contentísimos del señor embajador. Me fui a casa a reposar un poco y mi compañero, el señor Mey, a la suya con una gran jaqueca.

A las cinco PM tomé el coche y pasé por casa del compañero que continúa algo enfermo. De aquí me fui a casa del arzobispo Platón, a quien encontré en su jardín como un verdadero filósofo... inter silvas. Aquí politicamos y filosofamos con una libertad que rarísimamente se encuentra sino en los hombres de letras y virtuosos. Sus ministros, me decía —por la emperatriz— la engañan y ella a su turno, los engaña a todos. En esto llegó un hombre de buen modo que solicitaba entrase su hija en un convento, pues ella lo deseaba vivamente. El arzobispo se oponía por varias razones y entre otras, porque aún no tenía más que veintitrés años. Mas el buen hombre le argüía con la Biblia que era un prodigio y así duró el argumento largo tiempo; al fin, hubo de retirarse con pocas esperanzas.

Vino allí también un archimandrita del monte Athos, que recoge aquí limosna, para que se le prolongase el tiempo de la recolección que le había dado el Sínodo, mas el arzobispo le dijo que él no podía, pues este asunto pertenecía al Sínodo. Este señor eclesiástico, al decirle Platón que yo era antípoda, respondió que esto era enigma, pues cómo podía ser tal cosa. Para que se vea el estado de la literatura hoy en aquellos países que en otros tiempos brotaron todas las ciencias. Platón me informó que el número de monjes de todo el imperio, en el día, llegaría a 2.000, pues aunque el Sínodo los había fijado en 3.600, las deficiencias eran infinitas y que aún quería el gobierno reformar veinticinco conventos —creo me dijo— que ellos querían conservar con su propia industria, sin que se les diese un ochavo para ello, ni renta alguna. En fin paseamos solos largo rato, en cuyo tiempo me manifestó que la tolerancia era menester fuese absoluta, pues ¿cómo podía combinarse el que al mismo tiempo que se permitía criticar todos los dogmas, se prohibiese censurar un ukase, o al menos fuera peligroso hacerlo?

De aquí pasamos a su casa y en el balcón que cae al jardín continuamos —bebiendo té, horchata, etc.—, nuestra conversación literaria y él da la preferencia a los historiadores romanos sobre los griegos y aun a los poetas. Me decía que Cicerón no le parecía tan gran orador, ni tampoco Demóstenes y que Plinio el Menor, le parecía mejor en este punto, etc. Véase el gusto. Me enseñó varios pectorales y joyas de la mitra, de sumo valor y algunas de gusto y entre otras una ágata que representa una imagen de Jesucristo crucificado y una persona en hábito monástico postrada delante, en acto de orar, una y otra perfectísima, de modo que es cosa muy particular y digna de verse. Plinio refiere un caso semejante de otra ágata, que representaba Apolo y las Musas.

Me dio una carta para su vicario en el monasterio de Troitza y yo partí a las once, con ánimo de partir de madrugada. Mas pasé por casa del compañero, señor Mey y estaba malo, con que diferí el viaje para el día después.

24 de mayo

Temprano me levanté, pasé por casa de Korsakov; dormía aún, eran sin embargo las nueve y media. Casa del señor de La Rosière, que hacía lo mismo; mas le hice despertar y quedamos en ir por la tarde a casa del conde Panin, a su casa de campo de Misalkova. A ver una iglesia que extramuros se construye y me decía Platón que era mejor que la mezquita de Santa Sofía, mas no es así, aunque en la forma quiso ser una imperfecta y pequeñísima imitación de aquella. Es, sin embargo, su forma mejor que la general y su pórtico, o peristilo en buen gusto.

Luego a ver una fábrica de medias que se decía la mejor y no vale nada. Su dueño, un afectado francés, aunque ruso, me decía que la había establecido solamente «*pour son plaisir!*». A la de paños, que fue la primera que estableció Pedro el Grande, para vestir su ejército y el edificio es magnífico, sobre el río y junto al puente antiguo de piedra. Trabajan en el día 300 personas que ganan sus salarios en los términos siguientes: 25 rublos anuales los que tejen; y los que cardan, hilan, etc., 12 rublos, esto es de 5 a 10 kopeks diarios. Y vea usted cómo pueden dar a rublo y medio la *archine* de su mejor paño, que a la verdad no es malo; las lanas no son buenas y de aquí resulta el que no son mejores. El buen director me informó de todo con mucha civilidad y me habló de nuestras manufacturas en Segovia, etc.

A las tres de la tarde vino el señor de La Rosière y a las cuatro partimos a Misalkova —7 verstas de aquí— donde llegamos a las cinco. Encontré al conde Panin en su galería, con una dama que le acompañaba y le leía actualmente. Me recibió con suma civilidad. Tomamos té y hablamos de viajes y de la guerra, en cuya profesión está instruido. Me propuso dar un paseo por el jardín y nos acompañó la señora Bodé, que es su querida, viuda y nativa de Berlin. Realmente que el jardín está dispuesto con gusto y goza de hermosísimas vistas. Me gusta más que el conde Cheremetief. Volvimos a nuestra galería en erudita conversación que la dama de Berlín sostenía grandemente y el conde insistió en que le había de dar palabra de venir a comer con él un día al menos, antes de partir. Así se lo ofrecí y me retiré a las nueve y media, para partir a Troitza a las once, pues me aguardaba con caballos, etc., mi compañero el señor Mey, en casa.

25 de mayo
A medianoche partimos con una Luna hermosísima y cuatro caballos de posta, para Troitza. A eso de las cuatro y media llegamos a un lugar a 35 verstas de Moscú, donde cambiamos caballos después de aguardar largo rato. Seguimos otras 30 verstas más y llegamos a dicho lugar y monasterio de la Santísima Trinidad por un camino pasable, a eso de las nueve de la mañana. Nos apeamos en la casa destinada para huéspedes que está fuera y no vale nada y entramos a pie en dicho monasterio que como los demás del país está circuido de muros altos, almenas, torres y aparatos de defensa, siendo éste el paraje donde Pedro el Grande se salvó de la conspiración de los *strelitz* y así se conserva allí aún el hacha con que dentro del convento mismo fueron decapitados los jefes del motín.

Envié mi carta al vicario que estaba en la iglesia y en el ínterin nos fuimos a la torre de la iglesia que es bastante elevada y comanda hermosas vistas. Al bajar encontramos en el primer piso nuestro vicario, que con suma política vino a obsequiarnos. Nos hizo sonar la campana mayor que pesa 4.000 pouds y dos otras más pequeñas que tienen mejor sonido. Luego a la biblioteca, que está en el primer cuerpo de la torre y contiene cuatro mil volúmenes; están casi todos los antiguos Padres de la Iglesia. A la Aguiasma o fuente de San Sergio, que es el fundador de este convento, lo mejor que hay allí, hermosísima agua y buena arquitectura. A diferentes capillas e iglesias en número de siete, con infinitas reliquias, cuerpos de santos, etc., que procuran la principal renta del día. Al refectorio, que es una gran pieza pintada toda al fresco, así, así, en el gusto griego de ahora y en el remate hay una buena capilla y un cuadro al fresco de Transfiguración que se distingue entre los demás.

Al Palacio Imperial, edificado por el padre de Pedro I y que no vale cosa. A la ropería y tesoro de las prendas y vasos sagrados de la iglesia, por el gusto de las de Moscú. Se observa una mitra que ha costado 30.000 rublos; la de la Catedral de Moscú costó 60.000... El valor de todo se juzga ascenderá a un millón y medio de rublos y las cosas aquí están mejor preservadas y dispuestas en este tesoro que en el de Moscú. Al Palacio o alojamiento del Archimandrita o Abad, en mejor gusto que el antecedente y con una hermosa azotea o galería que da sobre la muralla y comanda una vista hermosísima.

De aquí pasamos al cuarto del señor vicario Melquisedec, que así se llama, donde reposamos un poco, tomamos una *shalla* y proseguimos. Al colegio de seminaristas, instituido por la emperatriz actual. El refectorio muy puerco. Las clases de filosofía —de Wolfio— teología, latín, griego, alemán, francés, hebreo, geografía y aritmética están bastante aseadas y asimismo los alojamientos de los profesores, mas el de los estudiantes no pude verlo, cochino naturalmente y por eso se excusaron. El número de estos consiste actualmente en 180 y pueden recibirse hasta 260, alojados, vestidos, nutridos y educados gratis por el soberano, que tiene asignada la suma de 4.000 rublos anuales para ello y no hay duda que mientras menos haya más utilidad queda al convento. El objeto primario es formar eclesiásticos instruidos. Visitamos últimamente las celdas de los monjes que son bastante pobres; unas puercas, otras aseadas.

Hay actualmente en este monasterio ochenta y cinco monjes y había antes 700, cuando tenían 125.000 paisanos o esclavos, mas esto está reducido en el día a solo 6.000 paisanos, 2.000 rublos de renta y 15 rublos por cada monje al año. Las limosnas producen sin embargo más, pues me informó el vicario que llegarán de 9.000 a 10.000 rublos anuales. Este monasterio es aún célebre en la historia, porque en tiempo que los poloneses se ampararon de toda la Rusia y de Moscú, no pudieron someter este convento que se mantuvo contra los esfuerzos de Sapieha, etc.

Comimos con el vicario en el gusto religioso, pescado y aceite, más buen hidromiel y cerveza y yo me retiré a reposar hasta las cuatro, pues no había dormido la noche antecedente. Vino el vicario en su coche y pasamos juntos a la ermita del arzobispo Platón, pequeña casa de campo llamada Betania, por la patria de Lázaro, situada a 2 verstas de aquí, en un sitio agradable. Tiene su pequeña iglesia que forma dos de invierno y verano, figurando una roca. Los apartamentos de la casa, aunque pequeños, son aseados y en la sala tiene cuatro grabados excelentes de la sala de Rafael en el Vaticano en que está la Escuela de Atenas, el Parnaso, Milagro de la Eucaristía, etc.

Y a las cinco y media nos despedimos de este buen vicario y tomamos nuestro coche y nos pusimos de vuelta por el mismo camino, pues no hay otro, para ir al monasterio de la Nueva Jerusalén. A las dos de la mañana —y era ya de día claro— llegamos a Moscú y tomé la cama a deseo.

26 de mayo

A las diez y media AM partimos y por un camino agradable, aunque no muy bueno, seguimos nuestra ruta hacia dicho convento. ¡Válgame Dios y qué hermosísimas perspectivas se encuentran por aquí del país!... ¡uno seguramente de los más hermosos que ha formado la naturaleza, pues el arte le ha ayudado muy poco o casi nada! Pasamos las casas de campo del príncipe de Georgia, en Zezuatska, a 7 verstas de Moscú; la del conde de Tchernichev, en Aninskoy, a 15 verstas puede ser y la de Narischkin a...

A las 25 verstas cambiamos caballos en un lugar donde nos detuvimos más de una hora, ínterin traían los caballos que estaban en el campo. Y me entretuve en examinar sus habitaciones y manufacturas de lienzo basto, medias, etc., de estos pobres esclavos, cuya suerte miserable no parece mejor aquí, que en mayor distancia. Ni un pequeño jardín siquiera, cuyas producciones se podrían vender muy bien en la capital, ni un amo que tenga la idea de fomentarles, perfeccionar sus manufacturas, la agricultura, etc. y de este modo enseñarles a ganar una competente subsistencia. Establecer una escuela para la educación de sus hijos y lograr así la más dulce de todas las satisfacciones, contribuir a la felicidad pública ejerciendo la virtud, cuyo ejemplo produciría tal vez un bien general. Mas observo, por el contrario, que tanto cuanto más inmediato está el lugar de la casa del señor, más miserable parece el pueblo. Mas, ¿cómo puede ser esto de otro modo, cuando hace quince días el príncipe Volkonsky ganó aquí 50.000 rublos al señor Urusov a los naipes en una noche, quien pagó la dicha suma la mañana siguiente? En fin, vinieron los caballos pasado un fuerte aguacero que no dejó de empeorar el camino y así no llegamos hasta las cuatro y media a dicho monasterio de la Nueva Jerusalén de Vons Kresenska, 20 verstas más adelante y 45 de Moscú. Nos dirigimos a la iglesia, donde estaba el archimandrita Apolos —para quien traía carta también del arzobispo Platón— el cual vino a mí inmediatamente, con suma atención y emprendimos nuestro examen.

La iglesia fue comenzada el año de 1656 por Nicón, patriarca de Rusia y concluida por el arzobispo Ambrosio —el asesinado— el de 1759, en el reinado de la emperatriz Elizabeth, en imitación y exacta copia, según ellos dicen, de la que está en Jerusalén. La rotonda en que está el Santo Sepulcro es una hermosa pieza y no destituida de mérito su arquitectura y proporciones, aunque de una forma singular. La cúpula es un cono troncado con cinco órdenes de ventanas —el número es 120— que le dan una infinita luz que casi deslumbra, pintada toda al fresco, con tres galerías que giran alrededor. Las paseamos todas en distintas ocasiones y con gusto, por el contento que resulta. La parte superior es de madera, pues la obra primera en piedra se arruinó, prueba de los malos principios de la construcción. Su diámetro es de 108 pies o 18 *sajenes*. En el medio está un tabernáculo de buena arquitectura que contiene el Santo Sepulcro en la misma forma en que fue hallado, con una lápida que cerraba la entrada sin inscripción alguna. Más adelante sigue la pieza del altar mayor de la iglesia en el modo griego y tiene una cúpula elevada con una galería alrededor. Detrás de dicho altar está el coro en forma semicircular, con siete órdenes de asientos en forma anfiteatral y columnas alrededor, en medio de las cuales, al centro, está la silla patriarcal y en los intercolumnios hay lugar para seis más que se pretende era el lugar de los demás patriarcas.

Luego pasamos a la iglesia subterránea en que está la capilla en forma de cisterna, donde Santa Elena encontró la cruz en que fue crucificado Jesucristo; habla aquí un pozo antes y lo han cerrado por la humedad. Al Tesoro después, que está en una pieza muy clara y bien conservado, con el mayor aseo. Consiste en vestidos riquísimos decorados con perlas y vasos sagrados, por el valor, según me informaron, de 200.000 rublos. Aquí se ven diferentes volúmenes de la liturgia griega, firmados del puño de la emperatriz actual en tiempo que era gran duquesa y regaló a este convento. Al sepulcro del Patriarca Nicón, que fue el fundador.

A la Capilla de Gólgota —porque así se llamaba la montaña en que dicha cruz se encontró— donde se ve la forma de la cruz en cuestión, hecha de dos tablas gruesas y no palos redondos como los romanos dicen y al pie un pedazo de mármol que se figura roto del temblor que siguió a la expiración y estos monjes enseñan con un misterio singular.

A la Torre, de donde se goza de tal cual vista y no se puede subir más que hasta el primer cuerpo. A la Biblioteca en que habrá 400 volúmenes y como 300 de M. S., mas no pude saber qué contenían. Hay un pequeño cuarto oscuro en que estuvo preso Jesucristo y una imagen de éste en grandor natural, mas cubierta con un lienzo toda, pues según el dogma griego, éste es un ídolo, digo yo... De aquí pasamos a la habitación de dicho Apolos, que está muy decente y éste nos dio un muy buen vaso de vino de Hungría, con que continuamos nuestro paseo. Al refectorio que es grande y hay allí una iglesia para el invierno con estufas. Al alojamiento que tienen para huéspedes, muy cómodo y decente, por cierto. Luego pasamos a una hermosa logia con balcón que cae al jardín y aquí tuvimos nuestro refresco de naranjas.

Después seguimos todos los muros alrededor que tienen una versta de extensión. Sobre la puerta principal está una pequeña iglesia en un torreón cuadrado, que llaman la entrada a Jerusalén. Otra de las torres que está en un ángulo tiene dos galerías que comandan una buena vista y de aquí se ven las alturas o montezuelos que aquí han confirmado con los nombres hebreos de Tabor, Eleón, Ayermon y Gólgota, esto es, calvario.

Descendimos al jardín o bosque en que está la ermita del Patriarca Nicón. Esta es una pequeñísima casa con pequeñísimos cuartos en que se pretende vivió este anacoreta y realmente que siendo él como su retrato lo representa, corpulento, era preciso que estuviera aquí dentro sin moverse; mas estaría sin frío por la buena disposición de la estufa.

De aquí dimos un paseo por la orilla del riachuelo Istra, que corre por aquella selva y contribuye a su mayor amenidad. La emperatriz, me dicen, estuvo aquí por tres días paseando este sitio verdaderamente solitario y ameno. Volvimos al convento y visitamos las celdas de varios monjes que, aunque buenas y cómodas —mejores que las del monasterio de la Santísima Trinidad— están puercas. Al Palacio antiguo, hecho por el zar padre de Pedro I y no vale cosa. Luego a la habitación de nuestro buen y político Archimandrita, que nos dio muy buen té y yo escribí mis observaciones. Me informó que había actualmente cuarenta monjes y tienen por toda renta 4.000 rublos, que apenas bastan para mantener los edificios y así se ve que van en decadencia, pues como no tienen grandes reliquias, la limosna apenas llegará a 400 rublos anuales. Antes había hasta 700 monjes que tenían 25.000 paisanos suyos.

Me despedí con mucho agradecimiento de este atentísimo fraile y tomé mi coche para volverme a las ocho y media. Me regaló una perspectiva impresa de dicho convento. Los caballos resultaron cansados. Tomamos otros en el camino y los de Posta que dejamos encargados esta mañana, los encontramos prontos y buenos, con que arribamos a Moscú a las dos y media de la mañana, de día claro y tomé mi cama con sumo gusto, mas sin haber comido cosa alguna en todo el día, cosa que no sucede sino en Rusia.

27 de mayo

Vino mi compañero después de las nueve, anunciándome que hoy era día de Corpus y que era necesario ir a ver esta gran función en la iglesia católica, etc. Me vestí y fuimos, efectivamente, a eso de las once. Numerosa congregación y muchos rusos que por curiosidad mas respetuosamente, asistieron. Había en el patio sus calles formadas de ramos y dos altares para la procesión. ¡Cuánto tiempo hace que no veía semejantes ceremonias! A hacer visita al señor Bougarelli y luego a casa.

A las cuatro tomé el coche con el señor Mey y fuimos a ver la sala de Coronación que está en el Kremlin. Es bien grande, magnífica y forma un cuadrado; mas un pilar que tiene en el medio para sostener el techo, que su arquitecto no supo sostener de otro modo, le quita la gracia y disminuye su magnitud a la vista. Hay un rico dosel con un retrato de la emperatriz actual coronada debajo y en ángulo, tribuna para músicos. A las salas del Senado, que están allí inmediato y es el sitio donde este forma sus asambleas, despacho, etc., a menudo. Nada tiene que notar.

De aquí pasé a hacer una segunda visita a la Casa de Expósitos, mas no hallé su director, señor Goguel, en casa; quise entrar en un pequeño teatro que noté tenía dicha casa, mas no hubo quien lo abriese y así pasé a un edificio vasto que hay inmediato perteneciente a la propia casa, en que encontré manufacturas de medias, de naipes, de relojería, ejercidas y en beneficio todas de los mismos sujetos que se crían en el instituto éste... El aparato y disposición de ellas me pareció magnífico, mas los artífices y las manufacturas muy poca cosa.

En casa de mi arzobispo, a quien encontré aún *inter silvas* solo. Emprendimos nuestra conversación y me confesó que estaba disgustadísimo del empleo y del despotismo del país. Que quería soltar el primero y en cuanto al segundo me decía que un esclavo no tiene recurso ni puede quejarse contra su amo y que la ley autoriza a éste para que le haga dar el knut, que es la máxima pena y que la justicia debe ejecutar sin más examen. Pobre humanidad. Me contaba varias interesantes anécdotas de la Corte, en que ha vivido largo tiempo y define el carácter del príncipe Potemkin muy bien, colocándolo siempre en los extremos... de la mayor altivez a la mayor condescendencia; de los más ricos trajes a los más vulgares; de la comida más exquisita a la más ordinaria; del carruaje y aparato más suntuoso al más sencillo y común, etc. A las once me retiré y le ofrecí otra visita antes de partir.

28 de mayo
En casa por la mañana y a las cuatro de la tarde partía Kuskovo para hacer otra visita al conde de Cheremetief en pago de sus atentísimas expresiones y finezas. Estuvimos un rato en sociedad, tomamos té y después fui aún a dar un paseo por el jardín con el señor de Lautitz, por parajes que no estuvimos la tarde antes. A la Casa de la Caza, donde tiene más de 160 perros hermosos y el edificio es bonito, en el buen gusto gótico. Al parque, en que observamos muchos ciervos y la mayor parte, venados pintados de América. Entramos en el corral en que tiene como unos 30 lobos de Siberia, etc. y entre ellos hay uno nacido aquí en este paraje, pintado de blanco y negruzco coloraduzco, como un perro, cosa muy singular... y éste es, justamente, el más feroz de todos los que allí hay, que no son zorras, por cierto.

Hay en otro corral cochinos de la China, que son muy feos, por cierto, pues los pies traseros son más cortos que los delanteros y así forman una ridícula forma, particularmente cuando comen. Al pabellón que está en el centro de dicho parque, forma rotonda, orden Dórico y en mi concepto una buena composición y la mejor de cuantos edificios contiene dicho jardín. Alcanzamos a ver una liebre de angora, que tiene el pelo sumamente largo y fino y son mucho mayores que las de Europa.

A casa del buen viejo, que me ha cobrado sumo cariño y me enseñó una carta que acababa de recibir de la emperatriz, fechada en Kherson el 16 del presente; para el arribo de Su Majestad aquí hace construir una puerta triunfal y un hermoso teatro de madera. Estaba con sus dos hijas e hijo pequeños —estos son naturales, habidos en una criada suya, mas legitimados ya por la Soberana—, la señora Godin, el aya y el señor Bouilli, el ayo, en cuya compañía nos pusimos a cenar. Durante la cena me informó este buen viejo de varias cosas sumamente interesantes relativas a la vida de Pedro I. Una, que cuando se resolvió a la batalla de Poltava —que dio, dice, porque ya estaba harto de la guerra— dijo a su padre, el conde de Cheremetief, que era el general en jefe: «Te ordeno que des la batalla, mas te suplico ahorres la sangre de mis gentes». ¡Ah, expresión verdaderamente digna! Otra: cuando murió Carlos y él, con impaciencia, quería concluir la paz con la Suecia a todo coste, para ir en busca del imperio de Darío, como Alejandro, sacó su lápiz y tirando una línea sobre el mapa, dijo al canciller de Ostermann que hiciese pronto la paz. Este, con su dedo borró inmediatamente dicha línea a lo que, atónito el soberano, el canciller le pidió el lápiz y tiró otra, en que se conservaban Livonia, Estonia, etc., que Pedro quería abandonar por la paz, cuya conducta le abrió los ojos y dio un abrazo a su canciller y gran ministro, sin el cual todo esto se hubiese perdido para la Rusia, al que poco después le quiso cortar la cabeza... Me dijo que Pedro solía decir con sinceridad que la batalla de Narva había hecho perder la cabeza a Carlos y a él, la Poltava. Excelente confesión. En fin, duró nuestra conversación hasta medianoche en que yo me retiré y el conde se despidió dándome mil abrazos y expresiones de cariño, etc.

29 de mayo

A las once vino el señor de La Rosière y fuimos a comer con el conde Panin a su casa de campo de Misalkova. De paso entramos en la del mariscal Razumovski, que está una versta antes. No tiene cosa de particular, aunque buena, ni tampoco el jardín e invernadero. Se ven allí delante varias piezas de artillería en número de más de 20 y no sé qué significación tenga ello, sino que como atamán de cosacos le quepa esta simple prerrogativa.

Llegamos a casa de Panin a la una y media; él se vestía y yo me salí al comedor donde había varias otras gentes del país, que viéndome en mi traje sencillo, no me hicieron caso; mas luego que vino el conde se quedaron suspensos estos tontos vanidosos. Hubo damas extranjeras en la mesa y así la señora Bodé no salió. El joven conde, de dieciséis años de edad, me fue presentado por su padre y también comió con nosotros, igualmente que un ex jesuita, el señor Meré, que está como ayo en la casa y un médico holandés llamado el doctor Ditz, que dicen es hábil en su profesión.

Después de comer, tomamos café y hubo una disertación un poco porfiada en que este doctor pretendía probar que no había verdaderos conocimientos humanos en las ciencias y que estos no contribuían a la felicidad del hombre, si es que los había. El sistema de Pirrón, se conoce, había hecho impresión al doctor, mas no lo había bien comprendido.

Después nos hizo el conde ver muy buenos caballos de sus *haras*, en su picadero y de ellos vendió algunos a 400 y a 500 rublos. Después volvimos a la galería, se unió la erudita señora Bodé, tomamos té y hablamos de la guerra, historia, etc. Yo pedí permiso para ir a dar, antes de que el Sol se pusiese, una vista a las perspectivas hermosas que este jardín ofrece y yo había visto antes. Me acompañó el joven conde y estuvimos en su casino, dispuesto por su difunta madre, que es muy bonito y en el tope tiene un belvedere que goza de excelentes vistas; la ciudad de Moscú se descubre también. De aquí fuimos a un templo rotondo del jardín en que se conservan bustos de mármol de toda la familia. Son descendientes de Lucca, en Italia y su nombre, Panini. El del conde, que fue ministro, es el mejor de todos.

Luego volvimos a emprender nuestra conversación y me ratificó lo que el mariscal de Rumantzov me había dicho, de que en la batalla de Zorendorf, los prusianos, en número creo de 15.000 hombres, atacaron a los rusos a las órdenes de Fermer, que tenía más de 100.000 hombres y que una división entera de estos, consistente en 7.000 hombres que mandó el mismo conde de Panin, quedó reducida a 700 y él, como general, herido. Me contó su sitio y toma de Bender y me decía que Suvorov era su Don Quijote.

En fin, concluida la cena, que eran ya más de las once, me retiré y él me colmó de mil cariños y amistad, como igualmente el conde joven y la señora Bodé, de quien me contó algunas anécdotas interesantes el señor de La Rosière y entre otras que, queriendo, por consideración a su hijo, despedirla el conde enviándole 50.000 rublos, ella se los volvió y se retiraba, etc. Me aseguran que es dueña en el día de más de 100.000.

30 y 31 de mayo
Escribiendo todo el día.

1° de junio
Del mismo modo.

2 de junio
Escribiendo toda la mañana y a las dos a comer con Korsakov, donde encontré al señor de La Rosière. Después me

enseñó aquél una carta de su padre siendo comandante de Azov, en que le hace varias preguntas relativas a su empleo al zar Pedro I y éste le satisface juiciosísimamente en la hoja medio llena que está en blanco, de su puño mismo; lo que prueba cuánto método, sistema y actividad tenía en su gobierno y despachos este grande hombre.

A las cuatro fuimos, por favor también del gobernador, a ver los coches de parada que sirven para la coronación de los soberanos, etc. Aquí se ven los que sirvieron a los padres de Pedro I, a los Patriarcas, que interiormente tienen santos y en medio una forma de cruz y todos los soberanos hasta Elizabeth —en número de unos veinte— en cuyo coche se coronó Catalina II y es a la verdad un contraste el más sorprendente que quiera imaginarse en tan corto espacio de tiempo. Es grandísimo y magnífico. El de la emperatriz Ana tiene esculturas de sumo gusto. Mas lo que sobre todo interesa es la calesa o cabriolé de Pedro el Grande, con sus ruedas remendadas y en tal guisa que hoy se avergonzaría uno de ir en ella. En ésta pues, de dos caballos y un palo en la mano —que también se conserva allí— en forma de la clava de Hércules y sin pulir, este grande hombre recorría su imperio y admiraba el universo entero... dando a sus súbditos y a todos el ejemplo mayor y más útil de la sencillez y de la moderación, características siempre de una grande alma y que por desgracia se ha imitado tan poco en esta nación... Qué contraste, realmente, con el gusto actual. Algunos trineos magníficos y entre otros uno cubierto que puede contener doce personas, con su mesa en medio, muy cómodamente y una estufa debajo de la mesa. En éste vino de Petersburgo aquí la emperatriz Elizabeth. También hay allí un gran sombrero ordinario y casco de acero para la cabeza, pertenecientes a Pedro el Grande.

De aquí pasamos a una fiesta de caballos en el gusto inglés que se celebra fuera de la Puerta Roja o arco triunfal que los mercantes de Moscú elevaron a la emperatriz Elizabeth. No valía un diantre y pagamos a 2 rublos por persona. A ver el palacio que era de Le Fort, favorito de Pedro I. Es sumamente vasto y está abandonado en el día porque sirvió de hospital en tiempo de la peste. Al jardín Imperial, que me gusta cada día más y allí politicamos un poco el señor de La Rosière y yo. Después a casa de éste, la primera persona aquí que me ha hecho cenar familiarmente con su familia.

3 de junio

Escribiendo en casa todo el día y a la siete fui al baño ruso público, en que estuve una hora y creí asarme vivo. Un galopín me lavó con un poco de jabón en unos poquísimos lechos de tablas y con unas ramas verdes. Al salir me pusieron un poco de heno, sin almohada ni cubierta y solo con un pedazo de sábana encima para que sudase y me reposara... Parecerse quieren a los bajíos de Constantinopla. Y después no quedó contento el bribón con rubio y medio y 20 kopeks para él.

Di una vista después al baño de hombres en que había infinitos desnudos, como su madre los parió y al de las mujeres en que en gran número y de la misma manera, se lavaban el chocho, paseaban, etc.; dos o tres me parecieron hermosas formas, sin embargo. Me volví a casa y lo pasé escribiendo hasta medianoche.

4 de junio

Escribiendo todo el día sin que aparezca un alma, como si no hubiese traído una letra para nadie.

5 de junio
Temprano me levanté, fui a hacer visitas. Hallé que el coronel Korsakov había llegado de Kiev, quien me trajo mil expresiones del mariscal Rumantzov y me informó que la emperatriz había partido de Kherson a Táuride con el emperador, el príncipe Potemkin, Mamonov, conde de Cobenzl y señora Branitzka, en un coche de seis asientos. Otro igual para los ministros extranjeros, etc. y el conde de Bezborodko en una berlina a dos asientos, disminuyendo toda su comitiva a esta expresión.

Luego a casa del señor Rowan con quien tuve una buena hora de conversación; me convidó para mañana al campo y concluyó en que ésta era una nación asiática y no otra cosa aún. A casa a comer y por la tarde a hacer algunas visitas... Mi amigo Platón, que lo encontré de marcha para ir a recibir a los jóvenes hijos del gran duque, que deben llegar esta noche a 30 verstas de aquí y así me tomé la dirección para otra parte. Pasé por un baño donde observé muchos hombres y mujeres desnudos y casi todos mezclados, sin que a la vista de tantas Evas, uno siquiera bandase... cosa singularísima. Y así también observé varias mujeres vestidas que habían entrado enmedio de los hombres a hablar de negocios, sin que se observase la menor conmoción o novedad en ellas, ¡jóvenes sin embargo!

Luego a casa de La Rosière. Tomamos té y hablamos de la guerra y del país hasta las nueve y media. Me ha enseñado una carta del conde de Guibert en que éste le dice tiene escrita una *Historia general de la Guerra* de 1756, «*Le morceau le plus singulier de ce siècle*», mas no se atreve a publicarlo, etc. Fuimos a ver una famosa casa de juego aquí casa del mayor Lachinov, donde se junta mucha gente de la nobleza. Efectivamente, hallamos una casa muy decente; numerosa y decente compañía, con más de ocho mesas diversas de Banca y una cena muy buena a que se sentaron los que tuvieron apetito y el dueño de la casa me hizo mil atenciones, nos dio muy buen vino de Hungría, etc. y yo tuve larga conversación con el coronel Koslov, que acaba de llegar de Kherson, contándome las satisfacciones de Korsakov, Mordwinov, etc. A medianoche me retiré a casa.

                     6 de junio

Tuve aquí esta mañana al señor Rost, que me comunicó la lista adjunta de noticias relativas a esta ciudad, su población, etc., según consta por los documentos que tiene el gobierno. Sin embargo, encuentro que no están todos de acuerdo en cuanto a su población, pues el arzobispo Platón me dice que será de 250 a 300.000 individuos y los otros no le hacen ascender más que a 200.000. El medio proporcional será tal vez el más aproximante a la verdad. Es la ciudad de una grandísima extensión. No he podido conseguir un plano, sin embargo; mas qué importa, si hay vacíos en el medio que hacen dudar muchas veces si uno está en la ciudad o en el campo. Las calles Novaya-Basmania —el nuevo Basman— en que los edificios están muy compactos y Tverskaia —calle de Tver— son hermosas, seguramente.

   He estado a comer con los dos Korsakov y allí tuve ocasión de conocer dos oficiales rusos llamados Rakmanov, ambos generales-mayores y hermanos. Tuvimos muy larga e interesante conversación que duró hasta las nueve PM que nos fuimos al Vaux-Hall y me parecen sujetos de muy buen juicio, bello modo y buena instrucción. En el Vaux-Hall hubo baile y mucho concurso de damas muy bien parecidas, que duró hasta medianoche que nos retiramos a casa. Hace hoy un frío de llevar pelliza y así he observado que varias gentes del pueblo la llevan efectivamente, cuando hace dos días que hacía bastante calor.

7 de junio

Vino el coronel Korsakov a las diez y estuvimos en larga conversación por más de una hora. Después el señor Mey, a quien he dicho que el bribón que es su recomendado, porque no le entregué ayer cuanto dinero pedía para una composición que se le prohibió hiciese, a escondidas sacó el carruaje de la cochera y se lo llevó. Después de comer vino La Rosière, con quien tuve larga conversación; también el señor Rost a quien encargué mi carruaje, que aún no aparece y quiero partir mañana sin falta. Envié mi lacayo ruso con puntualidad y dicho amigo me envió cartas para varios comerciantes ingleses en Petersburgo.

Mi criado Carlos, que de mala gana sigue el camino, sin embargo de que está ajustado hasta Petersburgo, me impacientó de manera que le di un rempujón y de aquí tomó pretexto para esconderse en la casa, haciendo semblante de que se había escapado. Le descubro en un cuarto y le mando que salga; no me obedece y le sacudo un par de bofetones, con lo cual echa a correr. Le hago seguir por la guardia que lo atrapa; mas no entendiéndome lo que digo, los soldados lo sueltan y yo le sigo para hacerlo arrestar, él echa a correr por los tejados y me deja solo.

Aquí comencé a experimentar de una manera sumamente desagradable la mala policía del país y lo que un forastero tiene que sufrir con los criados, mecánicos, etc. En fin, llamé al señor Rost, por segunda vez, para pedir un soldado al gobernador hasta Petersburgo y mi calesa, que aún no hay forma de que aparezca. La Rosière me acompañó aún un rato y luego se fue, dejándome solo, sin un individuo en toda la casa que me entendiese una palabra. ¡Qué desagradable situación por cierto! Finalmente concluí mi diario y escribí al mariscal Rumantzov —¡qué buena tranquilidad para el caso!— dándole mil gracias por el alojamiento y aún el coche, que por su orden pagó el ayudante y no quiso permitir que diese yo el dinero. A las diez PM vino últimamente el señor Rost con el pasaporte[9] y diciéndome que no había modo de darme el

9   [Por ucase de su majestad la soberana emperatriz Catalina Alekseevna, zarina de todas las Rusias]
Desde Moscú hasta San Petersburgo, proveer al coronel conde Miranda y a sus acompañantes, tres caballos de Posta, y, donde no hubiera estos, caballos de particulares con guías.
Expedido en la Gobernación Provincial de Moscú el 7 de junio de 1787.
De Su Majestad Imperial y mi Soberana, el general mayor, gobernador de Moscú y Caballero de la Gran Cruz de la Orden Santo-Apostólica, príncipe Vladimiro.

* * *

[Orden del correo imperial de Moscú a los correos en el camino real de San Petersburgo]
Al recibo de esta orden se prescribe:
Todos los correos que estén en las Postas del susodicho camino real durante el paso de su señoría el conde Miranda deben seguir con su Señoría para preparar los caballos y acompañarle de Posta en Posta.
Junio, 7° día del año 1787.

* * *

Instrucciones
En cada Posta, al cambiar de correo, debe éste entregar intactos todos los efectos pertenecientes al conde, al siguiente correo.
En todas las ciudades donde parara, acompañarle a la posada si deseara comer o descansar.
En la ciudad de Tver, indicarle dónde se encuentra la casa del general gobernador.
En todo lo que necesite prestarle ayuda.
Habiendo llegado a Petersburgo, informarse sobre la casa de Levachov, o acerca de la mejor posada y llevarle a ésta.

soldado porque estaban todos, con el próximo arribo de la emperatriz, sumamente ocupados, mas que se vería modo a por la mañana.

No puedo explicar lo desagradable de mi situación, mas no hay remedio. Púseme con mi mayor paciencia a formar mi bagaje, recoger y empaquetar libros, con el corto auxilio de mi lacayo Iván que no me entiende una palabra y a medianoche termine esta fatiga, con lo cual me retiré a la cama un poco resuelto a partir conforme llegasen los caballos y mi carruaje, que aún no había aparecido, aguardando que mi criado entrase mientras que yo dormía y me robara, pues ninguna puerta de dicho alojamiento tiene llave y yo tenía en mi poder sus pasaportes, etc.

8 de junio

Me levanté temprano y escribí al coronel Korsakov para que viniese y me acompañara a casa del gobernador para transigir mis asuntos. Tomé té, me afeité y preparé para salir, cuando entra el señor Rost, asegurándome que todo está despachado y que mi criado y el cochero están en la prisión a mi orden, por la del gobernador, para que sean castigados, etc. Esto me tranquilizó el ánimo seguramente y así le entregué los pasaportes de mi criado para que se los entregara después de una represión. Y así también el dinero para el bribón del cochero, después que estuviese ocho días en prisión (18 rublos me arrancó al fin).

Vinieron los caballos y la calesa, muy bien reparada, con que comencé a aprontarla para la marcha. Y el señor Rost me ayudó fielmente como buen amigo, cuyo servicio no olvidaré jamás, pues el señor Mey no ha aparecido después que me enredó con el cochero, obligándome por una parte a no darle los agradecimientos de los servicios que me hizo y por otra, haciéndome sumo perjuicio por su inexperiencia.

Vino Korsakov a eso de las diez AM y le di mil gracias porque ya su auxilio no era necesario y con el de mi amigo Rost y su autoridad de oficial sobre los criados, ya estaba todo casi aviado. Entré en casa del ayudante del mariscal para despedirme y decirle mis sentimientos sobre su negligencia, al mismo tiempo que para preguntarle si mi criado debía alguna cosa que hubiese tomado en mi nombre, etc. Me hizo sus excusas y efectivamente me parece que todo procedía de ignorancia. Subí a ver la casa en lo principal, que es muy buena y seguramente puede llamarse un pequeño palacio —es dádiva de esta emperatriz al mariscal— mas se arruina el edificio y su mobiliario sensiblemente.

Hice provisión de vino, pan, salchichas, etc., porque ésta es la costumbre del país y a la una PM nos pusimos en calesa el señor Rost y yo, quien me acompañaba hasta la Puerta para darme allí un soldado de la policía que me acompañase hasta la primera Posta, donde, según un pasaporte particular que traía, me darían de Posta en Posta un postillón imperial para que me acompañase. ¡Mas qué hacer con todo esto, si no me entienden una palabra! En fin, llegamos por la calle de Tver a la Puerta que dirige al camino de Petersburgo, donde tomé mi soldado y dije adiós a mi buen amigo el señor Rost, que me asistió con suma fineza hasta la hora de mi partida.

Supe al tomar el carruaje que el conde de Razumovski había llegado el día antecedente de Petersburgo a su casa de campo de Pablovska, a 6 verstas de aquí, junto al conde de Panin y teniendo carta para él de su hijo el conde León, no quise dejar de conocer un hombre famoso como éste en el país. Me dirigí hacia allí y mis gentes que no sabían el camino, ni yo cómo explicárselo, dieron tantas vueltas que no llegamos allí hasta cerca de las tres.

Estaban ya a la mesa. Yo entré y la brillantez del vestido de los criados, etc., oscurecía tanto el mío, sin embargo de que era bastante decente, que un hombre que en una mesa separada comía en la antesala y a quien pregunté si vivía allí el mariscal, me respondió que sí con aire desdeñoso... e inquiriendo que qué quería y respondiéndole que hablarle, con sonrisa y tono insultante me dijo que estaba a la mesa. Yo le respondí que no era en la mesa seguramente que le quería ver, mas que no era sujeto tal vez que lo desmereciese, que daría un paseo en el jardín ínterin concluía la mesa.

Paseé y después de una media hora volví, cuando un ayudante vino a preguntarme si era extranjero. Puede ser, le respondí y entré a ver dicho mariscal, que leyendo la carta me hizo mil atenciones. Hablamos sobre la Grecia, Italia, etc., con sumo gusto y amenidad en su conversación. Me dijo que en el camino había tenido ya aviso de mi persona y que se había propuesto el convidarme a pasar algunos días en su compañía, pues deseaba conocerme, etc. Yo le respondí muy atentamente que estaba ya en marcha y que no podía detenerme. Me instó mucho, sin embargo, para que me quedase, mas mi situación me lo impedía absolutamente, bien que yo ya lo apetecía, pues hallé su conversación sumamente afable y atenta.

Llegaron en esto varios nobles de la primera jerarquía de Moscú, a quienes me presentó de nuevo con suma fineza. Tomamos té y nuestro hombre, ayudante y mujeres que me habían tomado seguramente por un mendigo, por la falta de lacayos, etc., estaban algo sorprendidos. Me decía dicho mariscal que en Petersburgo me aburriría, mas yo le decía que llevaba la idea de ver la revista del rey de Suecia en Finlandia, a que me respondió que no creía la hubiese por este año, porque su hijo que está allí de ministro, se lo habría prevenido seguramente y que así sería mejor que me detuviese en su compañía. Me excusé del mejor modo que pude y partí a eso de las ocho con sentimiento de no tratarlo más tiempo y de recibir su hospitalidad. Me encargó mucho que viese a toda su familia en Petersburgo.

De paso por Misalkova, que es una versta más adelante sobre el propio camino, quise decir adiós al respetable conde Panin y así salté de mi calesa dejándola en el camino. Me recibió este buen veterano con tanto gusto y alegría, asimismo que su hijo el joven conde y la señora Bodé, que fue preciso quedarme a cenar con ellos. Les conté la aventura de mi criado y mi presente situación y todos, con un interés y terneza paternal, me rogaron que me aguardase un poco y me darían un criado fiel que me acompañase... cuya generosidad me obligó tanto que no pude menos que condescender con cuanto quisieron y ¡me hubiera quedado toda mi vida a vivir con ellos!

En fin, despedí mi soldado, la calesa se guardó con seguridad y nos pusimos a cenar con la mayor cordialidad. Después vino el mismo buen viejo a acompañarme a mi cuarto de dormir en el casino del hijo y también la señora Bodé. Yo volví a reacompañarlo a su casa y me contó de camino algunas curiosas anécdotas, entre otras una del mariscal Razumovski, en que éste, viendo la repugnancia de Panin a firmar un papel que no había leído, le decía que él hacía todo lo contrario, que era no leer jamás lo que firmaba, cuyo pasaje no deja de indicar bastante un rasgo del carácter del uno y del otro. Nos despedimos hasta por la mañana y el joven conde, que es amabilísimo, me acompañó hasta la hora de dormir.

9 de junio
Luego que estuve levantado vino el joven conde con una lista de palabras rusas que me había compuesto con su pronunciación para que me sirviese en el camino; libros, frutas, etc. ¡Oh, qué bondad de gentes y qué amabilidad!

Después de tomar té y café, tuvimos leche, manteca, etc. y fuimos después a casa del padre que ya nos aguardaba para ir a dar un paseo al jardín e invernaderos frutales en que habrá más de 1.000 árboles. Cogimos duraznos, albaricoques, etc. y a mí me hicieron mi provisión de frutas para el camino. Aquí tomamos la línea y fuimos a dar un paseo por todos los parajes más bellos —que no son pocos— y hermosas vistas, los cinco con el señor Meré, el ex jesuita. La conversación fue sumamente erudita y tan interesante, que todos nos cebamos grandemente. De vuelta a casa visité los apartamentos de la señora Bodé, en que observé varios y muy buenos libros, síntomas infalibles de la instrucción y del buen gusto cuando se ve que el dueño los maneja. En el gabinete del padre se observan las láminas de Hogarth. Comimos algo temprano, pues a las tres se proponía el conde ir a hacer una visita a los jóvenes grandes duques que han llegado ya a Kalomenskoie.

Después escribí una carta de gracias para el gobernador al señor Rost con mis agradecimientos, de la cual quiso bien encargarse el joven conde y ellos partieron después de las tres para su visita, despidiéndose tiernamente de mí, con mil muestras de amistad y cariño. La señora Bodé aún me quería detener un poco, mas yo huí la circunstancia y así tomé mi carruaje con mi buen criado Alexis y donde encontré infinita provisión de vinos, pastel, ternera, etc. y con notable sentimiento dejé aquellas gentes.

Camino de San Petersburgo

Serían ya las cuatro de la tarde cuando partí y seguí como el viento por hermoso camino y muy bello país a una y otra parte, hasta el lugar de Ezernaya Grais, que son de Moscú 28 verstas, con tres caballos. Y por un camino semejante y país hermosísimo llegué al lugar Vechky, 23 verstas adelante —tres caballos— cuyas casas se asimilan a las aldeas de Holanda y se observa que los habitantes de estos lugares están en mejores circunstancias que los demás que he visto por aquí. Luego por buen camino también, a la ciudad de Klin, 31 verstas adelante —tres caballos— y de aquí por igual camino a Savidovo, 26 verstas adelante, tres caballos. Los postillones van bien hasta aquí y aún no hemos tenido la menor disputa.

10 de junio

Por caminos bastante buenos y un país que seguramente está poblado razonablemente, pues los lugares se encuentran a espeso, llegamos al lugar de Gorodna, 16 verstas adelante, con cuatro caballos y por camino y país semejante a la ciudad de Tver, 28 verstas adelante, seis caballos y pago siempre tres solamente.

Esta ciudad tiene un mejor parecer que las demás y muchos y más mejores edificios de mampostería. Su población se asegura llega a 10.000 habitantes. Llovía bastante y hacía un poco frío, con que entré en una posada bonita y muy aseada, el piso regado de arena como en Holanda y con cogollos de hierbas aromáticas por el suelo. Me sirvieron té inmediatamente, con pan y manteca muy bien por 30 kopeks y proseguí mi viaje examinando la ciudad por las calles principales que son bastante anchas y tiradas a cordón, algunas empedradas y las casas de muy buena apariencia.

Llegamos a las riberas del Volga que pasa por aquí. Estas son elevadas y las casas que están construidas sobre ellas comandan una hermosa vista. Hay un puente formado con doce barcas, mas no pudimos pasarlo porque estaba compuesto para la emperatriz y así descendimos un mal paso y lo atravesamos en una plancha. Llovía y el paso estaba resbaloso como todos los demonios. Este río famoso y el mayor de toda Europa, tendrá aquí como 50 toesas de ancho. Gusté sus aguas que me parecieron muy buenas y seguí mi ruta por camino arenoso hasta el lugar de Mednoe, 30 verstas adelante, cuatro caballos. Inmediato está el Palacio del Señor, construido en mampostería y tiene buena apariencia. Siguiendo por camino arenoso aún, llegamos a la ciudad de Toryok, 33 verstas adelante, cuatro caballos, donde resolví hacer alto porque llovía.

Entré en la posada que era bastante buena y muy aseada. Me sirvieron té e hicieron fuego en la chimenea con suma prontitud y así me senté a hacer mi comida con las provisiones que traía. La lluvia continuaba y mi pobre criado Alexis estaba expuesto en la calesa, con lo cual y porque había allí una muchacha muy bonita que hacía de criada, me resolví a pasar la noche... Esta me procuró una buena cama, que no es cosa fácil en el país y me ofreció venir a dormir conmigo. Era muy bonita y amable su persona, con que me acosté luego y la muchacha vino inmediatamente. Mas encontrando mi criado Alexis que aún estaba allí, la pobre hizo semblante de apagar el fuego y se retiró. Después creo que el ama la encerró, pues yo me levanté a las tres de la mañana e hice poner caballos y marché. Busquela, mas la que estaba de guardia me dijo que dormía y no podía salir ahora. Quise darle alguna cosa a la pobre y si hubiera aguardado un poco más tarde, seguramente la hubiera chapado, pero tuve mis escrúpulos de hacerle mal a la pobre, porque tenía... y así pagué mis 2 rublos que me costó la cama, fuego y té y marché a las tres y media.

11 de junio
Seguí mi camino tal cual, observando que el país aquí comienza a ser un poco montuoso y más quebrado y que las casas de los habitantes están construidas de una hermosa y más gruesa madera, cuyo color exterior es amarillo cuando nueva. Me informé por mi criado y el *svoschik* cuánto costaba una de las que siempre se encuentran en piezas de venta a la entrada de los lugares y me dijo que solo 20 o 24 rublos es el precio común. Con cuatro buenos caballos llegué a Vidroposvsk, lugar a 38 verstas del antecedente y se encuentran a menudo lugares varios sobre dicha ruta.

De aquí partí por caminos y país semejante, con cuatro caballos, hasta la ciudad de Vischnei Volotchok, 33 verstas del antecedente, famosa por el canal que allí une el Tverza y el Msta, dos pequeños ríos que descargando, uno sobre el Volga y otro sobre el lago Ladoga, forman la comunicación por agua del Mar Caspio con el Báltico. Aquí, en casa del maestro de Posta, me sirvieron té muy decentemente, en un buen apartamento, por 25 kopeks y seguí paseando el canal hasta las esclusas, ínterin me habilitaron caballos que vinieron a buscarme más abajo, donde están las esclusas de dicho canal, sobre el propio camino, que examiné despacio y están muy bien construidas y el canal bien cuidado, que me parece tendrá aquí una versta o poco más. El plano que da el señor Coxe me parece exacto. Esta ciudad tiene buena apariencia aunque sus casas son de madera y los efectos del comercio y la industria se perciben muy distintamente.

Seguí el camino. A poca distancia se pasa el río Schlino e inmediato está un gran monasterio, a cuya puerta hay una imagen con su alcancía y mi ruso postillón no dejó de apearse, santiguarse tres veces y poner allí su limosna, cuya piedad compone en el día la mejor renta de los frailes aquí. El camino es terreno cenagoso y así está todo formado de calzadas con madera, al modo ruso, que es un infierno para el que se sacude en su coche o *kibitka*... y bien aporreado llegué con cuatro caballos al lugar de Jotilovo, 36 verstas del antecedente. Se observan unos términos en el camino, poco antes de llegar, que naturalmente son los de la Provincia.

Continué mi camino por un país semejante al antecedente, cenagoso y cubierto de bosques, que suministran tanta madera que las gentes la desperdician a la verdad, pues en la provisión que se ve hace cada paisano para su consumo y la madera que se gasta para reparos y en formar dicho camino o maldita calzada, apenas se puede formar idea de que la madera tenga valor en este país. Es verdad que desde aquí hasta Petersburgo, el camino está cortado por medio de un bosque espeso y continuo y apenas se observan señales de agricultura, cerca de los lugares. Llegué con tres caballos a Jedrovo, 36 verstas del antecedente. Y seguí por mejor camino y un país hermosísimo, con colinas y pequeños lagos por todas partes que lo hacen sumamente pintoresco y agradable, hasta las once PM que llegué a la ciudad de Valdai, 20 verstas adelante, famosa por la hermosura y libertad de las mujeres. En la Posta me quisieron alojar, mas no valía un diantre la casa y así seguí a la posada de la ciudad que está dos verstas más adelante y que dos muchachas que allí estaban vendiendo pan en rosquillas, me la anunciaron. El posadero dormía mas se levantó a nuestro llamado y con un colchón que me dio y mis sábanas, compusimos una cama tal cual, en que dormí grandemente con la esperanza de ver mañana las bellas muchachas del país.

12 de junio

Por la mañana tuve mi té y leche y por todo solo me pidieron medio rublo. Llovía bastante y así no apareció ninguna de las ninfas de Venus que tienen tanto renombre aquí. Vinieron, sin embargo, algunos ninfos a jugar al billar en una mesa que hay en dicha posada. Eran ya las nueve cuando partí y así observé en las calles varias de dichas ninfas que vendían sus panecillos en rosquillas, mas no me parecieron ni hermosas ni lúbricas... ¡tal vez las bellas huyen del agua!

En fin, con mis cuatro caballos seguí mi camino semejante al antecedente y conducido por un muchacho que apenas tendría once años. El país es como el antecedente y cubierto de lagos por una y otra parte que es una hermosura, mas no se ve siquiera una sola casa de campo en tan amena situación. Noté, en algunos pequeños pedazos de agricultura que araban y sembraban actualmente, la imperfección en que este esencialísimo arte está aún en el país. El arado es de una construcción particular, formando como dos puntas o uñas y corre tan ligeramente sobre la tierra que un solo caballo a veces basta y he visto que lo arrastraba volando. Esta causa solamente bastaría para el poco fruto que se observa da aquí la agricultura comparativamente a otros países en que está mucho más perfeccionada. Llegué finalmente a Sajelbizy, 23 verstas adelante.

Con cuatro caballos seguí adelante por caminos semejantes y un país ameno e interpolado de lagos como el antecedente, mas sin cultura ni población, sin embargo y llegamos a la pequeña ciudad de Krestsi, 38 verstas adelante, que no está mal construida y la entrada forma una buena calle con su hermosa perspectiva de la iglesia que está al remate, sus faroles para iluminarla por la noche, etc. Entré en una pequeña posada, cerca de la Posta, donde me sirvieron té perfectamente en un cuarto sumamente decente e inmediato había su alcoba, con su buena cama, etc. Desenvolví mis provisiones e hice aquí mi comida y cena a la vez, según la moda del país.

Visité algunas casas de paisanos y noté que éstas son mucho más amplias y aseadas que las de otras partes de Rusia y asimismo observé que en casi todas hay un telar de lienzos blancos del país, que no son malos para el vestir de la gente inferior. Pagué mis 30 kopeks por el té, pan, etc.; vi ordeñar una vaca a una muchacha que me escondía la cara al mismo tiempo que me enseñaba hasta la cima del muslo. Seguí con cuatro caballos por un buen camino hasta Sayzovo, 31 verstas adelante y aquí se observa un buen palacio, naturalmente del señor del lugar.

13 de junio

Como ahora no hay noche aquí absolutamente, es un gusto viajar continuamente, sucediéndome muchas veces que a medianoche podía leer muy cómodamente en mi calesa y así seguí hasta la aldea de Broniza, 21 verstas adelante, situada sobre el río Msta que pasamos sobre un puente de madera o balsa estrechísima. A cosa de 2 verstas, antes de llegar a dicha aldea, está un montezuelo que se eleva en forma cónica en medio de una gran llanura y sobre la cima hay una iglesia de mampostería, desde cuya altura se goza una hermosísima y extensa vista de todo el país adyacente. Partí luego, después de este paseo y con tres caballos solamente marché hacia Novgorod, por un malditísimo camino de calzadas de palos a la rusa. Y aunque una mitad estaba compuesta para el pase de la emperatriz, no se podía tocar, según la máxima general y así teníamos que ir por fuerza por degolladeros. Encontramos infinitas manadas de ganado vacuno que se conduce para el consumo de Petersburgo y la mayor parte vienen de Ucrania, a más de 1.200 verstas de aquí.

Pasé el pequeño río Volkovetz sobre una pequeñísima barca y llegué finalmente a Novgorod, 35 verstas adelante, cuyo aspecto manifiesta una antiquísima, grande y arruinadísima ciudad. La generalidad de sus edificios son de madera en el más antiguo gusto ruso. La ciudad está circundada de una gran muralla de tierra, con sus antiguas torres a pequeñas distancias y no faltan iglesias en abundancia. El río Volkov, que es hermoso, la divide en dos partes que se llaman el barrio de comercio y el de Santa Sofía, que están unidos por medio de un puente, mitad de ladrillo y mitad de madera. Fui a la posada para tomar una taza de café, mas hacía un frío de pelliza y no había un cuarto caliente, con que me fui a la casa de un paisano y allí, que nunca falta calor, me hicieron té con leche, pan, etc., que me fue de gran refrigerio contra el frío del demonio que hacía en esta estación.

En fin partimos con tres caballos y encontrando caravanas de *kibitkas* de más de una versta de largo, sin más que ocho y diez hombres que dirigen, los caballos siguen por sí mismos. Hubimos de atravesar un maldito camino de calzadas rusas de 22 verstas, hasta el lugar de Podberesie, donde mi criado Alexis me dio la noticia de que no encontraba el *paderos*, que sin duda se había quedado en Novgorod y que el maestro de Posta no quería dar caballos. Me acordé que yo había guardado el pasaporte del mariscal Rumantzov y así lo saqué y éste remedió nuestro trabajo sin detenernos un instante.

Seguí con otros tres buenos caballos mi camino, por fuera del camino real, que se forma de calzada magnífica y mampostería, según el nuevo plan de la emperatriz que quiere se haga todo así hasta Petersburgo, con sus puentes de piedra y toda magnificencia, mas no hay concluida aún una Posta. La parte por donde ahora se transita y nosotros tuvimos que pasar, es lo peor que quiera imaginarse y la continuación del monte seguido le da un aspecto lúgubre y sumamente triste; ni agricultura ni población alguna, sino de cuando en cuando y a considerable distancia una aldea y apenas un poco de terreno cultivado.

Así seguimos hasta Spaskaya-Polista, 24 verstas adelante, donde entré a examinar varias casas de paisanos que están construidas en el mismo gusto que llevo observado y están aseadas interiormente y con comodidad para vivir. Era domingo y así se divertía la gente moza, que estaba por la misma razón, bien vestida. Unas muchachas se mecían grandemente en su cuerda, sin dárseles cuidado de que les viéramos las piernas, sin embargo que pasaban de los quince... costumbre. Un postillón que llegó con un correo de Novgorod me trajo el *paderos* olvidado y le di su regalo, con que quedó contento.

Seguimos con tres caballos el camino que por fortuna era bueno, pues se ha preparado para la emperatriz y por buena suerte dejan pasar a los demás. Un niño que apenas tendrá ocho años nos conduce y bien, que es lo más singular... ¡efectos de la costumbre en que somos criados! Y así llegamos a Chudovo, 24 verstas adelante. Aquí tomé té y un poco de mis provisiones que, ¡pardiez!, venían al caso, pues no había comido en más de veinticuatro horas. El cuarto no era malo, mas había allí una enferma que recibió visita de sus amigas ínterin yo hacía mi comida. Pagué mis 30 kopeks y ellos quedaron contentos.

Me informé aquí de nuevo de la observación que el señor Coxe hace de que un paisano casa muchas veces su hijo de nueve años con una muchacha de dieciocho y cohabita con ella hasta que su hijo tiene edad y así resulta de que le hace tres y cuatro hijos, etc. y me aseguraron que es cierto... cosa singularísima. Con tres caballos seguí por buen camino hasta Litiban, 32 verstas del antecedente y siempre a la entrada de estos lugares se observan casas preparadas para venta, esto es, que no hay más que montarlas. Una cuesta 24 rublos, según me informaron aquí. Es un gusto realmente poder viajar y leer a medianoche con la claridad del día.

14 de junio

Con tres caballos seguí por buen camino y el mismo bosque continúa hasta Tosno, 26 verstas adelante. Aquí encontré que me decían que la Posta no tenía caballos, que era menester que yo los buscase de los paisanos, para jugarme el mismo pasaje que al llegar a Moscú, mas como yo, para resguardo, había hecho poner en el *paderos* que los tomasen de los paisanos si no los había, les di un grito, les hice leer la cláusula y se compuso la cosa, que de otro modo me hubiera quemado la sangre. Y vea usted si no aparece el *paderos*, ¡qué jeringa! Ínterin tomé café, que me hicieron prontamente y seguí mi ruta.

Con tres muy buenos caballos seguía a razón de 10 o 12 verstas por hora, que es lo más que corre esta gente, por buen camino hasta la villa de Sofía, que es un nuevo establecimiento construido por la emperatriz en Zarkoie-Selo, su palacio de campo, a 38 verstas adelante. Aquí, ínterin ponían caballos, me fui a dar un paseo por este hermosísimo jardín y admiré una ruina que estaba inmediata y la puerta o arco triunfal de Orlov, la columna rostral, etc. Y con tres caballos, aún seguí por un hermosísimo camino en línea recta de 22 verstas a Petersburgo. Este camino está muy bien iluminado por ambas partes y con sus marcas miliares de elegante forma y de muy rico mármol. Hay hasta Petersburgo desde Moscú 730 verstas, según yo he pagado.

San Petersburgo

A las nueve y media de la mañana llegué a la ciudad y encontré, por fin, después de haber dado algunas vueltas, la casa del general Levachov, en el Gran Morskoi, el cual me había hecho el favor de darme una carta en Kiev para que su hermano, el coronel Levachov, me alojase en los apartamentos del general en Petersburgo. Le hice entregar la carta a dicho coronel, que aún dormía y los criados no me hicieron caso porque no venía con pompa asiática. Al fin vino el dicho señor y me preguntó dónde estaba el conde de Miranda. A que le respondí que allí mismo, con que me hizo sus reverentes excusas y nos entendimos. ¡Válgate Dios por usos frívolos y aparentes! Tomamos café y quedamos allí en conversación hasta el mediodía que comimos y después me puse a componer mis cosas en los cuartos que se desocuparon. Hice buscar un criado que hablaba un poco de francés y me pidió 30 rublos al mes —qué diablo de precio—, un coche con cuatro caballos, 90 rublos al mes y fue preciso conformarse.

El resto del día lo pasé en casa bastante fatigado del camino, frío, calor, lluvia, etc.

15 de junio
Me vestí y fui a entregar varias cartas de recomendación que traía, según la lista adjunta.

* * *

La mayor parte de las gentes estaba en el campo y así encontré pocas en casa. La vieja condesa de Rumantzov fue una con quien tuve larga conversación y asimismo con su hija, la señora princesa Trubetzkoi, que estaba allí también. Me informó la vieja de muchas cosas relativas a la vida privada de Pedro el Grande y me enseñó esta casa que es la misma que edificó y en que vivió dicho emperador, que decía a su mujer: «Vivamos como buenos burgueses holandeses, que después que yo me desembarace te haré un palacio para que vivamos como emperadores». Me enseñó un crucifijo que el mismo Pedro I diseñó con un cuchillo sobre la puerta de la sala y una pieza de madera, regalo del Elector de Sajonía al mismo Pedro, en que en tres muestras se manifiesta el curso del tiempo, la dirección del viento y la fuerza del viento por una veleta que corresponde al tope de la casa. Vi su cuarto en que dormía, en el que torneaba, etc. y es de admirar cómo esta mujer que tiene ya 100 años está fresca, se viste y adorna y conserva una feliz memoria. Su hija también tiene modo elegante y buena conversación. Aquí estuve hasta la hora de comer que vine a casa y comí con Levachov.

Después salí a concluir la distribución de mis cartas y entré en casa del señor Anderson, comerciante inglés con quien tomé té y tuve agradable conversación hasta las nueve que me retiré a casa a leer.

16 de junio

Hace una lluvia y frío del demonio, así pasé la mañana en casa. He tenido varias visitas, mas ninguna vale cosa. La señora Ribas me avisó que me aguardaba mañana por la tarde. Muy bien.

Esta tarde he estado a ver la famosa casa del príncipe Potemkin, que está cerca de las Guardias a Caballo y es, a la verdad, una singular y buena pieza de arquitectura: una gran sala rotonda precedida de su vestíbulo y antesala, otra en forma de circo romano, con otra, mayor aún, cuadrilonga, con un gracioso templo rotondo en medio y divididas estas dos por una magnífica columnata orden Jónico, según las del Templo de Erectea en Atenas, componen los cuerpos principales de este magnífico edificio, cuyos adornos y proporciones son del buen gusto griego. Y puede decirse, desde luego, que entre los modernos edificios, es aquel que más se aproxima a la esplendidez y magnificencia de las Termas romanas que en ruinas vemos hoy por Italia.

Visité todos los apartamentos altos y bajos en que encontré arabescos de sumo gusto y en uno de ellos el modelo de la columnata y fachada de la iglesia de San Pedro en Roma, de madera, tal vez la que se trabajaba en el Palacio Farnesio, cuando yo estuve allí. Las dos alas que se construyen ahora, le darán suma extensión y gracia al todo, mas examinando los materiales de que se hacen, hallé que no eran buenos absolutamente, ni el ladrillo ni la mezcla, de que resulta el que con facilidad se arruinan, como ya comienza a experimentarse. Lástima realmente que un conjunto tan hermoso no esté hecho de una materia más sólida. El jardín se comienza a formar en el gusto inglés y lleva muy buena traza y dirección.

Vi asimismo ejercitar un escuadrón de la *Garde à Cheval* o caballeros guardias, que no están malos en su montura y disciplina y después que concluí de pasearme por el jardín del príncipe y por toda su casa, arriba y abajo, me vine a casa a las nueve y media, donde encontré varios billetes de visita. Vino una buena moza a las diez y media, que me envió la capitana Ana Petrovna, hablaba un poco de francés y así nos entendimos muy bien. A la cama luego y la chapé tres veces hasta las ocho de la mañana que se retiró... Me costó 10 rublos y aún no estaba contenta la abadesa, que me envió a decir con mi criado, era poco, pues debía dar al menos 25 rublos.

17 de junio
Estuve en casa leyendo la mañana. Tuve algunas visitas y a las tres me fui a comer a casa del señor Anderson, que tuvo muy buena y sociable compañía y allí conocí al señor Moubry, su compañero señor Kelly y el señor Walker, grabador de la emperatriz, etc. Tomé té en esta compañía y queriendo partir a casa de la señora Ribas, encontré que mi coche se lo había llevado mi criado que fue en él a emborracharse a la taberna y vino ya tarde sin poderse tener.

En fin, llegué a casa de la señora Ribas, que ya me aguardaba con impaciencia y que ya había creído que no venía. Le expliqué la razón y tuvimos larga conversación en que me parece carácter singular... Quedé convidado para comer allí el domingo y me despedí cerca de las nueve, teniendo que venirme a casa pues mi criado no podía abrir los ojos de la borrachera y tuve que dejarlo allí muerto. Escribiendo.

18 de junio
Por la mañana en casa, leyendo libros relativos a Rusia, Petersburgo, etc. y escribí una nota al general Orlov para que me permitiese ver el «Ermitage» o Palacio de la emperatriz que lleva este nombre y está unido al Gran Palacio de Invierno. Me respondió que a las cuatro PM estaría todo pronto.

Pasé a esta hora a casa del señor Walker, a quien encontré con su mujer, hermosa inglesa y me enseñó algunas obras de su mano y el retrato del señor Mamonov que se hizo en Kiev y estaba ya grabado por orden de la emperatriz... y fuimos juntos al «Ermitage». Comenzamos por las pinturas que cubren todas las paredes de este palacio y seguramente no serán en menor número que 3.500 a 4.000 cuadros, de donde debe inferirse que todos no son buenos. Hay, sin embargo, soberbias piezas, no en la escuela italiana que es aquí la más inferior, mas sí en la flamenca, holandesa y española... El mejor Murillo, acaso, que yo he visto, está aquí en un San Juan, de tamaño casi natural que halaga un cordero, pieza inimitable y una Huida a Egipto que el señor Whiton, graba actualmente. También hay un buenísimo Velázquez, entre otros; una Venus que se da por original de Ticiano y otros de Correggio, no me parecen rasgos dignos de semejantes maestros. Mas hay soberbísimos Van der Werff, Rubens, Van Dyck y sobre todo de Teniers, que es la más rica colección suya que he visto. También se ven algunos buenos Poussin y dos cuadros de la viviente Angélica Kaufmann, que me gustan infinito y seguramente manifiestan el traje y bella forma griega antigua, mejor que ningún otro pintor hasta ahora.

El jardín de invierno elevado sobre bóvedas a la par de las salas y el de invierno, son obras curiosas del señor Betzky y en este último hay una cantidad de pájaros del Asia, América, etc., que por la variedad y hermosura del plumaje, como por la melodía de su canto, forma un paraíso seguramente.

Estuvimos en el teatro que asimila bastante a la forma que Palladio dio al suyo en Vicenza. De aquí pasamos a una galería en que se colocan copias de las galerías del Vaticano, de Rafael, sobre madera, cuyo trabajo si fuese bien ejecutado, parecería aún mejor que aquéllas, pues una buena parte apenas se descubre ya. Cuando esta galería esté concluida, hará sin embargo un bello efecto.

El relojero de Su Majestad, un inglés, hizo sonar una pieza de relojería que hay allí, hecha por los *hern-huters* que están sobre el Rin, cosa maravillosa y no sé si el mecanismo, la obra de madera o los adornos en bronce, sea lo más admirable. Finalmente, no he visto jamás ni mejores maderas ni más perfecto trabajo en los días de mi vida. Una colección de escritorios, mesas, etc., de caoba, trabajados por la misma manufactura, confirma lo mismo. Y Su Majestad ha gastado en comprar estos muebles cerca de 100.000 rublos, dignamente, en mi opinión, pues es una de las más perfectas cosas que contiene «Ermitage» y si fuésemos a hablar de lo bien acabada que está cada pieza, sus adornos en bronce, etc., no acabaríamos. En la forma podría darse más perfección en algunas, no hay duda.

Si consideramos el conjunto de estas pinturas y obras de arte, no podemos menos que extrañar, sin embargo, cómo se tolera que al lado de un gran cuadro o de un milagro de la invención esté un mamarracho o una vulgaridad, ¡y éste es el hecho!

A las nueve me retiré y vine a casa, mi cabeza llena de pinturas, estatuas, jardines, etc., cuya reflexión me ocupó toda la noche, considerando cuánto un solo hombre posee y cuán poco otros, al mismo paso que encontramos aquellos que perecen de hambre!

19 de junio

Por la mañana tuve recado del duque de Serra-Capriola, para quien traje carta, de que el conde de Ostermann me convidaba a comer en su casa de campo, a 7 verstas de aquí, hoy a la una y media PM. Me vestí y dirigí hacia allí a la hora señalada, quedando aturdido de cuántas bellísimas casas o palacios de campo se encuentran sobre este camino o por mejor decir calle campestre de la mayor magnificencia.

Llegué a la hora asignada a la casa de este ministro y no hallé en la sala ninguna persona de mi conocimiento. Hice mi cortesía a las damas y sujetos que allí había, se me respondió y ninguno hizo caso. Yo me senté a un lado con la misma indiferencia, hasta que vino el duque de Serra Capriola y me habló por la primera vez, presentándome a la señora de Ostermann, que salió poco después y así a otros, al señor de Markov, etc.

Vino después el conde y fui presentado igualmente. Nos pusimos a comer y entre otras cosas, se habló del título que el príncipe Potemkin acababa de obtener y si era hereditario o no. Dije yo que sí seguramente, como el de los romanos y entre otros el de Escipión el Africano. Markov, con su aire francés, dijo que no y yo le respondí que sin otra autoridad, ello no sería más que su opinión particular. Y vi que esto había gustado a los demás, que según después supe, estaban tiranizados en sus discursos por este señor erudito. Concluyó la comida y yo manifesté al conde que, habiendo tenido el honor de conocer y ser bien recibido por Su Majestad la emperatriz, desearía por el mismo motivo, lograr el ser presentado a Monseñor el gran duque, etc. Y me respondió que le avisaría y me comunicaría la respuesta inmediatamente. Con que me retiré y él me ofreció su casa, etc.

Llegué de paso a casa del príncipe de Kurakin, chambelán, para quien traje cartas de mi amigo el conde P. de Panin y tomé té en su compañía en su casa de campo; me hizo conocer a su mujer y me convidó para que mañana fuésemos juntos por la tarde al jardín del señor Narischkin, copero mayor de Su Majestad imperial, que es el punto de reunión de las gentes primeras, en esta estación... y así, de paso, dejé un billete a los señores Narischkin, que viven inmediatos, en la campiña adjunta a ésta y derecho me fui a casa a leer.

20 de junio
Por la mañana consultando libros y catálogos de las cosas del país y por fin he encontrado un plano, que aunque viejo y mal grabado, me ha hecho la Academia pagar 3 rublos.

A la hora de comer, a la una, me hallé en casa de la señora de Ribas, que me presentó al señor Betzky, respetable y caballero, buen viejo. Allí había varios ministros extranjeros y el Encargado de Negocios de Francia, señor Belland, que aún no me había visitado. Se hablaron varias cosas y entre otras, de los jesuitas, con que versó la conversación sobre el señor de Calonne, el ex ministro de Francia y queriendo este señor presumido apoyarle, le dije no sé qué argumento que le hizo callar y no dejó de mortificar su amor propio.

Después de comer tuve una larga conferencia con el señor Betzky, que me agradó infinito y quedamos en vernos a menudo y con amistad. El barón de Nolken, enviado de Suecia, me convidó a comer mañana y me informó que las Revistas en Finlandia habían sido efectivamente y que Su Majestad debía partir mañana, según las noticias, cuya información me dio sumo pesar, pues si lo hubiera sabido inmediatamente que llegué aquí, tenía tiempo para haberlas visto dos días al menos. Mas quién hubiera pensado que el mariscal de Razumovsky y Levachov, que me informaron no haber nada, se equivocasen o ignorasen una cosa semejante. ¡Este es el caso, sin embargo!

De aquí pasé a casa del príncipe Kurakin, con quien tomé té y pasamos al jardín de Narischkin, que paseamos muy bien aunque con un tiempo nada agradable, pues hacía húmedo y fresco. Después encontramos allí los amos, que me hicieron mil agasajos y la señora Narischkin, viuda del montero mayor de Su Majestad imperial, que entre ella y su prima me tomaron por el brazo para enseñarme el jardín de nuevo, que la señora Narischkin me decía ser obra toda de sus manos y dirección. Y efectivamente, cuando se considera que el todo está fundado sobre un pantano, es admirable lo que la industria ha podido hacer... Todo el mundo tiene acceso aquí los domingos y hay criados pagados que mueven los puentes y barcos para que pasen las gentes, etc., mas hay demasiada agua y poquísima tierra en mi opinión.

Vinimos de aquí a la casa, me enseñaron los invernaderos que hay en el otro jardín y me enseñaron toda la casa interiormente, que está alhajada y dispuesta con sumo gusto. Y aquí me quedé a cenar con estas amabilísimas gentes en cuya sociedad estuve hasta medianoche. De vuelta a casa me metí en la cama, no poco fatigado de tanto hablar, paseo, cumplimientos, etc.

21 de junio

Malísimo tiempo de lluvia, etc. A las dos me fui a casa del barón de Nolken que me aguardaba a comer. Me presentó a su señora, una sueca hermosa y a la señora Tcherbinin, hija de la princesa Daschkov, que vino también a comer —me parece sujeto del temple de su hermano— y a un príncipe de

Hesse, que sirve aquí en los Caballeros Guardias. Es joven de unos veintidós años.

No sé cómo demonio vino aún la conversación sobre las finanzas de Francia y el Encargado de Negocios se mezcló en apologías, de modo que se le dijo algo sobre el clero de Francia, que le mortificó aún más que el día antecedente, porque las damas y circunstantes rieron. En fin, se acabó la comida y yo tuve una larga conversación con el señor Epinus —un alemán, preceptor que fue o es del gran duque— bien interesante e instructiva, relativa a este país.

A las cinco me despedí. Las damas ensayaban una comedia francesa y yo me fui a casa del señor Betzky, con quien tuve muy buena sociedad y asimismo la de la señora Ribas en cuya compañía cené y estuve hasta más de las once. De vuelta me puse en la cama y después de medianoche, veo que entra en mi cuarto un oficial del conde de Ostermann, diciéndome me hallase mañana antes de la una de la mañana en Gatchina para ser presentado a Su Alteza el gran duque. Mi criado se había retirado y yo no podía, por consecuencia, dar a esta hora orden ninguna relativa a la partida. Me informó que había 45 verstas de distancia. Muy bien, sin embargo y a dormir.

22 de junio

Mi criado vino a las ocho y le envié inmediatamente a que me aprontasen el coche con seis caballos y yo me puse a afeitar, peinar, etc. Por más que me di prisa no pude partir de aquí hasta cerca de las diez y marché cuanto pude hasta llegar allá, que era la una y diez minutos. La comida estaba ya llevándose a la mesa y el conde de Puchkin, que debía presentarme, se hallaba enfermo. Yo apresuré al ayudante, sin embargo y un chambelán vino —el joven conde de Tchernichev— que me introdujo en la sala y me presentó primero a la gran duquesa (yo no le besé la mano porque no lo sabía, mas advertido después por Serra-Capriola, hice mis disculpas después de comer y ella se ruborizó diciéndome: «¿qué cree usted que yo estoy *sur le qui-vive*? Eso no es nada, el duque sin duda se lo ha dicho a usted y no era necesario», después al gran duque, que ambos me recibieron con suma benignidad y agasajo, conversando todo el tiempo conmigo hasta que fuimos a comer, un cuarto de hora después. A mí se me había dicho que no comían hasta las dos y comen a la una.

Me hicieron sentar enfrente de ellos a la mesa y hablamos todo este tiempo de cosas de España, de América, del príncipe de Nassau, contra quien me parece están prevenidos, etc. Después aún hablamos del jardín, de su familia y me preguntó la madre si no había visto sus dos hijos en Moscú, a que me excusé diciendo que justamente había sabido que llegaron el día de mi partida. Se retiraron después y yo me fui a pasear el jardín con un oficial que quiso bien acompañarme, pues ningún ministro me ha servido sino de hacerme todo el mal posible; no sé si sea efecto de la envidia o hábito de malevolencia entre estas gentes.

Volví de mi paseo a las cinco y a las seis aparecieron sus Altezas. Me enseñaron juntos sus apartamentos interiores, en que noté libros, música, labor, etc., que son signos de ocupación y virtud. La cama está en forma de una tienda y esto me dijo que era idea del príncipe Orlov, después me convidaron a dar un paseo para mostrarme el jardín y fuimos dando una gran vuelta. Nos acogimos bajo un toldo porque comenzaba a llover y continuó tan fuerte que fue menester seguir mojándose. Él me prestó un *surtout* suyo y seguimos por el agua hasta llegar a una choza que representa exteriormente una pila de madera y por dentro un rico y elegante pabellón con sofá, espejos, etc. Aquí había una elegante merienda y ella me manifestó, en una rinconera de espejos, que repite tres veces el objeto, un ramo de flores artificiales hecho de su mano, que es buena cosa. Tomamos té y después vinieron coches en que nos retiramos al palacio, porque la lluvia continuaba fuerte.

Cenamos a las ocho y media a la señal de un cañonazo y continuamos en mucha jovialidad todo el tiempo que duró la cena, que sería hasta las nueve y media. Hubo un poco de conversación en la sala y a las diez se retiraron ellos y nosotros nos fuimos a dormir. Yo fui alojado en un salón que contenía una colección de pinturas. En cuatro grandes cuadros estaba representada la acción de la Escuadra sobre las costas de Anatolia, de *papier maché*, según me dijeron obra inglesa; un cuadro de Giordano que representa Adán y Eva echados del Paraíso, no malo, etc. Está todo dispuesto con gusto y magnificencia. Al entrar se pregunta a los que vienen si se quedan a dormir y se les señala un criado, o lacayo de la Corte que les sirve. Encuentro una muy buena cama, toilette, hidromiel para beber, etc. Me han asegurado que a veces se hacen aquí hasta 270 camas para huéspedes, cuando ocurre fiesta, etc.

23 de junio

A las diez me levanté y después de tomar café, me fui sobre una torre del palacio para ver todo el jardín y país circunvecino. Efectivamente se descubre una gran vista desde este paraje, Zarkoie-Selo, etc. Y al pasar por un cuarto de los altos, vi dos cuadros que representan el suceso de la Escuadra y tropas rusas en Lemnos. Descubrí algunos carabineros que ejercitaban para montar la guardia y así tomé un *surtout* y me fui allá, les vi montar la guardia que me gustó mucho, pues están tan bien disciplinados como las tropas prusianas.

Luego me fui a vestir y un cuarto de hora después de mediodía vinimos a la sala, cuando ellos salieron. Me preguntó qué me había parecido aquella tropa y yo le dije mi opinión, con lo cual me tomó por la mano y apretándomela fuertemente me dijo: «Amigo, éste es mi modo de pensar y no puedo remediar nada; mas hacen lo contrario por esto los que me denigran, etc., etc.». Estaba ya fervorizado y esto me enterneció. En otra ocasión me dijo: «¿Qué he hecho yo? Nada aún... hijos solamente». Hablando de que se apresuraban mucho las gentes en construir los edificios y así no eran sólidos: «La razón es, me dijo, porque en este país nada hay seguro y así todos quieren gozar, porque lo que vendrá mañana no es cierto y por ello se solicita el aprovecharse del momento». ¡Qué diantre de idea! Y no hay duda que hay mucho de verdad en ella. Decíame también: «Para que Cronstadt sea, bien hallo razón, mas para que Petersburgo sea, ninguna. Y si no, ¿qué capitales tenemos que sean fronterizas?». Hablando de que no dejan ver el Palacio de Mármol, decíame: «Y la prohibición es, dicen, porque algunos lo hallaban mal, como si el decir su opinión cada uno no fuese mejor que lo contrario».

A dos tiros de cañón, uno que anuncia cuándo se prepara la mesa y el otro cuándo está servida, marchamos a comer. Me hicieron sentar como el día anterior y hablamos de literatura y de la obra del Salustio que compuso el infante don Gabriel y qué gusto tenía éste por la literatura, etc. Me preguntaron aún por Nassau y yo dije que me parecía tenía un gran deseo de formarse un nombre en el mundo y ella me dijo bajo, que Eróstrato también lo había tenido. En fin, después de comer me despedí y él me convidó para que viese maniobrar un día su regimiento y ella para que fuese a Pavlovsk, el día de su marido, que era inmediato. Él me había ya también convidado para las fiestas inmediatas y así me dijo: «Ya ve usted, que yo no le he dicho nada a ella». Yo les di mil gracias por el honor tan grande que me hacían y me despedí. Tomé dos letras del conde de Puchkin, para que me enseñasen Zarkoie-Selo y a las tres partí.

Llegué a las cinco con una lluvia del demonio, mas sin embargo envié mi billete al comandante e inmediatamente vinieron los criados que abrieron todo el palacio. La escalera principal es mezquina al modo inglés. La gran sala, magnífica y con mil adornos de arquitectura y dorados, Cariátides, etc., de mal gusto, que no llevan pie ni cabeza. Los apartamentos de la emperatriz que vienen de acabarse, son riquísimos. Primero, una sala bastante grande incrustada de lapislázuli en las paredes y madreperlas en el pavimento, con columnas, etc. Segundo, un cuarto bastante estrecho en el gusto turco, con pintura encarnada de esmalte rojo sobre plata, que encandila y una cama arrinconada detrás de un parapeto que la cubre. Tercero, otro cuarto, también estrecho, por el mismo gusto, esmalte verde, etc. Otro cuarto pequeño, que tiene pequeños arabescos en las murallas por el gusto de los de Rafael, me gusta más. Cuarto, otro cuarto mayor que el antecedente, por el gusto antiguo con medallas, bajorrelieves, etc. Este es de mejor gusto.

Luego pasamos al baño que es un pedazo separado del otro edificio, aunque unido y éste tiene varios apartamentos a la manera antigua, muy ricos y de bastante gusto. Los bajorrelieves y medallas son bien escogidos. Sobre una chimenea está un bajorrelieve de Apolo y las Musas y en el otro, un sacrificio, creo. Abajo está el tanque para el baño, muy bien y más adentro un baño ruso, que no es mala cosa para la salud, particularmente en el invierno.

Subimos por una escala *alumaca* hecha con suma ligereza y gusto, que parece está en el aire, con su balaustrada en el gusto inglés por el señor de Camerón, arquitecto inglés y aquí vi colocadas cuatro buenas estatuas antiguas donde nadie las ve ni las oye, pues ésta es una escala excusada y así también hay mal colocadas otras copias en bronce del Apolo del belvedere, el Mercurio de Villa Médicis, etc., que se han vaciado en Petersburgo. Después pasamos a una gran galería cubierta o cripto-pórtico para pasearse en el mal tiempo, bien extensa y hermosa, con columnata y pórticos alrededor que comandan hermosa vista y el gusto y proporciones de las columnas orden Dórico, es muy bueno. Estas son de estuco, me parece. Luego pasamos a ver los apartamentos de la mano izquierda del palacio, que pertenecen a los grandes duques. Es una enfilada de salones con poca diferencia, como la generalidad de las de este palacio y malos plafones, excepto dos. Uno guarnecido todo de ámbar con bajorrelieves de lo mismo, la cosa más rica en su especie que he visto jamás, dádiva, según me dijeron, de un rey de Prusia y otro que contiene varios cuadros que guarnecen las murallas todas, unos de medianísimo mérito y otros bastante malos. Entre ellos consideré dos que representan la batalla de Poltava y la persona de Pedro I se conoce, muy bien retratada, como igualmente la de Tcheremetiev y Mentchikov, etc.

Luego está el apartamento que sirve de tribuna y da sobre la capilla o iglesia de la Corte. Los apartamentos en que duermen los grandes duques, no vi porque estaban cerrados y como llovía tanto, no quise detenerme a ver el jardín, dejándolo para otra ocasión. Me vine a casa donde llegué a las diez PM y encontré que Narischkin, el copero mayor, me había hecho un regalo de frutas e hidromiel. ¡Buenísimas gentes!

24 de junio
En casa leyendo y a las tres fui a la Línea inglesa, que llaman, donde vive el señor Raikes, a comer con él. Aquí encontré buena sociedad y estuve hasta tomar té. Luego en casa del señor Betzky, con quien cené y estuve en sociedad hasta las once, que me retiré a casa y quedamos en que mañana vendría su ayudante para ir a ver la Academia de las Artes y la de las Ciencias. A dormir.

25 de junio
Por la mañana vino a despertarme el *svoschik* y porque no le adelanté 50 rublos que pretendía, se marchó y me dejó a pie, sin embargo del contrato y de 25 rublos que tomó por delante. Marché a pie a las diez para ver la Academia de las Artes; de paso di una buena vista a la estatua ecuestre de Pedro I que me parece cosa sublime. El edificio es hermoso, de bellísima arquitectura y la idea de colocar el Hércules y la Flora Farnesio allí, excelente... y creo que éste es el verdadero punto de vista de ambos... al menos de ninguna parte me han parecido más bellos. Lástima que la fachada de este edificio no tenga plaza delante de donde gozar su verdadero punto de vista, pues el muelle que hay formado allí, aún es muy inmediato punto. La escalera y entrada es por un nuevo y gracioso gusto.

Subimos luego a la gran sala rotonda que está al frente y parece de muy bellas proporciones, que será magnífica cuando esté acabada. Dos grandes galerías que siguen colaterales al frente para el propósito de exhibiciones o galería de pinturas, son bien entendidas y magníficas. Bajamos al patio principal, que es de figura orbicular y buena y hermosa proporción, pudiendo servir de anfiteatro, para iluminaciones y muchas cosas. Adornado de buenas estatuas en bronce de las obras maestras del arte, sería un soberbio museo.

De aquí pasamos a la Fundición, donde se vacían en bronce las mejores estatuas de Italia, cuyos yesos en la mayor colección posee la Academia. Y vi la Flora Farnesio, que se acaba de vaciar muy bien por un artista ruso, que ingeniosamente, no pudiendo enterrar el molde porque se encuentra luego el agua, ha buscado modo de hacer subir el metal y sacarla así muy bien. El plan es de hacerlas todas en bronce y entonces formará una magnífica colección.

Visitamos con el Subdirector, señor..., que me acompañó muy políticamente, todo el edificio y alojamiento de los estudiantes, que bajo la dirección del señor Betzky, aquí se educan e instruyen —según el plan que se lee en el sistema completo de educación por él mismo— con la edición de 50, a más de los 300 del Instituto, que por cuenta del señor Betzky y a sus expensas se educan allí. Estos tienen un collarín verde en el uniforme que les distingue de los otros. Sus alojamientos, camas, mesas, comida, cocina, enfermería, etc., muy aseado y bien ordenado todo. Y la limpieza es una virtud que es necesario enseñar a esta nación, sobre todas.

Luego pasamos a la pieza del estudio del natural, que nada tiene de particular y después a las salas que contienen las piezas del arte y corren alrededor del patio, en las cuales se observan unas pocas pinturas o copias, algunos pájaros y animales al óleo de Groot, pintor de la Corte, que son buenos. Mas lo que es numerosísimo y bello, en los yesos de las mejores estatuas antiguas que hay en Italia y dan a este apartamento un aire de museo académico verdaderamente más rico que ninguno de los que yo he visto de la especie.

Está allí la cabeza y cuello en yeso del caballo de Pedro I, que seguramente es colosal; es doble del natural creo y llena de fuego y espíritu su expresión.

Aquí se observa igualmente un pequeño rasgo de dibujo y una carta que lo acompañó para la recepción del gran duque actual, que le hace honor. Unos trabajos de flores y redes de pescar en madera, obra alemana, muy buena cosa y están en dos cuadros. En un cuarto separado vi con muchísimo gusto todo el mecanismo de cómo se condujo aquí la gran peña de granito que debía formar el pedestal de la estatua ecuestre de Pedro el Grande y que mutilada indignamente lo forma hoy, de la cual me regaló el Subdirector tres estampas. Vi asimismo el modelo de un trineo con sus perros, de los Kamchatkas y otro de este propio edificio, que es seguramente el de mejor gusto de Petersburgo y es lástima no se haya ejecutado en materia más sólida que el ladrillo y estuco que aquí comúnmente se usa y no vale un cuerno.

A la una y media me despedí del Subdirector, que con mucho gusto me acompañó y me retiré a casa a comer. De paso estuve examinando la estatua de Pedro el Grande con cuidado y me parece cada vez mejor. Mas la actitud del héroe es afectada y sin duda la que tendría un comediante francés puesto a caballo, mas no seguramente la que conviene a un héroe, ni a Pedro el Grande, que en su modo era la simplicidad misma.

A casa a comer. A las cuatro tomé el coche de Levachov para ir a la Academia de las Ciencias donde me aguardaba el ayudante del señor Betzky. El bibliotecario, señor Backmeister, me acompañó con suma atención, primero a la biblioteca que está en un apartamento bastante bueno y bien reglada contendrá, según me informaron, 36 a 40.000 volúmenes, entre los cuales hay una larga colección de libros chinescos. Se observa allí una *orrery* inglesa muy buena y un reloj en figura de un gran huevo, obra de un ruso, en que ángeles y el sepulcro de Jesucristo aparecen y se esconden. El modelo de un puente de madera cubierto y solo de un arco, obra ingeniosísima y sólida de un simple carpintero suizo, que propuso erigirlo sobre el Neva.

De aquí pasamos al salón que contiene varios animales: un grandísimo elefante, una cebra, el caballo de Pedro I en Poltava, sus dos perros, etc., se notan por una parte. La marta cebellina, el zorro negro, armiño de Siberia y el glotón, por otra. Y la piel rellena y esqueleto de un haiduque de Pedro I, que era una persona agigantada y por eso lo trajo de Francia y lo casó aquí con la mujer más corpulenta que pudo encontrar y murió poco después sin posteridad.

Después, en otra sala en que está la célebre preparata de Ruysch y allí se ve, con suma delicadeza y destreza una progresión de fetos desde el momento de la concepción hasta que el infante está formado. Y se dice que una mujer, a quien el marido sorprendió en adulterio en Holanda y la mató inmediatamente, produjo el embrión primero de la concepción. Hay un niño que tuvo las viruelas en el vientre de su madre sin que ella sintiese ningún efecto y un cazo ruso, el mayor que puede verse jamás, que dicen era el de un monedero falso y es como el de un caballo pequeño.

De aquí pasamos a otro cuarto en que en una caja de plata se conserva la «Instrucción Legislativa» para un código de leyes de Catalina II, escrito todo de su propia mano, que hartaba de leerlo. Varias obras de marfil, como son una gran araña y los tornos de que se servía para ello Pedro I. También un juego de ajedrez torneado por la presente emperatriz y unas barras de hierro formadas por la mano de Pedro I.

En otro cuarto, sentado sobre una silla y vestido con un vestido azul de seda, medias encarnadas, está la figura en cera de Pedro el Grande, obra del conde Rastrelli, italiano. La peluca son sus propios cabellos y la cabeza está un poco inclinada a la derecha, según su costumbre natural. Allí se me informó que esta estatua había sido hecha en tiempo de su vida, otros dicen que después de muerto. Su estatura, que está marcada por un botón en la muralla, es de tres *archines*, menos dos *verschoks*, bastante prócer, mas las piernas eran delgadas en proporción y aun el cuerpo también. Allí está su uniforme: calzones a la holandesa, espada, espontón... bien grande, banda, gola, etc., sombrero, en la mayor simplicidad posible. Aquí estuve considerando este grande hombre por largo rato y revolviendo su singular historia en mi imaginación.

De aquí pasamos a un salón alto en que se ven infinitos ídolos de la China y Kamchatka, órganos chinescos que se suenan con la boca y dan un son extremadamente melodioso; vestidos de este pueblo mismo y sobre todo, los zapatos de las mujeres de una pequeñez inconcebible; figuras de los brujos que venden el viento, etc., sobre las costas de Noruega y Laponia, su color es agitanado y todo el vestido está lleno de pedacitos de hierro, clavos, etc.

En otra sala se ve un famoso ustorio y varios instrumentos astronómicos y marítimos pertenecientes a Pedro I. Unos modelos de navíos y entre otros, uno pequeño de 100 cañones, presente de un rey de Inglaterra. Un trineo de Kamchatka con la vara con cadenillas de hierro que hacen ruido, de que se sirven en lugar de látigo para animar y arrear los perros que sirven de caballos, siete ordinariamente y el guía es el más esencial.

Reentramos en la galería superior de la biblioteca y estuve examinando varios libros de los que componen la famosa colección de chinescos en esta librería, en número de más de 2.800 volúmenes, que es lástima no se trabaje a traducirlos. El papel está unido en dos hojas, pues solo por un lado se imprime y tan fino que es un prodigio, mucho mejor y más sólida y durable manufactura que la nuestra de Europa, cuando creemos que todo lo sabemos. Y asimismo una colección de mapas terrestres y celestes de la China, curiosamente trabajados sobre un papel semejante, mas que no entendemos tampoco por qué están escritas en chino. ¡Qué curiosidades tan singulares en este género! ¡Y qué lástima que no se trate de que las entendamos para ilustrarnos!

Volví a pasar por la biblioteca abajo y estuve observando varios medallones de hombres ilustres modernos —véase el ensayo sobre la biblioteca y el gabinete por el señor Backmeister— y me despedí, viendo antes el modelo de un famoso puente que se propuso fabricar en piedra sobre el Nerva y es realmente de toda magnificencia... mas si los hielos lo permitirían, es materia problemática y por esto se me dijo se había suspendido la ejecución. Eran ya más de las nueve, a tasa, donde mi criado me trajo una muchacha alemana de unos dieciséis años, que chapé y se fue por la mañana. Seis rublos la contentaron.

26 de junio

En casa leyendo y viendo que hacía hermoso día, me fui a comer al campo con el príncipe Kurakin. No estaba en casa y así me entretuve en ver sus estampas de las salas de Rafael en el Vaticano y descubrí que tenía crianderas inglesas, con quienes me entretuve hablando y pregunté si había libros. Ninguno, me dijeron, porque los señores no leen absolutamente. Estos vinieron y comimos en buen humor. Después conversamos mucho y les pregunté cuál era la idea de dar crianderas inglesas a sus hijos. No sé, me respondió la madre, porque es ahora esa la moda... y esto me parece que indica bastante la frivolidad del modo con que piensa la mayor parte de estas gentes.

Después de tomar té aquí, salí a hacer algunas visitas y después a casa del señor Betzky, con quien cené y tuve mucha conversación. A casa.

27 de junio

Estuve estudiando la mañana. Comí en casa con Levachov y después fui al campo a hacer algunas visitas. Primero a la viuda del montero mayor, señora Narischkin, que me recibió con mil agasajos en su toilette, saliendo a acompañarme hasta afuera después. Casa de Ostermann, que no estaba en casa. Ídem al conde Bruce, que tiene una muy bonita casa de campo y tampoco estaba en casa. Casa de la señora Narischkin, que tampoco encontré y así me fui a cenar a casa del señor Betzky, con quien y el conde de Münich —hijo del nombrado mariscal— que vive allí también y conoce a fondo el país, estuve en sociedad hasta las once.

Mi criado fue a buscar una buena moza y no apareció, con que a la cama.

28 de junio

Estuve a comer con el señor Betzky en familia y después nos quedamos hablando solos hasta las cinco, que vino la señora Ribas. Me enseñó éste una caja que la emperatriz le regaló, en que están figurados, en exquisita miniatura hecha en París, los cuadros que representan la conducción de la famosa piedra del pedestal de la estatua de Pedro I, la Escuela de Cadetes y la Comunidad de Doncellas nobles, muy bien todo. Me regaló asimismo la medalla en cobre que al suceso de la piedra hizo acuñar la emperatriz, mas, ¡qué cosas no me contó de las borracheras y crueldad de nuestro gran Pedro! Llevó a la emperatriz para que viese cortar la cabeza de su favorito Mons, lo que ella no le perdonó jamás. Hacía beber a todos y hasta las damas de la Corte, hasta que se embriagaban con aguardiente... y los que no se embriagaban decía eran unos bribones y los apaleaba, fuesen mujeres u hombres. Y cuando estaba así, que era casi todos los días después de comer, era cruel y atacaba aun los muchachos por pederastia, que él mismo se escapó varias veces; mas en tocándose de empresa y perseverancia, entonces era verdaderamente grande.

Tomamos té, se habló mucho del país, cenamos y yo me vine luego a casa. Mi criado me trajo a una muchacha modista rusa, que chapa como un demonio y no debe nada en el fuego a las andaluzas. La chapé tres veces hasta por la mañana y contentose con 5 rublos.

29 de junio

Vino mi criado a las ocho y le dije que fuese a llevar a la moza y volviera al instante, pues yo debía ir a comer a Pavlovsk sin falta. Mas eran las diez y aún no aparecía. Tampoco el peluquero que Levachov se llevó. En fin, por un gran azar vino un criado que me envió la señora Ribas y éste me trajo un peluquero, con que me pude habilitar para partir a las once. Mi criado llegó a esta hora, tan borracho que ni podía hablar ni tenerse en pie. En fin, con cuanto esfuerzo me fue posible, llegué a la una y cuarto a Pavlovsk y por fortuna que estaban aún en el besamano. Yo besé la suya a la gran duquesa que me habló con sumo cariño; al gran duque no se la besan los extranjeros.

Después ambos vinieron a hablarme largo tiempo y preguntarme por qué no había venido los días anteriores, a que me excusé con moderación. Él me preguntó por Markov, cuya pasada conversación había ya llegado a su noticia y me dijo: «Aquí no lo verá usted jamás a ese sujeto». Ella quería que me enseñasen sus apartamentos y lo dejó para después. Fuimos a comer en una gran sala rotonda que estaba magníficamente preparada y después de comer ellos se retiraron.

La señora Tchernichev me convidó a tomar té en su cuarto, mas yo lo dejé para después y me fui a dar un paseo con Gayangos, oficial de marina, capitán de navío, que está aquí y me vino a hablar de suyo; está aquí para ir a Kherson y no lo dejaron partir cuando la emperatriz estaba en viaje. Este me explicó que Normandez estaba aquí aborrecido y que no teníamos influjo ninguno. ¡Cómo pueden respetar un hombre a quien han conocido poco menos que de criado de Lascy!

Después estuve en el cuarto de la condesa de Tchernichev, con quien tomé té y asimismo con la mariscala de Galitzin que deseaba conocerme, me hizo mil ofertas de su casa, etc. y me presentó a la condesa de Matuchkin, su sobrina, para quien yo había traído carta.

A las seis, todo el mundo de hombres apareció en Dominó y yo con el mío que alquilé en Petersburgo, 3 rublos, creo. Los duques salieron un poco después y fuimos a dar una vuelta por todo el jardín, durante cuyo tiempo hablamos continuamente y ella bailó algunas polonesas en los parajes destinados para que la gente de la ciudad bailase. Noté que siempre que él encontraba paisanos a la rusa, se quitaba el sombrero y cuando eran otras gentes, nada. Habría seguramente más de 6.000 personas de la ciudad.

Concluido este paseo vino la cena en el mismo paraje de la comida, el salón iluminado y ellos no se sentaron, sino dieron una vuelta alrededor y salieron. Yo hice un poco mi corte a las damas conocidas que había por allí y después bajé con Gayangos abajo para ver el fuego de artificio que iba a comenzar. No ha sido cosa, mas la iluminación no estaba mala. Ardían 60.000 candiles y faroles, todo con sebo. Vinieron líneas y yo tomé un asiento que un caballero me ofreció en una. Después vino Serra-Capriola y el barón de Keller, ministro de Prusia, a quienes hicimos lugar. Llegados allá nos apeamos y fuimos inmediatos. Al retirarnos, no hallé la línea en el mismo paraje, mas oí hablar al duque y me llegué para tomar mi asiento, que el ministro de Prusia ofrecía a una dama, porque el coche era de Monseñor, me decía y yo le cedí porque era para una dama, hallando extraordinario que el señor prusiano no ofreciese el suyo y sí el mío. Pregunté después al duque en público, quién era aquel sujeto, su compañero, porque yo aún no lo conocía y nombrándomelo, le dije que nos había instruido en una cosa difícil a saber y había sido generoso con lo que no era suyo. Habiendo primero dado otro gran paseo con los duques por toda la iluminación —mucho pueblo seguía para verlos y se le reprendía porque pisaban el césped; pobres gentes— a las doce me retiré a una casuca en el lugar, donde encontré muy buena cama y tranquilidad.

30 de junio

Vi por la mañana la parada de guardia que me pareció muy bien y después fui a Palacio, me hablaron los grandes duques y nos fuimos a comer. Yo aguardé la tarde por ver una pequeña pieza que la joven nobleza repetía hoy en traje de labradores. Después de comer me fui a la casuca de Epinus, con quien hablé mucho de literatura y del país. Este me confirmó lo que el señor Betzky me había dicho de Pedro I; que la mariscala de Galitzin le había asegurado lo mismo y que del vientre de un hombre que había muerto de embriaguez, había sacado el aguardiente que contenía y lo bebían y nuestro héroe forzaba las damas a beberlo. ¡Qué cosas!

Pasé a ver un pequeño hospital que hay aquí y hallé que no está mal dispuesto. Contiene veintiséis camas con aseo y aire puro y tiene actualmente catorce enfermos bien asistidos, según me informaron. Pegado a la iglesia está un cuerpo de alojamiento para veinticuatro inválidos, que también visité y están con bastante comodidad alojados. De aquí pasé a una escuela para enseñar a leer, escribir y aritmética a los —hay veintiocho niños— hijos de los paisanos del lugar, instituida por la gran duquesa, cuyo ejemplo deberían imitar los amos de los demás y que le hace, en mi opinión, un honor infinito. Visité también una casa que está cerca de mi alojamiento, que es como alojamiento del comandante de la tropa y de su altura se logra una buena vista. Está, según me informó el gran duque, en el mismo paraje en que antiguamente existía una fortificación de Suecos.

El tiempo estaba lluvioso y así se aguardó hasta las siete que se dio dicha pieza en francés y con toda la afectación francesa que es imaginable. Una chica de Strogonof hacia de *poupée* muy bien. Acabado, me enseñaron un dibujo de un obelisco triunfal que se trajo allí y toda la compañía siguió a cenar en el templo en que la emperatriz está en Minerva. Yo entré y me despedí de ellos, pues no me quise quedar porque ninguno me ofreció asiento en el tiempo que se daba la pieza y la mayor parte estaban sentados. Me puse en mi coche y llegué aquí a medianoche.

1 de julio

Lo pasé escribiendo y estuve después a comer con el señor Raikes, donde estuvo también el señor Tooke, ministro de la iglesia inglesa aquí, con quien hablé un poco de literatura y me ofreció enseñar la biblioteca de subscripción, etc., cuando gustase. Acabado de comer me fui al Palacio de Invierno, que en Pavlovsk me ofreció Orlov mostrar de nuevo por insinuación de Ostermann, que hasta entonces no me había hecho caso.

Fui allá a las cinco y corrí todas las piezas y cuartos de la emperatriz, la casa inmediata o tres distintas casas en que vive el príncipe Potemkin y al fin, el Ermitage otra vez. Aquí encontré al director de las pinturas, Martineli, que me acompañó a una segunda visita. Vi con gusto el busto de mi buen amigo el mariscal de Rumantzov, en mármol; las obras maestras que llevo mencionadas antes; el paraje donde se eleva una mesa secreta cuando la emperatriz come aquí; el teatro; galería que se forma de los arabescos de Rafael y varias antigüedades de Roma, imitadas en corcho, que están sobre los estantes de la librería, muy buenos. Otra vez, los muebles de caoba famosos que llevo citados.

La pajarera y jardín de invierno que es una delicia. La gran escalera del palacio que está hacia el río y así ésta, como, aquella fachada, están sin habitarse por ser sumamente frías. La capilla o iglesia, buena pieza en su especie, etc. Los apartamentos del gran duque que están a la izquierda, no me lo enseñaron por no tener yo su particular licencia. De aquí fui, cerca de las nueve, a casa del señor Betzky con quien cené.

2 de julio

Escribí por la mañana al almirante Sinevin para ver el almirantazgo y puerto de galeras, quien me dijo fuese a las once y todo estaría pronto. Con Gayangos, que se me ofreció, fui y el almirante Puchkin me vino a enseñar todo. Hay actualmente en grada dos navíos de tres puentes de 110 cañones, me parece me dijo el constructor que es inglés. Gayangos los encontraba demasiado cortos de quilla de 17 pies, según su rango y estrechos de boca. Se lo dije al constructor que me informó eran exactamente como el «Victory» de la Escuadra Británica. Mas ni por esas, nuestro español se fue en sus trece. Son estos hermosos navíos y los botarán al agua dentro de dos meses.

Me observaba el constructor que la madera aquí no era tan buena como en Inglaterra y que, aunque la mano de obra parecía más barata, no lo era tanto, porque el trabajo que en aquel navío hacían 300 hombres, a 5 kopeks, en Inglaterra lo harían sesenta buenos oficiales que costaban a 3 chelines y cuya obra era infinitamente superior, Corrimos la motorería, velería, banderas, etc. y vimos infinitos modelos de distintas embarcaciones y la en que Bentham viajó a Siberia, que sirve de bote y carruaje a la vez y algunas naves muy bien delineadas por la propia mano de Pedro I.

Montamos a la torre que se llama del Almirantazgo y sobresale por encima de toda la ciudad, formando en ésta la misma perspectiva que el obelisco de la Porta de Popolo forma en Roma. De aquí se goza la perfecta vista de Petersburgo, se ve Cronstadt y Zarkoie-Selo. Hay seis gradas aquí, una hecha en piedra por el almirante Knowles —el mismo del combate de Reggio— y se pueden construir hasta cinco navíos a la vez, no más. Todo esto se mudará bien pronto a Cronstadt, que es donde debe estar.

De aquí pasé al puerto de galeras solo —porque Gayangos no se sintió con fuerzas—, donde me aguardaban. Efectivamente, encontré allí varios oficiales; uno de ellos hablaba francés y había estado en Cádiz. Continuamos en ver dos grandes tinglados, en que hay hasta veintiún grandes apartamentos de cada lado, capaces de recibir dos galeras de frente y dos más atrás, esto es, cuatro cada uno. Encima hay su almacén que contiene las velas, cuerdas, palos, etc., de cada galera... de modo que no hay más que echarlas al agua. Montamos algunas para ver su construcción y hay en total en el día 98, que según el plan, deben llegar hasta 150, que a 200 hombres cada una, pueden transportar un ejército de 30.000 hombres. El canal que hay en el medio para recibirlas tendrá 14 pies de profundidad, según se me informó y ellas calarán de 10 a 12. Hay además catorce chalupas o medias galeras. Después en el canal de la entrada, hay cuatro yates de la emperatriz y un *prama* que visité interiormente, al modo de los nuestros en Gibraltar, aunque sin espesura en sus costados. También varios caiques al modo turco, de modo que entre todo hay 160 de estas embarcaciones en este puerto en el día. Vi un plano de dicho establecimiento que aquellos oficiales me manifestaron para darme cabal idea. Sentimiento liberal a la verdad.

De aquí partí a casa a toda prisa, pues eran cerca de las tres. Comí con Levachov y por la tarde a hacer algunas visitas. A cenar con Betzky. Un par de botas de material inglés me cuestan 15 rublos.

3 de julio

Por la mañana leyendo y escribiendo y a comer con el Caballero D'Horta Machado, que vive en una casa muy buena y de las más antiguas de Petersburgo, perteneciente al conde de Cheremetief, de Moscú. Comieron aquí dos oficiales suecos que vienen a cumplimentar a la emperatriz, de parte del rey de Suecia y me han informado de las Revistas de Finlandia lo mismo que el barón de Nolken y también un coronel inglés que ha servido en la India, coronel Baillie, que ha estado en las revistas últimas de Berlín y con quien hablé mucho. Después de comer me enseñó D'Horta su jardín, que es muy bueno para dentro de la ciudad.

De aquí me fui a ver el Arsenal que contiene 20.000 fusiles y 120 cañones montados de batallones con todos sus avíos. Hay aquí varios trofeos turcos y entre ellos un saco de terciopelo con las llaves turcas —muy mal hechas, de hierro— de Bender y de otras plazas. El famoso *drapeau* o bandera de los *strelitz*, con los ángeles, santos, diablos, infiernos, etc., pintados encima, que indica el estado de superstición de estas gentes. Modelos de varias plazas de guerra y uno de una ciudad persa, sumamente curioso para quien no ha visto plazas o ciudades de dicha nación y el modelo del nuevo arsenal que se construye en Kiev. Varias cubiertas en cobre de minaretes turcos tomados en Crimea. En el patio hay hasta 403 piezas de diversos calibres, muchas tomadas de los prusianos, poloneses, suecos, turcos, etc. Encima de una de ellas está figurado Lutero con el diablo que le ayuda por detrás, en contestación con el papa, que está en acto de argumentar con aquél.

Se ve allí también una estatua de bronce, casi de tamaño natural, de un paisano ruso desnudo, con barba y con una lanza en la mano, mandada a hacer por Pedro I en honor de este hombre, que encontrando un cañón ruso en Suecia, que aquellos habían tomado a estos, lo redimió con su dinero por patriotismo y le hizo presente al emperador, que recompensó su acción de esta manera, mandando colocar dicha estatua junto a la tal pieza.

A casa del señor Betzky y a las nueve, a cenar con Serra-Capriola en su casa de campo, a 2 verstas o tres de la ciudad. La duquesa parece haber sido hermosa mujer y aún es muy bien parecida. No aparece en Corte por etiqueta de no besar la mano. Le hablé un poco y me parece juiciosa y sociable. Después de la una, a casa.

4 de julio
Leyendo y respondí a Macanaz la carta adjunta.[10]

10 [Carta de Pedro de Macanaz a Miranda y su respuesta]
San Petersburgo, 14 de julio de 17874.[1]
Muy señor mío:
Enterado de que vuestra merced se ha presentado en esta Corte con el título de conde de Miranda, al servicio del rey mi amo, en el grado de coronel, me es indispensable el exigir de vuestra merced la patente o instrumento que lo acredite, previniéndole que de no hacerlo así, procederé contra vuestra merced a fin de que no haga uso de dicho uniforme.
Dios guarde a vuestra merced muchos años.
Besa la mano de vuestra merced, su más atento y seguro servidor.
Pedro de Macanaz
Señor Don Francisco de Miranda

Respuesta
Petersburgo, 4 de julio de 1787 v. e.
Muy señor mío:
No me faltarían medios con qué satisfacer la incredulidad o vanidad de vuestra merced, si el modo en que lo solicita fuese más propio o decente. La amenaza con que vuestra merced concluye es tan ridícula como grosero y despreciable el lenguaje que solo puede vuestra merced usar con los que tengan la desgracia de ser sus inferiores.
Dios guarde a vuestra merced muchos años.
Besa la mano de usted un servidor como debe.
F. de Miranda
Don Pedro de Macanaz

4.1
Macanaz utiliza, para fechar su carta, el calendario gregoriano (N. E.) que adelanta once días respecto al calendario juliano (V. E.) en vigor en Rusia.
(Nota de Josefina Rodríguez de Alonso)

* * *

Hice visita a la condesa de Rumantzov que me contó muchas cosas de Pedro I, que confirman lo que los otros me llevan dicho. Y después a comer con el Cuerpo Diplomático en casa del señor Betzky, donde hubo su disertación sobre el chichisbeo, que Serra-Capriola sostuvo en buen italiano, diciendo que el Caballero tomaba la dama en la escalera y la soltaba allí otra vez.

Después de comer partí a Gatchina, donde quedé de ir para ver el ejercicio del Regimiento del gran duque y aunque partí de aquí antes de las cuatro no pude llegar allá hasta pasadas las ocho, porque el *svoschik* sirve mal. Cuando llegué se habían retirado Sus Altezas porque estaban fatigadas. Hallé allí al príncipe Kurakin a quien rogué hiciese saber que yo había llegado y me aseguró que Su Alteza estaba ya informada. Cenamos con las gentes de la Corte a las nueve y después procuré informarme si no había ejercicio mañana. Kurakin me respondió que no creía que lo hubiese y que en tal caso me avisaría. Fui sin embargo a informarme con el coronel Benkendorf —que ya me había dicho antes que no creía hubiese cosa alguna— y no estaba en su cuarto. Le dejé recado sin embargo de que me avisase si tal cosa hubiera y me retiré a mi cuarto dejando encargado al malísimo criado que tengo, de que si avisasen, a cualquier hora me llamara.

5 de julio

A las seis entró diciéndome que nadie había venido y a las siete, que allí había un oficial de la Caballeriza con un caballo, por si quería montar. Le hice decir que si había ejercicio, me dijo que no sabía nada y que si yo no quería montar se volvería a llevar el caballo; de que se infería que así por la hora tarde, como por no haber recibido aviso y haberle preguntado de parte de quién venía aquel caballo y decir que de parte de ninguno, que era solo para irme a pasear. Y así dije que para solo irme a pasear, no quería montar.

A las ocho sentí trompetas y salí inmediatamente y hallé un escuadrón que retornaba con los estandartes. Salí inmediatamente y hallé a Sus Altezas que me dijeron por qué había faltado, a que respondí lo que había pasado. Él hizo formar aquel escuadrón para que yo lo viese y después se retiró.

Yo estaba sumamente sentido del pasaje y es menester que intencionalmente se me hubiese querido engañar por algún bribón de aquellos cortesanos, que conforme ven una persona tratada con favor o distinción, al instante tratan de que caiga. Fui a casa del príncipe Kurakin para darle mis quejas y hallé que aún no había salido de su cuarto por enfermo. En este tiempo entró el gran duque y le expliqué mi asunto, mas comprendí, al decirme «era asunto convenido y le había hecho ensillar a usted un caballo, etc.»..., que no estaba muy satisfecho. Benkendorf también cayó enfermo, que es buena casualidad.

A mediodía conversamos y ella tuvo un largo discurso conmigo, en que se lamentaba de la educación limitada que se daba a las mujeres, de quienes se creía enteramente ajena la lógica, la geometría, etc., de modo que apenas se creía necesario el que pensasen... y muy bien por cierto. Por la tarde estuvimos a dar un paseo en línea y un escuadrón pasó en desfilada, muy bien por cierto. Luego llegamos a una cascada que se forma por una esclusa y en una tienda inmediata tomamos té. Vuelta a casa y de camino continuamos frivolerías. Después de cenar, cada uno a su cuarto.

6 de julio
Al otro día por la mañana, después de conversar algo y darme una orden para que viese ciertas obras de María I gran duquesa, en sus cuartos aquí, yo le pedí permiso para visitar las obras de Cronstadt y él me dijo que no era necesario el suyo, porque aunque yo veía que firmaba, nada podía tocar; que dirigiéndome en derechura al almirante Greigh me enseñaría todo... y el caso es, que él mismo aún no ha visto a Cronstadt. Me despedí y ella me dijo: «*Au plaisir de vous revoir*», mas yo partí con la idea de no volver más, pues no notaba consecuencia entre las expresiones finas y amistosas del primer día y la conducta subsecuente. Gatchina me gusta mucho por su construcción más sólida —de piedra toda la casa— y gusto en que está edificado y adornado el Palacio, que por mi elección preferiría a otros más magníficos.

Vine a Zarkoie-Selo para ver el jardín. Primero a la ruina de cuya altura que se sube sin fatiga, se goza de una hermosa vista; al Almirantazgo o donde se guardan los botes, en forma de casa holandesa; la columna Rostral, el pabellón de la mesa secreta, otro como de baño; el Apolo, creo, en que hay una inmensa colección de estatuas, bustos, etc. Voltaire está sentado en una silla arropado en un manto griego, de tamaño natural, en mármol. Diana, de tamaño natural, desnuda en el acto de correr, el c... un poquito abierto y sus carnes blandas y hermosas, bellísima estatua en el género de Pigalle, es de Houdon, artista francés, si no me engaño. Un grupo de tres niños que duermen, griego, es excelente; un busto antiguo, también de una ninfa griega, es soberbio y dos medallones antiguos que representan Alejandro Magno y su madre Olimpia, son de gran gusto y noble manera. Una copia en bronce que hay aquí del hombre que se saca la espina, hecho en la Academia de Petersburgo, es la mejor estatua, después del original, que yo he visto. Qué lástima que esta colección no esté bien ordenada en mejor lugar.

Al *Village* chinesco, cuyas casas están varias ya acabadas y en una de ellas está el modelo del todo, buena idea. Al puente chinesco, que es gracioso; al obelisco del mariscal Rumantzov, que es pequeño mas de buenas proporciones. Al puente en el gusto de Palladio, bello pedazo. Un puente todo de hierro en el gusto inglés e imitación del famoso de Inglaterra, tan ligero, sólido y gracioso que sobrepasa los demás en hermosura y es, seguramente, acaso el mejor rasgo de todo el jardín. Se hacen otros ahora por este mismo gusto allí. A la Pirámide en imitación de la de Cestio, más pequeña y dentro hay varias urnas antiguas e inmediato, por fuera, algunos epitafios de perros que se le han muerto a la emperatriz, de quienes los embajadores de Francia han sido los compositores. El Pabellón Chino, el Pabellón Turco, hermoso y el mejor entre los demás del jardín; el «resbaladero»; la columna en imitación del monumento de Londres, etc. y en sustancia el jardín, en conjunto, es una cosa hermosa y digna de un soberano semejante. Fatigadísimo tomé mi coche y para las diez estaba en casa en Petersburgo.

7 de julio

(Véase el día 13 siguiente. En este día ocurrió lo que digo abajo en el día 13 y no lo puse aquí por no recordarme cuando escribía los memorándums.)

Hice algunas visitas por la mañana y por la tarde a tomar té con el señor Anderson. Después a casa del señor Betzky con quien cené y me prometió enviar orden a los palacios de Su Majestad en camino de Cronstadt, para que estuviesen a punto cuando yo volviese, con juego de aguas, etc.

Cronstadt

8 de julio
Partí de aquí a las siete y media de la mañana con mi coche y seis caballos para Oranienbaum, 40 verstas de aquí. El camino es excelente hasta Peterhof y tan adornado de casas de campo —la mayor parte palacios— y jardines por una y otra parte, que es una delicia. Hasta Peterhof hay 26 verstas y a Oranienbaum 14 más que componen 40 y este último camino no es tan bueno como el primero.

A las diez y media llegamos e inmediatamente se me ofreció un bote con diez remos, que por un rublo me pasó con mi criado a Cronstadt, 7 verstas de este paraje. Hacía gruesa mar y así no pude llegar hasta las once y media que desembarqué. Me dirigí a casa del almirante Greigh, para quien llevaba carta del duque de Serra-Capriola. No estaba en casa y así anduve rodando arriba y abajo para encontrar posada, hasta mediodía, que la hube de encontrar en casa de un alemán, pagando un rublo por el cuarto y otro por comida. Buen cuarto, sin embargo.

Comí a las dos y a las cuatro me envió su ayudante dicho almirante que había llegado de su casa de campo. Fui allá y me recibió con mucha civilidad. Tomamos té y después, en compañía del barón Pahlen, mayor de ingenieros y jefe allí, seguí con el almirante a examinar dichas obras. Tomamos el bote y fuimos primero al puerto del Este, en que están casi todos los navíos de línea y fragatas, muy bien colocados y mantenidos. Observé que la construcción es puramente inglesa en su forma. Desembarcamos luego para examinar el muelle y parapeto, que era de madera y ahora se ejecuta en granito por orden de la emperatriz, con toda la solidez y magnificencia romana. Mas cuál fue mi admiración cuando sondeé aquí y hallé 35 y hasta 40 pies de profundidad. ¡Oh, Pedro el Grande!

Luego al puerto del medio que está casi vacío, sin más que cuatro buques y después al puerto del Oeste, que es el que sirve para abrigar todas las embarcaciones mercantes y hasta el número de mil que fuesen. Y en los otros dos se pueden mantener más de cien navíos de línea, 40 fragatas, etc., que es cuanto jamás podrá tener Rusia por su aspecto presente. Y si el comercio se aumentase mucho más, queda lugar muy conveniente y su puerta ya construida para formar otro por aquella parte. El parapeto se avanza a más de una versta a la mar y corre formando estos tres puertos y la circunferencia de la Plaza es 8 verstas, según me informó dicho ingeniero. Se trabaja en revestirlo todo de granito y hacerlo de mampostería desde el año de 1784 y es increíble lo que desde entonces se ha trabajado. La piedra se conduce de las islas de Viborg, en las costas finlandesas, a 40 verstas de aquí.

Paseamos todo el puerto del Oeste y examiné en los almacenes unas cureñas de Plaza, enteramente de hierro, obra de Escocia, muy buena y útil al parecer, pues se me informó que no pesaban mucho más que las otras. Aquí vi también un excelente bote a la inglesa que el almirante ha hecho construir para la emperatriz, que jamás lo necesita; muy bueno. Seguimos viéndolo todo y siendo ya tarde, a casa del almirante a cenar, quien primero me enseñó los planos en que pude formar cabal idea del puerto y arsenal y hacerme cargo de los proyectos. Hasta medianoche duró la conversación y yo resolví quedarme también mañana, pues hay muchísimo que ver.

9 de julio

Llovía a chuzos y así el barón, que debía venir a las seis de la mañana, no vino hasta las diez. Salimos hacia la máquina de fuego, que es soberbio rasgo. El cilindro tiene 5 pies 2 pulgadas de diámetro, trabajado en Escocia y armado aquí por un escocés, Smith, que en su tierra no era más que un herrador y en nueve días vacía el gran estanque que tiene 61 pies de profundidad... de largo y... de ancho y recoge cuantas aguas necesitan los demás canales y diques que son vastísimos.

De aquí pasamos a la cordelería, que tiene 240 brazas inglesas de largo y tres estados en que se trabajan cuerdas y cables de todas especies. De aquí pasamos a la torre de la iglesia que está inmediata, pues llovía y montando hasta el remate de ésta no con poca dificultad, gozamos de hermosísimas vistas por todo el golfo de Finlandia, Petersburgo, etc. Y dígase de paso que este viejo edificio de madera es sólido y de graciosa forma su remate, una corona.

Después entramos en una hostería rusa para ver comer allí los paisanos o mercantes y realmente estaba aquello decente, bueno y aseado y unos mozos jugaban al billar con muy decente manera... ¡Véase lo que vale el comercio para civilizar una nación! Entramos también en una tienda de víveres, vinos, etc., que estaba bien provista y aseada, por cierto y comprarnos dulces para llevar a los niños del almirante y nos fuimos allá para comer.

Después de tomar café, nos dirigimos a pie hacia el Gran Canal de Pedro I, que tiene una y media versta de largo, 105 pies de ancho y 38 de profundo; todo revestido de piedra, con sus compuertas de distancia en distancia para usar la parte que se quiera y con canales pequeños subterráneos para darle el agua gradualmente. Pueden construirse aquí, a la vez, trece navíos de línea y carenarse cinco, con una pequeña adición que está en el proyecto; actualmente solo se construye un navío de 80. Pocas obras se ven en el mundo y ninguna, me atrevo a decir, en arsenales, que imprima una más sublime y grandiosa idea que ésta, al verla la primera vez y es aquí donde realmente debía elevarse el coloso de Pedro el Grande, como el de Rodas, sobre un semejante pedestal.

Volvimos a pasear hacia abajo, pues yo no me harto de verlo y en el principio, o a la entrada, se ven dos pequeñas pirámides de madera en que hay una inscripción que dice entró el agua en él por primera vez, el año 1752, en tiempo y en presencias, creo, de la emperatriz, «*Elizabeth oc opus hic Labor*», dice.

De aquí pasamos a recorrer un poco el puerto de las embarcaciones mercantes, que a toda prisa también se reviste de granito hermosamente y hallamos que hay en él actualmente 500 embarcaciones mercantes de las cuales 228 son inglesas. Aquí encontré una embarcación de Salem, en la Nueva Inglaterra y perteneciente a mi amigo el señor Darby. El número de las que entrarán al año, según cómputo, es de 800 a 900. Pasamos después al yate de la emperatriz, que es muy bonito y su interior rico y elegante. Mucho mejor que los del puerto de galeras.

De aquí pasamos a los nuevos cuarteles que están construidos últimamente bajo la dirección del almirante, muy bien, por cierto y pueden contener cómodamente 10.000 y cuando el resto se concluya, hasta 30.000 que es cuanto puede necesitar la marina militar rusa. Enfrente están los alojamientos de los oficiales, con mucha comodidad y en situación de tener cada uno su tripulación a la vista. Comunes, cocinas y demás, muy bien dispuesto todo y con aseo, que es lo principal. Concluida toda esta estupenda obra, según está aprobada en el plano que he visto firmado del puño de la emperatriz, no costará más que 5 millones de rublos y será entonces la más suntuosa del mundo en su especie.

La escuadra, según me informó el almirante, consiste actualmente en 42 navíos de línea y 20 fragatas. El almirante se fue a despachar su correo y yo a cenar con el barón Pahlen, que me enseñó un plano de Troya con mil ruinas que yo no vi y otro de los Dardanelos, que yo vi y está bastante exacto. Tiene muy bonita colección de libros militares, históricos, etc. y me parece un oficial instruido. Tanto bebimos que yo casi me achispé. Me retiré a las doce.

10 de julio

Sopló el viento fuerte como todos los demonios, de modo que a las ocho de la mañana el agua había montado tres pies dos pulgadas, mas ningún descalabro resultó en el puerto, prueba de su seguridad y bondad. Almorcé con el almirante y después fuimos a ver los hospitales que están con mediano buen orden y aseo. En el total de 500 enfermos, 90 eran de gálico o *franchusqui*, como ellos dicen. Visitamos el alimento y demás, que no está malo. Y aquí observé una cosa que es muy buena y es de cambiar los enfermos en el verano, al hospital de verano, con lo cual el otro se blanquea, ventila y limpia para volverlos a recibir en el invierno. Estuvimos en el palacio o pequeña casa que habitó Pedro I, el primer edificio de esta isla. Está ya casi arruinado y es de madera; solo quedan allí aún las reliquias de una cama, un par de chinelas y un espejo que pertenecieron a aquel hombre extraordinario.

De aquí, pasamos al Observatorio y casa del Cuerpo de Cadetes, en que el señor de Montbilly, mayor de dicho Cuerpo, nos manifestó el Observatorio, escuelas, apartamentos, instrumentos, embarcaciones para instruirse en la maniobra, etc., pues los cadetes están ahora acampados fuera de la Plaza. Y así me dio la siguiente información: se compone el Cuerpo de 600 cadetes, de los cuales 200 son guardias marinas. Aprenden las lenguas inglesa, alemana, francesa y el ruso, por principios. En matemáticas se sirven de Euclides y del señor de Bouguer. Están divididos en cinco compañías de 120 cada una, que son comandadas por un capitán, otro en segundo, un teniente, un segundo teniente y alférez. Los tres primeros oficiales son de la marina y los otros dos de batallones de marina que campan en ellos, para enseñarles el servicio de tierra. Hacen cuatro horas por la mañana y cuatro a la tarde de estudio en sus clases respectivas. Hay setenta y tres que son supernumerarios y éstos solo asisten a las clases, pues viven fuera hasta que haya vacante. Se reciben a la edad de siete años y no salen hasta la de diecisiete, debiendo hacer primero dos grandes campañas en la mar, esto es, fuera del Báltico, o tres pequeñas antes de que pueda ser hecho oficial y se examinan sobre treinta y tres artículos o materias diversas.

Fuimos a comer a casa del almirante y concurrieron el almirante Kruse —capitán de bandera que fue de Spiritof, cuando éste se voló— el comandante de la plaza, brigadier Bergmann, el conde de Galovkin, joven voluntario que se embarca en la expedición que está para salir a las órdenes del capitán de navío Moulousky. Fuimos a ver aún el puerto para galeras o pequeñas embarcaciones, pues no tiene más que 14 pies de agua y es fortificación al mismo tiempo para defensa de la entrada, construido sobre un banco o bajo fondo y se trabaja igualmente en revestirlo de granito según el gran proyecto, el cual estará ejecutado dentro de diez años. Trabajan diariamente ahora 2.000 hombres.

Fui en el coche del almirante y con el brigadier Hanikov, que habla un poco de francés, al campamento de los cadetes de marina, que es a 3 y media verstas fuera de la fortificación. Vimos éste que estaba casi inundado y tomando con nosotros al señor de Montbilly, nos fuimos hacia la extremidad de la isla, 4 verstas más adelante, en que está la aldea de Torboujin y al extremo el fuerte de Torboujin que visitamos y no es otra cosa que un gran reducto casi arruinado, que rechazó un desembarco que los suecos hicieron en esta isla. Su comandante, el mayor Souainovitch, que tuvo un lance cuando joven con Orlov, en que en la oscuridad le hirió a traición, vive en una casuca y un jardín inmediato. Al pasar nos convidó a tomar café y así fuimos allá y pasamos una hora en ver su jardín, casa miserable, niños bastardos que hace en abundancia, etc. Habrá sido un hermoso hombre y su talla es muy prócer.

De aquí nos volvimos por el propio camino y observamos el paraje en que se prueban los cañones y sobre la derecha, antes de llegar a la plaza, una pequeña casa de madera que el viento fuerte de hoy ha continuado de arruinar y era la casa de campo de Pedro I. Llegamos a casa del almirante, con quien tomé té, me enseñó un plano de La Habana como estaba cuando la tomaron los ingleses, los ataques que éstos hicieron, etc., levantado por él mismo que se halló de capitán de navío, creo, o de tropas de marina en todo ello. Me enseñó asimismo toda la campaña de los rusos en el Archipiélago y mil anécdotas interesantes, pues él era capitán de bandera de Orlov y si éste no toma la resolución de tomar el mando, Spiritof y Elphinston no querían obedecerse uno a otro, de modo que así vino a ser el director de las operaciones Greigh.

Hay también un pequeño edificio a la mar aquí, en que se guarda, con exclusión aún del propio almirante que no puede entrar, el secreto de remediar a las piezas de artillería que tienen escarabajos, etc., cuyo secreto se lisonjea Rusia que lo sabe únicamente. El almirante me dijo que él no creía nada. En cuando a la población, me aseguró que había en la isla 30.000 hombres y con mujeres, niños, etc., puede ser hasta 50.000. Me despedí con mucha cordialidad de esta buena gente y a las seis de la mañana, me dijo, tendría su falúa a mi puerta.

Oranienbaum

11 de julio

A las seis y media partí. Estaba el tiempo en calma y serena la mar y así, al remo, llegue a Oranienbaum, 7 verstas en una hora. Mis *svoschiks*, que estaban en la taberna me detuvieron en buscarlos. Después pasé recado al comandante de este Palacio, que inmediatamente envió un criado a la Corte con las llaves para enseñarme todo, pues estaba ya prevenido por el señor Betzky.

Los apartamentos del Palacio no son cosa, mas la situación es bella y comanda una hermosa vista en el golfo; era éste un Palacio del favorito de Pedro, Mentchikov. De aquí pasamos a un pequeño edificio separado que contiene una colección de malas pinturas. Una de ellas que representa el retrato de Carlos XII, de figura entera con su sombrero bajo el brazo y apoyado sobre su espada, es interesante y buena. Este, sospecho, es el más idéntico retrato que existe de este alocado hombre, que estuve considerando largo tiempo. Inmediato y separado también, está un teatro de madª que actualmente componen.

De aquí pasamos a la casa chinesca que llaman, habitación que fue de la actual emperatriz, cuando era gran duquesa y pasaba sus trabajos. En el día está elegante y magníficamente compuesta y hay piezas en que el mobiliario y adornos son cosas puramente de la China... muy interesantes por esta razón. En el plafón del salón principal están representadas unas nupcias chinescas por un pintor italiano, no mal y todo el conjunto de este alojamiento está dispuesto con gusto y magnificencia.

De aquí pasamos al Castillo que llaman, una pequeñita fortaleza que Pedro III hizo cuando gran duque, para su diversión, en un sitio elevado de dicho jardín. Tiene sus cuarteles para la guarnición y su casa para el gobernador, que era el lugar de sus delicias con su querida. Allí se ven varias pinturas en el género alegre y voluptuoso y la cama en que durmió el día antes de su deposición. La casa es pequeñísima y el todo anuncia la puerilidad absolutamente.

De aquí bajamos al resbaladero en que se corre con los trineos hechos al propósito, cuyo edificio y aparato está hecho con la mayor magnificencia. Hay una columnata por una y otra parte de cerca de una versta, que forma dos larguísimos pórticos y dos larguísimas terrazas, para acomodar más de 15.000 espectadores con su pabellón regio en el medio de la parte superior. Mucho he sentido no haber tenido ocasión de ver esta singular diversión.

De aquí marché por las alturas en busca de la más elevada de todas, que me pareció desde Cronstadi: debía comandar una vista tan vasta como la de Chamiligia, en Constantinopla y el almirante Greigh me confirmó en la idea diciéndome que, efectivamente, era la más hermosa vista, acaso, de todo el Imperio ruso. A 7 verstas de camino llegué allá y hallé que aún subsiste un jardín imperial que Pedro I hizo formar con designios, sin duda, de hacer allí un palacio que por sus vistas, sería el primero en Europa. Se llama este sitio o montaña, Bronna y de aquí gocé la más extensa, variada y agradable perspectiva que quiera imaginarse, ya de las embarcaciones que entran y salen en el golfo, ya de Petersburgo, Cronstadt —que parece estar a los pies en un plano—, costa de Finlandia, etc. El jardinero me dio un poco de fruta, leche y pan, con que hice una comida pastoril y agradable. Hay sobre estas alturas dos aldeas cuyas gentes, por hábito, no gustan seguramente de lo que a mí me encantaba.

Con disgusto dejé esta hermosa situación y me volví a Oranienbaum por el camino bajo, inmediato a la orilla del mar, en que se encuentra otro casino pequeño de la emperatriz, llamado «Mon repos», creo y la casa del almirante Greigh que le dio la emperatriz y otra, más inmediata a Oranienbaum, de Galovkin, que actualmente habita el señor Raikes, mi conocido. Seguí hasta Peterhof, donde llegué a eso de las dos PM.

Peterhof

Las fuentes corrían y todo el Palacio estaba a punto, que me aguardaba desde hace dos días, con toda la librea de la emperatriz en gran uniforme. Vino el barón de Witt con excusas de parte del comandante Dolgoruky por no haberme aguardado respecto que la emperatriz debla llegar hoy a Zarkoie-Selo y había ido a recibirla, dejando a él encargado de manifestarme todo. Di mil gracias y seguimos por los apartamentos que son muy buenos y ricos. En uno se ve el retrato del desgraciado Pedro III entre varios otros de los soberanos de este Imperio. La función de Tchesmé, combate, asunto de la isla de Lemnos, etc., se ve representado en seis grandes cuadros en otro apartamento. El salón de baile es magnífico y rico.

Después pasamos a los nuevos apartamentos de las tres pequeñas grandes duquesas que ha hecho hacer últimamente la emperatriz y son bastante cómodos y extensos. Después a la iglesia o capilla que está sobre una ala y se comunica por una terraza. De aquí bajamos a ver los juegos de agua que son estupendos y magníficos, con muchísimas estatuas y una abundancia de aguas que no se encuentra en ningunos otros. Dos gladiadores que se baten con una pistola cada uno, echan por ellas un chorro de agua que se cruza a una gran distancia y un Sansón, que en medio del tanque desquijara un león, echa por la boca de éste un soberbio chorro que monta nueve *sajenes* y medio. Cerca hay dos pequeñas logias cubiertas y en la derecha hay una «Caza» que gira como un carrusel y pájaros que cantan y mueven las alas por una máquina hidráulica y detrás un pequeño estanque donde varios patos de madera dan vueltas y graznan por medio de otra. En la de la izquierda está un órgano.

De aquí fuimos al Casino, o habitación, que está cerca de la orilla del mar, hecha por Pedro I, que se llama «Mon plaisir». Aquí noté, entre otros, un pequeño cuadro holandés de una *débauche*, en que nuestro héroe, en su vestido vulgar de Maese Pedro, bebe y hace el amor a su griseta o paisana holandesa... el retrato no puede ser más idéntico. Se ve aquí igualmente la cama y tederos que servían a dicho soberano, que por todo este ajuar, se ve vivía en la mayor simplicidad posible. Hay una terraza a la orilla del mar y bajo de un árbol grande hay un pavimento en que se pone la mesa para almorzar. Se ve aquí una muy aseada cocina en que la emperatriz Elizabeth, que gustaba de ejercitarse, hacía cosas de comer.

De aquí pasamos a Marly, que llamaba Pedro I; es un casino construido entre dos grandes estanques, en el cual hay una mesa secreta y una cama que sirvió a dicho soberano. Echamos varios pedazos de pan que allí me dieron preparados y muchos grandes peces, a quienes llama con una campanilla a la hora de comer el jardinero, acudieron inmediatamente y se lo comieron todo. El jardinero mayor vino aquí y me trajo, o presentó, frutas del jardín en el modo más civil y atento... escuela de la caballerosidad del señor Betzky.

Seguimos nuestro camino hacia el baño, que es un grandísimo y magnífico tanque, con un pabellón al remate para desnudarse y circuido de muros, cosa hermosa. Me jugaron algunos *scherzos* de agua en el jardín de flores de «Mon plaisir» y en un árbol fingido que está en otra parte.

Fuimos de aquí a ver una nueva fuente que ha hecho esta emperatriz y forma una perfecta pirámide de agua que se eleva y disminuye cuando se abre o cierra la llave del conducto, que es una hermosura y el mejor rasgo de su especie que puede verse. A poca distancia se ven también dos fuentes en imitación de las de San Pedro en Roma, hermosísimas y es lástima que sean ejecutadas en madera. Las estatuas de mármol que forman las fuentes de Adán y Eva desnudos, son de mediano mérito y el conjunto de estos jardines es magnífico y agradable sin disputa, así el soberano no tuviese otro, que entonces lo cuidaría mejor y lo perfeccionaría.

De aquí pasamos en *trusky* a la fábrica de pulir y abrillantar piedras de la emperatriz, que está pegada a dicho jardín y allí vi los ricos productos de la Siberia en piedras, mármoles, etc. Las máquinas se mueven con bastante facilidad y son sumamente simples. Dijimos adiós al atento director y fuimos al jardín inglés que se está acabando de formar a una versta de éste. El terreno es el más a propósito que quiera buscarse y el jardinero, un hábil inglés, que va formando una gran composición en este género. Estuvimos en una choza figurada, cuyo interior es el más elegante y bello. Vimos por allí excelentes grandísimos pedazos de petrificación que es lástima se traten con poca consideración y una gruta que están formando está toda incrustada y cubierta de estos... que el señor jardinero no conoce lo que valen, seguramente y de quien me contó el barón varias peculiaridades, como de apenas quitarse el sombrero cuando hablaba a la emperatriz, de no hacer caso de nadie, etc. Si no hubiera estado tan de prisa lo hubiera visitado sin duda.

El Palacio que aquí se construye demuestra sumo gusto en su exterior y va también a la manera inglesa. De aquí nos volvimos, bien fatigados de pasearnos y bien mojados, a casa del barón que me dio una taza de té y me repitió sus instancias para acompañarme a Strelna, que no está más que a siete verstas. Viendo su modo amable y buena voluntad, acepté y despidiéndonos de su mujer, que es buena moza, partimos en mi coche. Llegamos allá después de las siete.

Fuimos primero a una sierra de agua para madera, perteneciente a un particular y de aquí a pie por el jardín al Palacio de Madera de Pedro I, el mejor edificio que fabrica, aunque no es más que una casa regular de campo. Yo la preferiría, sin embargo, para vivir, a todas las demás que llevo dicho y sus apartamentos están muy bien amueblados y todo bien entretenido. La princesa Daschkov ha vivido aquí últimamente, con permiso de la emperatriz. Muy cómodo y agradable el interior y se ve allí aún la mesa en que daba de comer a embajadores, etc., este soberano, con la misma sencillez que lo demás.

De aquí pasamos al invernadero o gran invernáculo, en que se guardan muchos y riquísimos árboles frutales. El jardinero mayor, muy políticamente, me presentó cuatro canastillos que gusté y hallé mejores que ningunos otros. Inmediato observé un grandísimo árbol, muy hermoso y copado, bajo el cual suele merendar la emperatriz y se han practicado asientos para el efecto. Seguimos a ver el Palacio de Piedra, que está en una bella posición junto al camino real. Este está abandonado y casi arruinado antes que se hubiese siquiera acabado. La arquitectura es buena y las vistas de arriba, hermosas; me dijeron que el arquitecto se había ahorcado cuando el edificio estaba en este estado y así se quedó por superstición. No hay duda que ésta es situación preferible para ello a las demás, de que se infiere que Pedro I se entendía mejor a estas cosas que sus sucesores. Se ve allí el canal comenzado para comunicación por agua con Peterhof, que era como un apéndice de Strelna. En unos apartamentos bajos de este inconcluido edificio, se conservan varios muebles que estaban en el Palacio de Madera, pertenecientes a Pedro I, como son: sillas, cortinas, cornucopias, cama, mesas, etc., que todo confirma su sensato y sencillo modo de vivir.

Despidiéndome con mil expresiones de agradecimiento de mi civil y político barón de Witt, tomé mi coche que hallé lleno de frutas, que sin remedio me hicieron traer y, sin embargo, insistí en compartir con el barón, que aceptó la mitad. A las once llegué a mi casa fatigadísimo. Tomé té y a la cama.

San Petersburgo

12 de julio

Supe que la emperatriz había llegado ayer tarde a Zarkoie-Selo y yo estuve a dar las gracias y a comer con el señor Betzky. El príncipe Potemkin no ha venido. Después de comer, pasé a visitar a Cobenzl y Ségur, que no estaban en casa y después a Fitz-Herbert, que tenía mucha compañía a comer y así no entré. Fui a ver si el doctor Rogerson estaba en la suya y no había venido aún. Al retirarme lo encontré en la calle que justamente llegaba y hablamos poco y cariñosamente; lo dejé por discreción.

Me fui a casa del señor Anderson y Moubry, con quienes tomé té y estuve en conversación hasta las nueve, que fui a casa del doctor Guthrie con quien tuve larga conversación literaria. La mujer y una joven francesa nos dieron una disertación sobre el amor, curiosa. Me prestó dicho doctor la obra del señor John Howard —mi conocido de Zante— sobre hospitales y prisiones, que me he puesto a leer con sumo gusto y admiro verdaderamente la paciencia, exactitud y entusiasmo con que este héroe entusiasta de la humanidad ha trabajado en su causa. A casa a medianoche.

13 (7) de julio

Me hizo advertir el señor Betzky que me aguardaban en la comunidad de las Doncellas Nobles. Me vestí a toda prisa y marché para allá. Llegué a las diez y media y ya me aguardaban. Luego que entré vino a recibirme una directora, la señora Manactina —livonesa, muy bien parecida y dos doncellas de unos dieciséis años, la señorita Lutavinos y la señorita Política, que hablaban muy bien el francés y me dieron la mano con suma amistad y cariño. En medio de tan buenas guías seguimos, primero a ver el alojamiento de las burguesas, que está con separación y luego el de las nobles que es más magnífico.

Visitamos todos los dormitorios que son aseados y bien ventilados, aunque mucha gente junta. Luego los refectorios, con sumo aseo, propiedad y sobriedad; beben agua solamente. Luego las cocinas, con sumo aseo también y no hay una vasija siquiera de cobre; tanto mejor. Luego la ropería, en que, con el mejor orden y por numeración, está toda la ropa blanca en grandes armarios. Luego a la gran sala de baile, etc., que es hermosa. Luego por todas las clases de lenguas, dibujo, geografía, etc. Estuvimos por último en la mayor de la cuarta clase, en que la superiora, señora Lafond, me recibió con suma política, excusándose por no haberme podido acompañar. Aquí noté una buena pequeña colección de libros de historia, geografía, etc., en francés. Pasamos a un cuarto inmediato y allí cantaron y tocaron un poco algunas señoritas que la superiora llamó para el caso. Después fuimos a un gabinete en que se depositan las obras de las discípulas del convento y se notan bastantes buenos rasgos de escribanía, dibujo, obras de marfil, bordados, etc. y me regalaron una cartera muy bien trabajada. Hay también aquí varias máquinas para darles noción de física experimental.

La superiora, que tiene muy nobles modales, se despidió aquí con excusa de su edad avanzada y me recomendó a mis antiguas guías y seis doncellas más que se unieron a la comitiva, en cuya compañía seguimos a la iglesia que es bonita y después al jardín, donde me regalaron muchas flores y en una pequeña granja que hay allí tenían preparado un buen almuerzo con leche, frutas, etc., que comimos muy gustosos con aquellas buenas muchachas y algunos maestros del colegio que nos siguieron. Esta granja está montada a la holandesa y con tanto aseo como en Holanda mismo.

Después fuimos a pasearnos en una galería cubierta, que para el propio efecto hay en dicho jardín, con vistas sobre el Neva y es un muy bello rasgo de arquitectura. Aquí estuvimos un buen rato paseándonos y en tan agradable sociedad con estas muchachas, que no me daba gana de dejarlas. Mas por fin me despedí cerca de las dos PM, dándoles mi palabra de que volvería a verlas antes de partir. El número de éstas consiste en 250 nobles y 240 burguesas y el señor Betzky mantiene a sus expensas cuarenta. Por lo que toca al método, regulaciones, etc., véase el sistema completo de educación, en que todo está muy detallado. Y seguramente puede decirse que éste es el más magnífico y bien regulado instituto de su especie en Europa.

El señor Betzky, el fundador y director de todos estos establecimientos, está disgustadísimo en el día, por varias alteraciones que han hecho de sus planes y estar fuera del favor de la Corte, etc. Por la tarde fui a ver campar el Cuerpo de Cadetes de Artillería e Ingenieros que dirige el general Melissino y está muy bueno, acaso demasiado refinado el vestido.

(Esta jornada se pasó el 7 anterior, miércoles y no hoy. Por equivocación se puso este día).

14 de julio

Tuve la falúa del señor Betzky y me fui a las diez a la Fortaleza. Al entrar por la puerta floté dos marcas en la pared sobre una lápida de mármol, que manifiestan hasta qué altitud llegó el agua en las dos últimas inundaciones que ha sufrido esta ciudad. En la primera se levantaron las aguas del Neva 8 pies 5 pulgadas y en la otra, 9 pies 11 pulgadas, según dicha inscripción y nótese que este río aquí no tiene banco o altura ninguna casi en sus orillas. Entramos en la iglesia que es construida en el gusto italiano, obra de Pedro I. Aquí se observan los sepulcros de éste, su mujer Catalina I, Ana y Elizabeth, cubiertos con paños de seda bordados, en el gusto de los de Constantinopla, al modo oriental. En un relicario se enseña una cruz griega de marfil, hecha a torno por Pedro I, que parece gustaba mucho de tornear. Subimos al alto del campanario, que comanda una completa vista de dicha ciudadela y de casi toda la ciudad, sus alrededores, etc.

De aquí fuimos a ver el pequeño bote llamado el «Pequeño Gran Sire» que dio la primera idea de navegación a Pedro I y se conserva aquí, en un cuarto hecho expreso, por memoria. Los cuatro remos, velas, cañoncitos, palos, banderas y aún el gran pabellón de gran almirante están allí igualmente y lo que me pareció particular es que dicho bote está forrado en cobre, como si entonces ya se hubiese conocido esta invención. El oficial de guardia con su propia mano abrió y cerró la puerta, pues sin duda se hace responsable de este tesoro.

De aquí fuimos a ver la Casa de la Moneda, en que su director nos enseñó todo. Primero, todos los cuños de las medallas de Rusia que se han abierto con diferentes motivos. Su número es 107. Otras que se trabajan sobre la historia de Rusia, con la denominación de medallas históricas y son hasta el día, cincuenta y ocho; irán hasta el número 1.000. Se ve allí igualmente una completa colección de cuños de acero de las monedas corrientes del país. Me enseñó una gran medalla de oro que se acaba de acuñar al suceso del viaje de Su Majestad, donde se ve el país que ha recorrido, ríos, etc. y hasta el Mar Negro, muy bien por cierto. Es una de las mejores que he visto. De aquí pasamos a ver acuñar, cortar, cordonar, etc., varias piezas de moneda por el método ordinario, sin que en las máquinas se observe particularidad alguna. Una hay para acuñar con agua o caballos, que me dijeron era idea de la emperatriz, mas no se usa porque dicen que no imprime justo y no vale nada. El director me informó que se hacen aquí hasta 5 millones de rublos al año, en oro y plata y que trabajan 70 hombres diariamente.

Me fui a comer a casa, pues aún no me había vestido y por la tarde a las cuatro volví a tomar la misma falúa con el ayudante consabido y el mío —el señor Boborov, ayudante de Levachov, que vive en casa y habla francés— y marchamos. Primero a la casilla de Pedro I, que es una casuca de madera, la primera que habitó dicho emperador aquí y según aquel hombre me informó, era primero una choza de pescadores. En el día está preservada por un techo y pilares exteriores que la incluyen para preservarla, como la casa de Loreto en Italia. Nada hay interiormente y en la parte exterior, bajo los arcos y techo mencionado, arrimado a esta casa, se observa un mediano bote de madera arruinado que fue construido por el mismo Pedro I. Esta casa está en gran veneración entre las gentes del pueblo y no dudo que en otros tiempos estuviese santificada. Para mí es de más respetuosa memoria que todas las canonizaciones juntas.

De aquí pasamos a los hospitales de Marina y Ejército que están juntos cerca de aquel paraje, obra de Pedro I y pueden ambos recibir hasta 1.400 enfermos a 700 cada uno. Vi las salas que están ahora desocupadas y las blanquean, pues aquí hay la buena costumbre de cambiar los enfermos en verano a otro hospital; así se ventilan y limpian éstas, que me parecen bastantes buenas y capaces. Pasamos a los apartamentos o salas de verano que están construidos en un prado circunvecino, separadas unas de otras, de madera y con separación del Ejército y Marina. Me acompañó el cirujano en las primeras, que no me parecieron mal dispuestas y estaban ventiladas, mas no muy aseadas. En las primeras, todos me decían, cuando preguntaba qué enfermedad tenían, *franchusqui*, que quiere decir francés. El número de enfermos en el día en éste, son 650, sobre los cuales 200 con gálico y 200 escorbúticos.

Pasé a la Marina, cuyas salas me parecieron efectivamente más aseadas y regadas con cogollos de *spruce*, que mejoran el aire, mas hay demasiados juntos y no sé por qué, pues sobra alojamiento; alguna rapiña, sin duda. El cirujano me informó que sobre 260 enfermos que tenía, 65 eran gálicos y 30 escorbúticos. Hay sus baños bien dispuestos también para los enfermos, mas el terreno es sumamente húmedo y cenagoso. En la parte superior del edificio este, hay una sala de anatomía en que esta ciencia se demuestra a 50 estudiantes para el Ejército y a 30 de la Marina, que a expensas de Su Majestad se instruyen aquí y además los que quieren concurrir al estudio solamente. El aparato éste no es muy aseado, aunque tienen allí buena colección de instrumentos y preparaciones anatómicas *quanto basti*.

De aquí seguimos en nuestro bote montando el río, mas viendo que el viento nos era contrario y largo el camino para llegar hasta la fábrica imperial de porcelana que está a 10 verstas, cambiamos de resolución y nos dirigimos al convento de San Alejandro Nevsky. En nuestro camino nos divertimos, viendo el suburbio de Ojta, cuyos hombres trabajan en la Marina y las mujeres traen leche a la ciudad; apenas se pueden imaginar casucas más infelices en ningún villorrio. En ver el hermoso palacio del conde de Bezborodko que cae al río y está muy bien situado. Cuando esto, nos indujo a hablar de la población de Petersburgo y preguntándole su opinión al ayudante del señor Betzky, que es sabiondo, nos dijo con aire magistral que llegaría seguramente a dos millones por lo menos. Nosotros soltamos la carcajada y él se retractó un poco, aunque no en el todo. Según Epinus, no hay más de 120 a 130 mil almas en Petersburgo y es increíble la poca gente que se ve por la calle.

Llegamos a dicho monasterio que está justamente al remate de la ciudad y pasamos por el cementerio en que se observan los sepulcros de muchas familias de la gran distinción aquí y sus adornos, ya en bronce, ya en mármol, no están destituidos de buen gusto. Uno en gran forma se eleva ahora con magnificencia a la persona de un mercante riquísimo, llamado Zabaquin —esto es, perro— cuya superioridad, sin duda, no será agradable a los boyardos.

Luego entramos en la pequeña baja iglesia en que reposan las cenizas del débil Pedro III y luego a la que está encima, en que hay un altar todo de plata maciza, que será difícil encontrarle su igual, así por el gusto como por su riqueza, en ninguna otra parte, bien que su ejecución podía ser mejor, cosa magnífica, por cierto y me estuve allí gran rato considerándolo. Luego pasamos a la iglesia grande que se construye actualmente en el gusto de Italia y según se puede juzgar, anuncia gusto correcto y magnificencia. Yo monté hasta arriba por si podía ver algo de la gran cúpula que se pinta, mas el maderaje es tan espeso que nada se puede juzgar aún; sin embargo, los pequeños adornos que vi me parecieron muy bien. Al jardín, que está abandonado.

Nos volvimos a embarcar y descendimos el río sin encontrar cosa notable y ni aún gentes que se paseen por el agua. ¡Mal haya la alegría de Petersburgo!

Entré en casa del señor Betzky a las nueve, hallé que acababa de llegar de Zarkoie-Selo un poco malo, según me informó la señora Ribas y que mi amigo Mamonov le había preguntado por mí y recomendándome. Esto me da a entender que no he caído en desgracia, mas ¿cómo comprender la falta de las cartas y no darme respuesta aún? ¡El corrido lo dirá!

En casa, donde tuve una moza rusa; la chapé y se fue. Hoy debutó aquí madame Huss —que viene de Estocolmo— en la tragedia de *Zaire* y dicen que muy bien. Yo no la he visto.

15 de julio

Tuve carta del coronel Benkendorf en que me convidaba a comer al campamento de su regimiento y a ver un ejercicio después. Fui a la hora regular y hallé una mediana asamblea del Cuerpo Diplomático. Se comió *more militari*, bajo de una tienda y después vino el ejercicio por 800 hombres de su regimiento, que desplegaron, formaron en batalla, hicieron varios fuegos, etc., con mediana destreza y me parece que éste es uno de los Cuerpos de Infantería más bien disciplinados que he visto aquí en el país —Regimiento de Narva, creo— sin embargo de que tiene sus defectos aún. Me pidió mi opinión y se la di con sinceridad, pues me parece hombre ingenuo y que desea el bien. Hablé mucho con Baillie sobre las tropas prusianas y es exactamente de mi opinión en cuanto a Möellendorf —el gobernador de Berlín—, disciplina y movimientos de las tropas aquellas, etc.

De aquí vine con el doctor Guthrie a su casa donde tomamos té. Luego fuimos a casa del general Melissino que me enseñó el interior de su Cuerpo de Cadetes y las dos compañías de hijos de soldados, que están ahora alojados muy bien y con mucho orden, por cierto. Las cocinas, sin embargo, podían estar mejores. Los comunes están tal cual, cuyo asunto noto aquí sumamente defectuoso por todas partes. Al Ángelus u oración, cantaron muy bien y yo quedé convidado para el viernes próximo venir a comer y a visitar las clases.

16 de julio

Tuve una nota de Fitz-Herbert convidándome a comer y fui por la mañana a visitar a Cobenzl, que me recibió con suma amistad y a quien di una nota para Mamonov, quien, me dijo, le había preguntado por mí y al príncipe de Ligne, que estuvieron a visitarme el día anterior. De Ligne quedó de venir a casa de Fitz-Herbert para ir juntos al ejercicio del Cuerpo de Cadetes esta tarde.

Visité a la vieja Rumantzov, que me recibió muy bien, con sus anécdotas de Pedro I, Luis XIV, etc. A las tres fui a casa de Fitz-Herbert donde encontré al ministro de Venecia, señor de Foscari, hombre sensato e instruido, según me parece. Comimos en compañía del señor Adams —amigo de Fitz-Herbert— y su querida de Londres y después fuimos al Cuerpo de Cadetes donde tuvimos ejercicio y vino también un joven francés llamado el conde de Broglie, sobrino del mariscal, que me parece bastante presuntuoso y frívolo.

Maniobraron los cadetes asistidos de su artillería delante de Anhalt y éste me hizo mil caricias. Este cuerpo está muy bien instruido y cuidado por el barón de Balmen, casado con la hermana de la señora Capuani. Después de distintas maniobras estos jóvenes saltaron sobre el caballete y después corrieron lanzas y dardos en una especie de carrusel, muy paulatinamente. Aquí vi muchísimos conocidos de Kiev, que me hicieron mil caricias.

Con la señora Guthrie me fui a tomar té en su casa, donde tuvimos agradable conversación literaria y la señorita Golois que está allí, es algo instruida y sociable. A las nueve a casa.

17 de julio

A visitar a las nueve el Colegio de Cadetes de Tierra, con su último director el conde de Balmen, que me ha acompañado y enseñado todo muy pormenor. Recorrimos clases, dormitorios, refectorios, hospitales, cocinas, etc., que están en muy buen estado. Su número es, conforme al plan de Institución, 600, si no me engaño. ¡Oh, qué vastísimo edificio! Este país anuncia en todo, el cuerpo colosal de su Imperio. Vimos igualmente los apartamentos o gabinete de Mentchikov, el favorito de Pedro I, que están ricamente adornados a la holandesa en el gusto de aquel tiempo, con enlosados por las paredes, etc. y el fundamento de esta casa es el Palacio de dicho procurador general Mentchikov. Tienen un picadero soberbio, etc.

Concluimos a la una y vine a casa para ir a comer al Club Inglés en el que me introdujo el señor Anderson, inscribiéndome en el libro, según costumbre y pagando por mí, pues los extranjeros no pagan nada. Esta institución es excelente y muy bien reglamentada, según la describe Coxe. Aquí encontré al coronel Benkendorf, que me acompañó después de comer al Palacio de Invierno a ver los apartamentos del gran duque, que me había dado una orden para ello y estuvimos con Anderson. Admiramos un grupo de flores, obra a pastel de la gran duquesa, sumamente bien trabajada y algunas perspectivas de Hackert, muy buenas, como asimismo varias copias de las mejores composiciones en pintura, bien hechas, una señora del Batoni, en Dresde, etc. Vimos la gran escalera de este palacio, que es inútil porque, siendo inadaptable al clima, es sumamente fría y asimismo, la grandísima sala de Apolo, etc.

A cenar con el señor Betzky, que entre cosas me dijo que en la Fortaleza que teníamos delante se habrían ejecutado, sin exageración, más de 30.000 personas en tiempo de la emperatriz Ana, por orden de Biron, cuya anécdota me fue confirmada por el conde Münich, que es hombre de juicio y observación. ¡Qué coloso para resistir semejantes golpes y quedar con vida aún!

Serra-Capriola tiene baile y cena esta noche, me había convidado y yo me excusé.

18 de julio
Según mi nota a Mamonov, marché a las ocho y media de la mañana para Zarkoie-Selo, donde llegué a las diez. Hallé que mi amigo Levachov y todos los cortesanos me recibieron con sumo agrado, pues la emperatriz había dicho que me convidasen de su parte a comer con ella. El conde de Bezborodko me convidó a su casa el sábado siguiente y me dijo que el Encargado de Negocios de España había estado a quejarse de una carta que yo le había escrito y pedir reclamación de mi persona, asegurando que yo había estado al servicio de España, mas que no lo estaba ya actualmente y que se me consideraba allí como una persona peligrosísima al Imperio. Él le respondió que aquí no había ningún cartel con la España y así la petición era infundada. A que respondió que, como el Imperio Español se consideraba en peligro y eran buenos amigos, no rehusarían condescender a esta petición.

Bezborodko refirió el mensaje a la emperatriz que respondió que, si el Imperio Español estaba en peligro por mí, en ninguna parte podría yo estar mejor que en Rusia, pues era estar a la mayor distancia y que, en cuanto al aprecio que Su Majestad hacía de mí, no era por el rango que yo tenía en España, sino por mis calidades personales que Su Majestad conocía particularmente y que por ellas me había adquirido su estima y protección.[11] Y me habló con mucha amistad,

11 [Relación del primer encuentro de Miranda con la zarina]
Miranda cuenta de esta manera su encuentro con la zarina en Kiev (Diario 14-02-1787):
Estuve en Palacio pronto a las once y media hora después entró la emperatriz a quien fui presentado por el príncipe de Bezborodko, Maître de la Cour y besé la mano de Su Majestad que con sumo agrado la sacó de su manguito y me la presentó de paso —pues no se usa aquí genuflexión ni nada— y yo hice una cortesía al retirarme.
Después entré, con el permiso que me envió luego el príncipe Potemkin, a la antecámara y Su Majestad vino a hablarme inmediatamente, preguntándome

cuántos grados de calor hacía cuando era menos en mi tierra, etc. Después salimos a la gran sala donde había preparada una mesa de sesenta cubiertos —yo estaba ya convidado de antemano por el príncipe Bariatinski— en forma de paralelogramo de tres lados. Nos sentamos a eso de las doce y media. Yo estaba al lado del conde de Tchernichev que me cuidaba con suma atención y Su Majestad me envió por dos ocasiones platos que tenía a su lado. A las dos todo esto concluyó. Su Majestad se retiró a su cuarto y nosotros a casa hasta las seis y media que volvimos para la Corte otra vez. El gran salón de palacio estaba lleno de damas extranjeras y del país —éstas en vestido uniforme del gobierno en que están domiciliadas, como los hombres y no es una mala ley suntuaria— y todos los sujetos de distinción y forasteros que se hallan aquí.

En otra oportunidad, Miranda relata de esta manera un nuevo encuentro con Catalina de Rusia (Diario, 22-02-1787):
En esto vino el príncipe y me dijo que Su Majestad no consentía a que partiese en esta ocasión, pues era peligroso el paso de los ríos y me exponía a un accidente disgustoso. Le respondí que seguramente sería temeridad en mí no conformarme con los consejos de Su Majestad, etc. y todos me dijeron que esto era lo mejor. A poco rato salió Su Majestad para ir a casa del Embajador de Alemania, donde había cena y baile dispuesto y me dijo que si me quería ir a ahogar, que esto no lo permitiría ella... Le di mil gracias por su bondad y aseguro ingenuamente que este acto de su buen corazón hizo tanta impresión en el mío, de terneza y agradecimiento, que no podré olvidarlo jamás. ¡Y tanto más, cuanto que presentaba el mayor contraste a la escena que acababa de pasarme con el otro, que yo consideraba como mi buen amigo!
Entramos en casa del Embajador, donde había gran concurso y aparato; noté que el príncipe, por el camino, me habló con particular afabilidad, tocando las cábalas polonesas y personajes de esta nación que se hallan aquí actualmente... La proposición que el conde de Potocki me dijo, de que el más bello monumento de Roma era los dos Reyes Ligados que estaban en el Capitolio, decía el príncipe que en otro tiempo y no muy lejos, le hubiera enviado en kibitka a Siberia, por todos los días de su vida ¡Zape!
Me preguntó Su Majestad varias cosas durante el juego, acerca de nuestra América, de los jesuitas, de las lenguas, de los naturales del país y me dijo cómo la Corte de Madrid le había negado estas noticias —diciendo que era el secreto del Estado— para formar un diccionario que quería publicar de todas las lenguas conocidas. Me preguntó sobre las antigüedades de Atenas, templos de Minerva y de Teseo; de Italia, puente de Matalone y Carlos III en Nápoles. De aquí descendimos al estado de las artes en España, célebres pinturas que debía haber en los palacios del rey, autos de fe y antigüedades de Grana-

creyendo que todo esto era forjado por Macanaz, mas yo me persuadía que algo había en el fondo.

Salió Su Majestad para ir a la iglesia y vino derecha a mí: «¡Oh, cuánto me alegro de ver a usted!», me decía, «desde Kiev no nos vemos». «¿Cómo le ha ido de viaje?», etc. Pasé a la iglesia y me llamó con la cabeza, diciéndome en secreto que si no sabía lo que el Encargado de España había venido a decir. Que le había dicho a Bezborodko que me informase de todo para que me sirviese de gobierno y que yo ya veía lo que ella me decía en Kiev, que me guardase de semejantes gentes, etc. Y con un agrado e interés de una madre, a la verdad... ¡Oh, qué noble ánimo!

Al salir de la iglesia, el conde de Ostermann me presentó a besar la mano a Su Majestad junto con el barón de Mestmacher, ministro en Curlandia y Su Majestad decía por mí: «¿Quién es este caballero que usted me presenta como si no lo conociera? Es mi viejo conocido, antes que ninguno de

---

da... Sobre si el rey los había visto jamás; si el príncipe de Asturias anunciaba gran capacidad o instrucción y finalmente sobre el contraste que presentaba en sí mismo Carlos III en España y Carlos III en Nápoles. Últimamente me cuestionó sobre nuestra expedición de O'Reilly en Argel y si no era cierto que mucho menos de la mitad se habían retirado. A que le respondí que era una exageración y que yo creía que solo habíamos perdido una quinta parte. «¿Es posible?, me respondió y ¿artillería no se perdió mucha?». Alguna, le respondí. En fin, esta conversación fue larga y me manifestó más de la bondad de su corazón, humanidad, instrucción y nobles sentimientos de su espíritu que cuantos otros me podrían decir sobre el particular. Se retiró Su Majestad a las nueve, pues no quiso cenar.

El príncipe me preguntó qué me parecía la emperatriz y su modo familiar, amable y majestuoso al propio tiempo, sin aquella morga de nuestra Corte. Nassau me dijo que la emperatriz le había dicho que se alegraba de haberme detenido, porque no fuese que me sucediera algún accidente desagradable con el deshielo. Nuevas sensaciones de terneza y gratitud en mi corazón.

Ségur me decía que yo hacía el gran cortesano, pues en poco tiempo había logrado que la Soberana se interesase por mi persona cuando a varios extranjeros de nota no decía una palabra al mes... celillos...

vuestras mercedes», etc., chanceando. Bariatinski me dijo que me quedase a comer por convite especial de Su Majestad y Mamonov me dio mil abrazos, informándome de todo, asimismo que Bezborodko, de parte de la emperatriz, que me dijo había hablado de mí como de la persona más de su estimación. Excusó al príncipe Potemkin de que no me hubiese enviado las cartas que Bezborodko le había entregado para mí y que se alegraba, porque así se compondría todo más a mi favor, etc. Su Majestad me habló después de qué me había parecido Moscú, Zarkoie-Selo, etc. y que era menester que viese sus apartamentos interiores. Hizo llamar a Mamonov y le dijo que me manifestase todo.

Efectivamente entramos y retorné a ver la gran sala incrustada de lapislázuli, madreperlas, acaso la más rica del mundo todo y los otros cuartos a la turca, chinesca, romana, etc., observando con sumo gusto el número de libros y papeles que a la mano tenía Su Majestad, como señales infalibles del estudio y trabajo en que dignísimamente está ocupado este gran soberano en la conservación y alivio de sus vasallos y del Imperio, cosa rarísima de encontrarse. Pasamos luego al baño, cuyos ricos apartamentos en el gusto antiguo, están dispuestos con más gusto aún que los antecedentes. A la gran columnata dispuesta asimismo por el arquitecto inglés Cameron, del orden Jónico, de Erectea, en madera y merecería ser ejecutado en mármol, según su magnificencia.

Se le presentaron en este intermedio los oficiales enviados por el rey de Suecia a cumplimentar a Su Majestad, el barón de Cedeström, *Gran Maître de la Cour* de Estocolmo y otro oficial, señor... Me preguntó qué me parecían dichos apartamentos, etc. y asimismo le pregunté por qué Su Majestad no edificaba su Palacio en la montaña *des Moineaux* en Moscú, a que me respondió que porque no quería sufrir las basuras y humo de la ciudad que venían sobre aquel paraje, etc. Hablamos largo rato y luego fuimos a comer en una mesa de 130 cubiertos, creo, pues hasta este día no se permitió venir a la nobleza del país a cumplimentar a Su Majestad, que no recibe aquí ningún extranjero sin su permiso, ni ninguno de sus súbditos sino los que tienen negocio directo o son sus más íntimos. El gran duque y duquesa me hablaron también con algún cariño.

Después de comer fuimos Sprengtporten y Cedeström a dar un paseo al jardín, que deleita cada vez más y los puentes de hierro, que en imitación de los de Inglaterra se construyen, son hermosísimos por la gracia, ligereza y solidez que reúnen al mismo tiempo. El pabellón o kiosco turco es magnífico y muy bien imitado, cuyo rasgo, al lado de los demás, hace ver el mérito distinguido que en ciertas cosas merece la arquitectura turca.

Vinimos a Palacio e hicimos visita a la señora Narischkin, la copero mayor, que es mi buena amiga. Después fui para hacer mi corte al gran duque, mas era tarde, creo y así solo me detuve en los apartamentos de afuera viendo en el cuarto de las pinturas los dos cuadros de la batalla de Poltava y en el de ámbar, los famosos adornos de este género que cubren todas sus murallas, regalo magnífico de un rey de Prusia. Por equivocación tomé hacia los apartamentos de los grandes duques, que justamente salían; se sonrieron y me saludaron. Fui después a la emperatriz, que salió a las seis, en negligé de campaña. Me habló del jardín y se puso a jugar con los grandes duques, la señora Narischkin, Ostermann, etc. Yo hablé con Bruce, Mamonov, etc. y me retiré después viendo que nadie se había quedado sino los de confianza, aunque estaba muy bien recibido.

Me vine a Petersburgo donde llegué a eso de las ocho a casa de Betzky, donde la señora Ribas me dijo que algunos cortesanos habían ya criticado el que la emperatriz los había recibido secamente y que solo había afectado hablar mucho con el español Miranda. Cenamos en buena sociedad y siempre con la luz del día, pues casi no hace noche absolutamente. Münich siempre interesante.

19 de julio

Estuve en casa de Cobenzl, a quien conté mis asuntos, viéndole darme tantos testimonios y expresiones de amistad; vio mi carta a Macanaz y halló que todo estaba muy bien, excepto un poco fuerte, según su parecer. Me aconsejó como amigo y me convidó a comer para el día siguiente.

Fui a comer con la señora Ribas y Betzky en su agradable *hortus-pensilis* y casa hermosa, en cuya sociedad me instruyo y divierto sumamente. Después de comer fui a ver la familia del caballerizo mayor, Narischkin, que está ya en su casa de campo, nuevamente llegada. Encontré la señora en la puerta para salir a dar un paseo en línea y la acompañé con su cuarta hija, la señorita Marie y la mujer del hijo mayor que estaban a caballo. Nos paseamos hasta cerca de las puertas de la ciudad y a las siete volvimos a casa. La señorita de mi compañera me acompañó sola a ver todo el jardín que es bastante bien ordenado y con muchos pequeños edificios de adorno y comodidad. Está en mejor terreno que el del hermano. La señorita Marie me enseñó los apartamentos de dormir, nosotros solos, en la mayor confianza, cuya sencillez anuncia la pureza de las costumbres y después vino el padre, que me acarició como amigo antiguo. Tuvimos sociedad y a las diez cenamos en su modo hospitalario y magnífico, hasta las once y media que me retiré.

20 de julio

Temprano salí con el ayudante de Levachov y fuimos al hospital de la ciudad, llamado de Catalina. Está hecho nuevamente y muy bien dispuesto. Visitamos primero el apartamento en que están los locos, hombres en un rango y mujeres en el otro, con las celdas muy bien dispuestas y con comodidad, aseo y seguridad. Había catorce hombres y ochos mujeres solamente. Luego pasamos a las salas de enfermos, que encontramos bastante aseadas y con aire puro, resultado de no poner demasiados en una sola pieza y cuando las otras piezas que están al concluirse, estén acabadas, estarán aún mucho mejor. Actualmente hay 200 enfermos —treinta y tres son mujeres— de los cuales dieciséis tienen gálico.

La enfermedad predominante es escorbuto y la asistencia es por mujeres, que veo es incomparablemente mejor que por hombres y no resultan los desórdenes que se creía. Estas sirvientes tienen sus buenos alojamientos allí mismo, cada una cuida un cierto número de enfermos para quienes ella misma prepara la comida en su cocina particular y así me parece que él todo va mejor aquí. Concluidas las otras piezas habrá alojamiento para 300 personas y cualquiera que quiere enviar allí un criado enfermo, se le asiste de la misma manera pagando 4 rublos al mes. Esta es una de las mejores instituciones de su especie que pueden verse en el mundo, que caracteriza en parte la humanidad y sabiduría de la emperatriz.

De aquí pasamos paseando el hermosísimo y más magnífico Canal de la Fontanka, a ver las iglesias de los Marineros —que es la más hermosa— para invierno y verano, inclinando al gusto de la arquitectura italiana; la de Preobrajenski, la de... y luego vinimos a la Bastilla, prisión nueva que la emperatriz ha hecho construir a imitación de dicha fortaleza, para seguridad y comodidad de los presos y no hay duda que está hecha con inteligencia y magnificencia. Aún no está habitada por nadie y se dice que la vecindad del Teatro Principal hará tal vez que no se emplee.

De aquí pasamos a éste que llaman el Teatro de Piedra y está magníficamente construido por los principios del señor N... en forma elíptica. Su tamaño, distribución y proporciones me parecen muy bien, mas no he tenido ocasión de ver representar en él, pues actualmente se representa en el de madera, que es más pequeño. A las dos fui a comer con Cobenzl, donde había algunos extranjeros, el coronel Baillie entre ellos, con quienes tuvimos muy buena sociedad y después me habló Cobenzl de mis asuntos, con interés y amistad al parecer. Hoy escribí a Mamonov indicándole mi alojamiento y manifestándole mi agradecimiento por los favores y honras de Su Majestad.

* * *

Por la tarde estuve a ver, mediante un recado de Betzky, la Casa de Niños Expósitos, que está muy bien dirigida y dispuesta según el Plan de Moscú. Hay actualmente como 550 niños, que los de pecho los dan a criar al campo, que es lo mejor. Las escuelas, dormitorios, hospital, cocinas, refectorio, etc., con aseo y buen orden. Tienen su jardín para pasearse y jugar y su baño ruso para lavarse, que es cosa muy buena. También la escuela en que aprenden a partear quince muchachas del propio Colegio de Moscú y se les demuestra por un joven cirujano francés en una figura de cuero y madera que no puede ser más al vivo, cosa singular por cierto, mas que en la práctica no se tocan los inconvenientes que aparecen a primera vista. Una que sirve actualmente, de dicha escuela, es sumamente hábil.

Luego estuvimos a ver al subinspector, el señor Kirsbure, en sus buenísimos apartamentos, quien nos acompañó a ver el Lombard o Monte de Piedad, que está en la misma casa, en beneficio de dichos niños, bajo la dirección igualmente del señor Betzky, que me informa es, sobre pie, más equitativo que en ninguna otra parte. Él mismo me ha informado que en el espacio de veinticinco años se han recibido en Moscú —y aquí después de 5— el número de 37.600 niños expósitos. Véase aquí qué pérdida para el Estado y qué inhumanidad producen las leyes absurdas e injustas. Vi asimismo los muy buenos apartamentos que están preparados para recibir secretamente las gentes decentes que se acogen a esta institución para proteger la humanidad y la naturaleza. Muy buena cosa, por cierto. Este edificio es en su arquitectura, excelente, acaso el segundo después de la Academia de las Artes en Petersburgo. Muy bello por cierto.

Luego a casa de Betzky, a quien felicité en nombre de la nación rusa y de quien supe que mantiene a sus expensas hasta sesenta jóvenes —veinte en la Academia de las Artes, veinte en la Comunidad de las Doncellas Nobles y veinte en el Cuerpo de Cadetes— que le cuestan 12.000 rublos anuales y son marcados o distinguidos por un collarín verde los hombres y una cinta verde las mujeres. Ejemplo de patriotismo admirable y de que se han visto muy pocas imitaciones. Lo más particular es que este ciudadano no recibe ni ha recibido sueldo alguno por ningún empleo de los que ha ejercido. Tiene 8.000 rublos de pensión solamente, a los que añade 4.000 de suyo todos los años y con esto mantiene los sesenta individuos que llevo mencionados. A las once a casa.

21 de julio

Estuve a ver el famoso globo de Gottorp, mas no encontrando nadie que me abriese, me informé y hallé efectivamente que el que lo compone se ha ido a Alemania y llevado consigo la llave. De aquí partí a comer con Narischkin, el Caballerizo mayor, a su casa de campo, 7 verstas de aquí, quienes me recibieron con suma amistad y comimos en familia.

Después, a eso de las cuatro, partí para ver el Palacio de Tchesmé o Kiriky, que llaman y está sobre la ruta de Zarkoie-Selo, a 7 verstas de Petersburgo. Este edificio está hecho en forma triangular, con una torre redonda en cada ángulo y en el gusto gótico enteramente, mas sus adornos no tienen la elegancia ni pureza de este estilo. La iglesia es mucho mejor por el mismo gusto y aunque pequeña, es un buen rasgo. Este Palacio contiene los retratos de cuerpo entero de los soberanos de Europa, contemporáneos de la emperatriz: el rey y familia —esto es, príncipe y princesa de Asturias— de España. Bien parecidos, están junto con el papa Clemente XIV, en un apartamento. En otro, la de Prusia y Federico está retratado en vestido de terciopelo negro. ¡Qué feo es el príncipe Herminio, su hermano!

Muy pocos de los retratos están bien pintados aunque los marcos son riquísimos. La familia de Portugal es de los mejores, aunque los más feos de persona. Aquí me estuve paseando y considerando estas gentes soberanas largo rato y contemplando en manos de quien está la felicidad y la vida del género humano. Y al cabo de dos horas me subí arriba de un belvedere que hay en el techo con un excelente telescopio, de donde estuve considerando algunas buenas vistas que por aquel país, llano y montañoso, se descubren desde allí sin embargo.

Luego me volví a la ciudad y pasando por delante de la señora de Salohoupe, que estaba en su ventana, entré a hacerle una visita, la cual me recibió con sumo agrado y amistad, enseñándome toda su casa, etc. Me convidó a cenar y convinimos en ir a dar un paseo en el ínterin al Jardín de Verano que llaman, con sus primas las señoritas Apraxin. Fuimos allá y al entrar encontré a Gayangos que me habló y Macanaz que, embarazado, se quitó el sombrero e hizo su reverencia sin querer. Encontramos a De Ligne con la condesa Mariuci, en cuya compañía tomamos en una tienda que hay allí, helados y volvimos a su casa, donde tuvimos un *petit souper*, como en París, con Broglie que vino y me dijo que la princesa Bariatinski deseaba tanto conocerme y otras damas actualmente en el campo, etc. Hubo frivolidades y pasatiempo con risas, etc., hasta las dos de la mañana que nos retiramos a casa. Mas habiendo por casualidad hablado de S. Jorge que toca el violín y juega al florete como nadie, se hizo mención del famoso violín Jarnowick, que está aquí y De Ligne nos ofreció hacerlo tocar en su cuarto para que lo oyésemos por la mañana.

22 de julio

Temprano en casa De Ligne, donde encontré ya a Jarnowick, que sin hacerse rogar nos hizo el gusto de tocar varias cosas con bastante destreza y tal cual gusto. Mas como faltaba el acompañamiento, no pude concebir su gran ejecución y manera; me pareció, sin embargo, amanerado y bufón en su expresión, si no me engaño.

Vino Broglie que me propuso ir juntos a Gatchina, mas yo quería partir temprano por ser día de la gran duquesa. De Ligne me proponía quedar a tomar un bocado, mas yo, por delicadeza, pasé a preguntar a Cobenzl que me dijo que con mucho gusto, mas que Ségur venía y que no sabía si gustaría, etc. Con que así le dije que nada importaba y me fui a comer con Betzky.

A las tres y media partí y llegué allá a las cinco y cuarto. Solo encontré a Fitz-Herbert en dominó y a su secretario Fraser... Aquél me recibió con amistad y me convidó a comer mañana. Comenzó a venir gente y llegó Cobenzl, D'Horta, Serra-Capriola, etc., que me hablaron; mas Ségur, muy serio y yo sin hacerle caso alguno. Salió el gran duque y duquesa, que no me hablaron como al ordinario y noté alguna novedad en el semblante de varias gentes, naturalmente provenientes de las voces que los desafectos habían hecho circular. Me paseé por el jardín con Apraxin, sin acompañar al gran duque, como lo había hecho en otras ocasiones. Encontré a Fitz-Herbert que se paseaba solo y le dije, que aunque le había prometido el ir a comer, que tal vez Ségur se retiraría, según lo que me acababa de ocurrir con Cobenzl, que me había asegurado que nada tenía que hacer con la Casa de Borbón y que así les dejaría en su paz y quietud. «No —me respondió—, venga usted y aunque el otro no aparezca, usted es siempre dueño de hacer como gustase y yo no tengo el menor reparo.» Yo, sin embargo, preferí comer con Melissino, a quien lo había ofrecido de antemano. Estuve allí hasta las nueve, hora de cenar, que comenzó la iluminación como en la fiesta anterior y yo partí solo a Petersburgo. No había mucha gente y supe después por Apraxin, que la gran duquesa había preguntado si yo no había venido y dónde estaba. ¡Qué bellísimo efecto hace el camino de Zarkoie-Selo iluminado por dos líneas paralelas y rectas!

23 de julio
A las diez estuve en casa de Melissino, en Vaministrov, quien ya me aguardaba para hacerme ver su Instituto de Cadetes, cuyos dormitorios, refectorios y demás, había ya visto anteriormente. Pasamos a las diferentes clases y una por una fuimos viéndolas todas conformemente a las listas adjuntas, que allí mismo me presentó el maestro director de estudios que parece hombre bastante hábil aunque un gran pedante. Modelos de fortificación, de artillería y cuanto es necesario para una institución de estos dos ramos, tienen con abundancia, bien que me parece el plan demasiado subdividido y complicado, como se ve en la instrucción adjunta, que también me dio el mismo general Melissino a quien he debido mil atenciones.

Después de tres horas de fatiga fuimos a comer en un pabellón del jardín donde tuvimos una mesa abundante y delicada y comieron con nosotros los maestros, director, etc., quienes me informaron, entre otras cosas, que el establecimiento consiste en 400 niños nobles y 150 hijos de soldados, para cuya educación y mantenimiento en un todo, se dan por la emperatriz 135.158 rublos anuales, cuya suma es muy suficiente. Que hay además cuarenta y un supernumerarios quienes pagan 150 rublos por año, además de sus informes y gozan de las mismas ventajas de los otros.

Después tuvimos un ejercicio que en mi obsequio hizo una compañía de Granaderos y luego otra de Cazadores, muy bien por cierto y con la más refinada atención y cortesía sus oficiales, etc., a quienes di mil gracias por todo y ciertamente que en cuanto al buen orden, aseo y mantenimiento, no puede darse mejor en un cuerpo semejante.

Un contraste se presenta justamente en otra institución de la misma especie que está pegada, establecida hace once años para los griegos del Archipiélago, que consiste en 200 plazas con 42.000 rublos anuales para su mantenimiento. Estuvimos a visitarlos igualmente, mas ¡qué porquería, desorden y abandono no encontramos! Lástima que las dos instituciones no estén unidas o al menos bajo la misma dirección, ínterin no se mueven, como se dice, a la Táuride... y me es mucho más sensible por estar a cargo del príncipe, a quien engaña algún bribón en quien tiene puesta confianza.

A las siete me fui a cenar con Betzky y la señora Ribas a quienes conté el gusto en que había pasado todo el día y tuve sociedad hasta las once. Me contó y asimismo Münich, que Cobenzl, acabado de llegar, representó en una comedia francesa, delante de los grandes duques y demás, en el carácter de *valet* o criado, a quien se dieron sus buenos palos en el teatro, a la vista de todos los espectadores. ¡Qué dignidad de Embajador! De aquí el dicho que es el embajador de cómicos y el cómico de embajadores. Cosas singulares, por cierto.

24 de julio

Me estuve leyendo y luego fui a comer con el conde de Bezborodko que tuvo gran convite y todo el Cuerpo Diplomático en su casa. Luego que llegué, me tomó aparte en su gabinete y me contó muy pormenor lo pasado con Macanaz, la respuesta de la emperatriz y lo que Su Majestad se interesaba por mí, pues veía cuán fundados eran mis recelos en Kiev y que estaba dispuesta a darme cuanta protección y asistencia me fuese necesaria, etc. Salimos después y ya encontramos al conde de Ostermann y todo el Cuerpo Diplomático que aguardaba. No quedaron Ségur y los otros poco sorprendidos de verme salir con el ministro, igualmente que Macanaz y Gayangos... Hablamos por aquí y por allí y Ségur, como para hacer una reparación a su mal modo de proceder, vino hacia mí y me hizo una profunda reverencia sin hablar palabra; yo, sin alteración ni contestar, me volví y me fui hacia otra parte. Wielhorsky —acabado de llegar, que estuvo ayer a verme con suma amistad— fue presentado, después de comer, por su ministro Déboli al conde de Bezborodko y yo me retiré.

Fui a casa de Anderson que no estaba en casa y el señor Moubry, su compañero, me entregó un paquete del almirante Greigh que contiene el plan de la acción de Tchesmé que me había ofrecido. Tomé té en su compañía y fui después a casa de la señora Guthrie, donde cené y tuve larga conversación con el señor Bilan, abogado parisino, que está en este país hace largo tiempo con el fin de practicar la reforma judiciaria, etc., según las nuevas instituciones de la emperatriz y me informó de los innumerables abusos, ignorancia y falta de sistema en que se conduce aún este ramo principal de la salud y felicidad pública, la mala fe que reina en el comercio de sus resultas, etc., etc. A casa a la una.

25 de julio

En casa leyendo la obra de Howard, sobre prisiones y hospitales, que anuncia efectivamente su humanidad y originalidad en esta especie y que seguramente producirá utilidad al género humano más o menos. También los viajes del señor Coxe, cuya exactitud e información en los asuntos del país, sus revoluciones, etc., es sorprendente.

Por la tarde estuve con mi amigo el coronel Levachov en el teatro por la primera vez. Dieron una traducción francesa en ruso de una pequeña pieza, cuyo nombre no me acuerdo. Los actores y actrices, excepto un *valet*, no son cosa y asimismo el baile. Aquí en este teatro, que es el de madera, que llaman, se representa comedia rusa el domingo y el jueves espectáculo francés, que son las diversiones públicas que ahora hay. Los actores afectan la manera francesa, no solo en su vestido, mas también en la acción y en la expresión, que es lo peor que podían hacer, mas la maldita influencia va por todo.

De aquí fuimos al jardín de verano, que es el paseo público y encontramos poquísima gente, entre ella la señora Guthrie y la señora Go..., a quien hice mis excusas por haber faltado a su cita con el marido para ir a ver al profesor Pallas esta tarde. Siempre veo poca gente, de donde infiero que la población de la ciudad no es tan crecida como comúnmente se cree y que Epinus no exagera cuando dice que no va más allá de 130.000 personas.

Luego a cenar con Betzky y la señora Ribas, que es un espíritu original y me pinta a Diderot en términos curiosos: «*La morale, madame, point de religion. Elle (la morale) se trouve dans l'Encyclopédie!*».

26 de julio

Leyendo por la mañana y por la tarde salí a pie para pasear los hermosos muelles de granito que bordean los canales de la Fontanka, de Catalina, etc. y observé los hermosos palacios del mariscal Razumovski, Orlov y Tchernichev que están inmediatos a mi alojamiento que cae igualmente sobre el pequeño Morskoi.

Luego fui al Palacio de Verano, que llaman, construido por la emperatriz Ana, de madera, en el cual me aguardaban ya el ayudante y demás para enseñármelo todo, igualmente que el jardín privado de la emperatriz, por orden de mi amigo Betzky. La gran sala de recibimiento y la de comer o de bailes, son graciosas y de buena proporción. Los adornos, del gusto del tiempo en que fue construido, verde y oro. Sin embargo, tiene un aire alegre y campestre y la Corte brilla en un día de gala.

Después di una vista a la casa de Pedro I, que está en el propio jardín y realmente es un contraste a las que sus sucesores han construido después. Luego a cenar con Betzky y Münich, que siempre me instruyen en alguna cosa relativa a este Imperio y sus revoluciones.

27 de julio

Leyendo por la mañana y por la tarde vino el señor N... natural de Pistoya, en Toscana, que vino aquí por orden de Orlov y está actualmente en el Lombard y disgustado del país. Fuimos a pasear los canales y la ciudad. Vimos algunas iglesias griegas, que todas se parecen y después estuvimos en la Católica, Apostólica y Romana, que es de buena arquitectura italiana y bastante buen edificio el todo. Luego al Mercado que está inmediato y es un vastísimo edificio donde se reúnen todas las tiendas de la ciudad, al modo de los bazares de Asia y del bezistin de Constantinopla. Tiene dos pórticos abajo y dos encima, que corren por todo el paralelogramo que es vastísimo, con su gran patio en medio, a modo de un *han*. Después fuimos a las tiendas de libros rusos y después a las de los plateros que están separadas de las antecedentes y son poquísima cosa.

    A cenar con Betzky y Münich y a las diez me fui a ver una muchacha de quince años con quien dormí, mas la cama era tan maldita que tomé un resfriado y cuando volví a casa por la mañana, sentí dolores de reumatismo en la espalda. Le di 5 rublos y quedó contenta.

28 de julio

El dolor de la espalda no me deja escribir y así tuve que ponerme en cama leyendo el *Diario Sentimental*, de Sterne, que me perfecciona siempre, o corrige, al menos, mi corazón.

Vino Benkendorf a hacerme una visita y convidarme para ver su regimiento otra tarde que hiciese buen tiempo, cosa rarísima aquí. Por la tarde, finalmente pude ponerme a escribir mi diario, que está retardadísimo.

29, 30 y 31 de julio

Escribiendo todo el día hasta medianoche, a razón de siete u ocho pliegos por día y no he visto un alma por mis puertas, ni Bezborodko me ha enviado las cartas y Letras de Cambio que me ofreció.

Malditos sean los criados. El último que he tomado y no es borracho, es un glotón del demonio, que enferma a cada instante y me deja solo sin que haya uno en la casa que me entienda. ¡Qué desventaja para un viajante que no sabe la lengua del país! Me desespero a veces y me doy al diantre.

1º de agosto

Mi amigo Levachov ha ido a Zarkoie-Selo para despedirse y asimismo el señor Fitz-Herbert, que besaron la mano a la emperatriz, pues éste se marcha para Inglaterra. Wielhorsky estuvo a ser presentado, según me contó y hasta la noche que vinieron a Petersburgo no comieron, porque nadie los convidó y ellos no quisieron ponerse a la mesa con criados, etc., en la posada.

2 de agosto

Tuve un coche con cuatro caballos en 38 rublos por semana y fui a visitar al señor Anderson que me convidó a comer, mas no me quedé. Fui a visitar la condesa de Galovkin, que me recibió como buen amigo y después a la de Rumantzov, con quien tuve mi larga conversación.

A comer con Betzky y después de las tres y media marché a Zarkoie-Selo donde llegué a las cinco. Fui a casa de Bezborodko y me hizo decir que estaba enfermo y no me podía recibir, lo que me dio mala espina. Luego a hacer una visita a la copero mayor, señora Narischkin, que me recibió en fino amigo y me aconsejó fuese a hablar a Mamonov, que tal vez estaría aun en su cuarto. Fui y no hallándolo allí le escribí una nota, deseando poderlo ver para hablarle de mis asuntos. Y tristemente tomé mi coche y me volví a Petersburgo envuelto en mis pensamientos tristes, así de mi suerte como de la situación en que me hallo, falsedad de los hombres y principalmente de cortesanos, etc. Mas con esperanza siempre en la constancia y magnanimidad de la emperatriz, que es el único recurso que me queda en el día, para no ser la víctima de la política gala y de la crueldad española. Con estos tristes pensamientos me fui a la cama, donde pasé una noche triste y melancólica.

3 de agosto

Por la mañana fui a casa del ministro Tooke, inglés, que me recibió con mucho agrado. Hablamos literatura, reflexionando los adelantos de Alemania después de poco tiempo a esta parte. Dimos un paseo por el muelle admirando la hermosa calle de la Línea Inglesa y un puente que se acaba de construir en ella, el cual se levanta por medio de graves pesos que están construidos en cuatro grandísimos pilares cuadrados de granito de un solo bloque, que se mantienen por su gravedad, como los obeliscos de Roma y son obra prodigiosa del industrioso e ingenioso *mujik* ruso.

La Academia de Ciencias que se presenta enfrente, del otro lado del Neva, es hermosísimo edificio y finalmente llegamos al extremo donde está la famosa estatua de Pedro I, hecha por Falconet, «Pedro I-Catalina II». Obra magnífica seguramente, mas con graves defectos: el perfil derecho de la estatua presenta un aire tieso y afectado en el héroe, que choca y aún la postura de la mano derecha es afectada. Su tamaño es como dos veces natural. El caballo es excelente, la cola excepto, que parece de lana. Mas lo que es imperdonable, es la mutilación de la enorme y hermosa piedra que sirve de base, cuya magnitud era de una tercera parte mayor de lo que aparece actualmente y si se le quitan los pedazos añadidos, de una mitad más grande... ¡qué lástima, pues hubiera hecho un conjunto magnífico y soberbio! Los celos del autor, se dice, fueron la causa y si se considera la figura ridícula, como de un sapo, que le ha dado a dicho pedestal, tienta a creerlo. Este ministro me comunicó infinitas anécdotas de Falconet, a quien conoció y trató mucho.

Luego a la Iglesia Inglesa que es pequeña, mas muy aseada y bonita. Me dijo que la congregación sería de 200 personas solamente y se preparaba para el entierro esta tarde del Cónsul inglés, señor... que murió ayer. Pasamos a la librería que contiene una bonita colección de libros ingleses, formada por suscripción de las damas inglesas de Petersburgo. Me dio el catálogo que llegará como a 2.000 volúmenes. El que está encargado de ella, señor Howel, creo, es un original. Este políticamente me ofreció cuantos libros gustase y tomé algunos que llevé a casa.

De aquí, con el mismo Howel, que es también corredor, pasé a la Bolsa o *Exchange*, donde se juntan todos los comerciantes desde las doce a las dos de la tarde. Este es un lúgubre y mal edificio, mas las gentes se tienen fuera ínterin no llueve. Allí encontré varios amigos ingleses y en otros noté el efecto de los informes de Colombi. Se ve aquí lo crecido del comercio de Petersburgo y cuán bien situado, sin embargo, está este paraje para ello. Estuve con el señor Anderson a ver los almacenes que están en forma de «han» y noté que los pasajeros estaban sentados encima de sus baúles, por no dejarlos solos hasta que se hiciese la visita y llevárselos. Y asimismo, varios hombres que dormían encima de otras cajas de mercancías pertenecientes a los comerciantes, que prueba el riesgo de que los roben en la aduana misma.

De aquí tomamos el coche, pues todo el mundo de algún carácter en el comercio, viene en coche por la distancia y mal piso cenagoso en que está situado este paraje particularmente. Vine a comer con el señor Anderson y Moubry y después tomamos té y quedamos en larga conversación hasta las nueve. Le pedí —pues Bezborodko no me acaba de enviar la Letra de Cambio prometida— porque se ha manifestado muy amigo, 300 rublos prestados hasta la semana entrante y se me ha excusado.

Me fui a cenar con el señor Guthrie, quien igualmente que su señora se me han declarado interesados por mí en las voces que mis enemigos hacen correr, me han ofrecido su amistad y realmente me es de sumo alivio tener alguien con quien hablar y que me informe al menos de las voces públicas y de los pasos del adversario. Con este consuelo me retiré a casa a la una, después de cenar.

4 de agosto
Temprano volví a la librería inglesa, en busca del *Political Herald*[12] o algún extracto para buscar aquel párrafo que leí

---

12   [Artículo del *Political Herald* sobre Miranda]
     Miranda consigna en su Diario de Prusia (18-09-1785) este artículo extractado por el *Political Herald* de Londres del *Morning Chronicle* de la misma ciudad y fechado el 20 de agosto de 1785:

     América española
     La llama que fue encendida en Norte América, ha hecho su camino, como se previó, dentro de los dominios americanos de España. Esta emulación que encierra los compromisos del gobierno en la América Española hacia los españoles nativos y establece otras distinciones entre estos y sus descendientes del otro lado del Atlántico, ha sido una espada de doble filo y corta dos ve-

en Berlín y probablemente da fundamento a esta persecución, mas no lo pude encontrar. Me fui a comer con Betzky y la señora Ribas, con quienes estuvimos en sociedad agradable.

Después me fui a ver la manufactura de tapices en imitación de la de Gobelinos, en Francia y ciertamente que es bien adelantada, pues solo artistas rusos trabajan en ella. La fundación es de Pedro I y cuesta 19.500 rublos por año. Mantiene 125 obreros y me enseñaron veintisiete cuadros perfectamente trabajados con sus marcos, de una colección de cuarenta, que Su Majestad había ordenado para Lanskoi y que sin embargo se continúa... cosa magnifica por cierto. Los asuntos principales son de caza, pastoral, amores, mitología, etc., bien escogidos de la colección del Ermitage. Se hacen

---

ces. Si esto ha preservado hasta ahora la soberanía de España en estos lugares, ha sembrado sin embargo las semillas de un hondo resentimiento entre el pueblo.

Se celebran conferencias, se organizan reuniones en secreto entre una raza de hombres que distinguiremos con el nombre de españoles provincianos. El ejemplo de Norte América es el gran motivo de conversación y un magnífico objeto de imitación. En Londres, estamos bien seguros, está en este momento un americano español de gran importancia, que posee la confianza de sus conciudadanos y aspira a la gloria de ser el libertador de su patria. Es un hombre de criterios sublimes y de inteligencia penetrante, diestro en lenguas antiguas y modernas, entendido en libros y conocedor del mundo. Ha pasado varios años estudiando la política general, el origen, progreso y fin de las diferentes clases de gobierno; las circunstancias que reúnen y retienen multitud de hombres en las sociedades políticas y las causas por las cuales estas sociedades son disueltas y engullidas por otras. Este caballero, después de haber visitado cada provincia de Norte América viene a Inglaterra, a la que considera como la madre patria de la libertad y la escuela del conocimiento político. Como amigos de la libertad, nos abstenemos de dar más detalles respecto a esta distinguida personalidad. Es una prueba notable y un ejemplo del hecho que queríamos ilustrar. Admiramos sus talentos, estimamos sus virtudes y de corazón deseamos prosperidad a los más nobles propósitos que pueden ocupar el ánimo de cualquier ser humano, otorgando el beneficio de la libertad a millones de sus conciudadanos.

también varios retratos de soberanos y el de la emperatriz, muy bien. Y si los trabajadores supiesen la corrección del dibujo, nada habría que desear, pues colorido y trabajo son excelentes. Observé que hay dos modos de trabajar la tela: uno, perpendicular y otro, horizontal; siempre se trabaja por el revés. El edificio no puede ser mejor para el caso, grande, aseado, bien caliente, cómodo y claro.

De aquí pasé al Casino o Pequeño Palacio del gran duque, en Kaminiostrov, que es donde da sus bailes y mascaradas en invierno. Está adornado con buen gusto y hay allí una colección de pinturas en que se descubren algunos paisajes de mérito y algunas buenas copias. Los adornos de la sala de compañía en escultura de madera, doradas, son excelentes y del mejor gusto que he visto en este género de trabajo... festones y guirnaldas de flores que corren por el sofá y en dos grandes candelabros, son de una ligereza e imitación inimitable. De aquí examiné la iglesia que está inmediata y es bonitilla, con algunos cuadros a la italiana.

Luego pasé a un alojamiento o cuartel que hay inmediato para marineros inválidos, mas hallé que estos están actualmente cerca de Gatchina en los alojamientos que yo he visto y que aquí no hay más que gentes de la familia del gran duque. El jardín este no es cosa, mas la situación es deliciosísima y las villas de Strogonof y otras están vecinas. Vi aún unos pequeños apartamentos que están construidos cerca de los invernaderos, con buena idea para almorzar y comer en el invierno, por variación.

Luego a casa de mi amigo el doctor Guthrie, con quien tomé té y cenamos. La señora es amabilísima. A la una, a casa, donde encontré un billete de visita del príncipe de Ligne que ha llegado de Zarkoie-Selo... no es mal agüero.

5 de agosto
En casa del doctor Rogerson, que es amigo y a quien conté la persecución y se interesó como amigo. Después a casa del señor Fitz-Herbert, que supe deseaba verme y que era verdadero amigo, quien me recibió como tal. Vio la carta que yo había escrito a Macanaz y me dijo que ellos no la representaban fielmente, pues a él se la habían hecho ver alterando mi expresión de «inferiores» por la de *mujiks* o «lacayos», mas que aún así le había parecido bien. Y que me aconsejaba dar copias a Bezborodko y Mamonov, pues a él le parecía que nada absolutamente había en esto de impropio, sino muy conforme en todo a mi dignidad y que en la conducta de Ségur no veía otra cosa más que tener miedo aun de su propia sombra, conduciéndose como niños. Y se me ofreció como verdadero amigo para cualquier cosa que pudiera ofrecérseme, o en Inglaterra. Confieso que este alivio en medio de tanto enemigo y circunstancias de extranjero sin amigos, etc., me fue de mucho consuelo.

De aquí me fui a ver la Iglesia de los Armenios, sobre la gran perspectiva, que es bonita y de muy buena arquitectura; vimos vasos, ornamentos, etc. Di aún una vuelta al mercado y entré en las tiendas de peletería que contienen las mejores y más ricas del mundo, donde vi algunas pellizas de 8 y 10.000 rublos de valor. De aquí descendí al palacio que está enfrente, edificado por la emperatriz Ana, que se llama Anitsky-Dvor —Palacio de Ana— y fue últimamente del príncipe Potemkin, que lo ha vendido a no sé quien. Hay en él una vasta columnata hecha por el príncipe, que anuncia magnificencia, mas no tiene proporción ni gusto. Esta se dice que dio origen a la de su magnífica casa de Guardias a Caballo.

A las tres fui a comer con el señor Raikes, donde hubo, a más de la señora Raikes, dos señoritas inglesas sentimentales, que animaron infinito nuestra sociedad y no puedo ponderar la novedad con que hoy gentes de su sexo hablan de asuntos literarios, después de tanto tiempo que aún ni los hombres se daban por entendidos.

Después estuve a tomar té con mi buena amiga la señora Guthrie y habiendo sabido que la emperatriz había llegado a las seis y media de la tarde de Pella al Palacio de Verano, me fui allá a eso de las diez para ver a mi amigo Mamonov, mas no se recibía a nadie, según la orden que tenía el centinela y mi borracho de criado me explicó. Queriendo yo volver a cenar, como ofrecí a la señora Guthrie, éste me paró el coche en medio de la calle, me preguntó si yo quería volver a casa del señor Guthrie y diciéndole que sí, me respondió: «Pues yo no. Muy buenas noches» y me plantó allí. Y así tuve que volverme a casa, que es la única palabra que sé decir en ruso a los *svoschiks*. ¿Habrase dado insolencia semejante en el mundo entero? Mas lo peor es que no tengo criado para ir mañana a las diez a Palacio.

6 de agosto

Por fortuna vino el antiguo glotón y me marché a Palacio, donde me condujo por los apartamentos altos un criado que, no entendiéndome, me quería conducir al cuarto de la emperatriz, mas Anhalt, a quien encontré luego, remedió la equivocación y me envió a los cuartos de Mamonov, que había ya subido a los de la emperatriz. Y así me fui a casa de la señora Ribas que me aconsejó que volviese a Palacio, donde estaría todo el mundo hoy.

Efectivamente, llegué a las once y luego salió la emperatriz para ir a la iglesia de Preobrajenski y me hizo una cortesía bien marcada al pasar; me quedé allí hablando con distintas gentes de mi conocimiento hasta la vuelta. Llegó Normandez y los Borbones, muy hinchados y Bezborodko me habló en medio de todos ellos con bastante distinción, citándome para hablar en su casa mañana a las siete de la tarde. Yo no hice caso ninguno de ellos.

Vino la emperatriz poco después de las doce y siguiendo a los apartamentos donde come hoy con sus oficiales de dicho Regimiento de Preobrajenski, como coronel, yo me uní a su comitiva y seguimos juntos. Sirvió Su Majestad la *shala* en dos salvillas que tenían otros y ella cogía con sus manos estando de pie, lo que indica que ésta era la antigua costumbre del país. Luego pasó a la mesa donde comió con todos los oficiales de este Regimiento solamente, ella en uniforme igualmente, con vestido de mujer. Hubo gran concierto y algunas arias por los mejores músicos italianos que hay allí en el día y no valen gran cosa.

Los ministros se retiraron un poco después y así las demás gentes, mas yo me quedé allí haciéndole mi corte con el príncipe Bariatinski, Orlov, etc. y el Gran Chambelán Schuvalov me habló con mucha amistad. Su Majestad me habló de lejos con suma bondad y Mamonov saludó profundamente. En fin, viendo que era ya bastante tarde, me retiré para ir a buscar que comer y apenas llegué a casa del señor Betzky a los postres; me trajeron un poco de sopa, etc. La emperatriz pasó a eso de las cuatro —sola con una dama y un oficial a caballo, que es como va ordinariamente— al Palacio de Invierno, donde ha permanecido.

Después de un largo *tête-à-tête* con la señora Ribas, me fui a tomar té con mi buena amiga la señora Guthrie y con el doctor, con quienes he pasado agradablemente el tiempo. Vino Fraser, el Secretario de Inglaterra, que nos dio canciones de marinero borracho a hacernos reventar de risa y la señora Guthrie nos cantó una *Canción de la Piedra*, sumamente bonita y espiritual —como la copia adjunta hecha por su Banquero en Suecia—. La señorita Golois aún nos dijo algunas bastante mal. Mas duró nuestra alegría y risa hasta más de la una que nos retiramos, temiendo no levantasen el puente para el pase de las embarcaciones que siempre se hace a eso de las dos.

7 de agosto

Vino Sprengtporten por la mañana y fuimos a ver su yate en que pensábamos volver de Schlüsselburg y por cierto que es muy bonito. Luego estuvimos en la posada inglesa, que llaman, en esta misma calle de la Línea Inglesa y vimos la sala en que se dan los bailes de asamblea, por suscripción de los comerciantes ingleses, muy bonita por cierto y toda la casa es bastante buena. Fuimos aun a admirar la estatua de Pedro I, que no se aproxima sin gusto, ni se deja sin disgusto contra el autor del asesinato de la piedra.

De aquí fui al campo a comer con el copero mayor Narischkin que, con su señora, me recibió con sumo gusto. Esta me dijo que Mamonov le había enseñado mi nota que le dejé en Zarkoie-Selo, a la emperatriz; y De Ligne me dijo que la emperatriz le dijo aquel mismo día, que había visto allí a un sujeto que siempre veía con sumo gusto, el conde de Miranda, a quien estimaba mucho.

Comimos en la mejor sociedad y después estuve en lo alto de la casa, donde se descubre, desde una galería cubierta, hermosísimas vistas. El coronel Miguel Rumantzov estuvo conmigo y me dijo algo de lo que había oído de mi disputa con el encargado de España.

De aquí fui a las seis a casa de Bezborodko que me hizo decir por su suizo que viniese a las ocho en punto y así me vine a mi alojamiento, que está inmediato, hasta dicha hora.

Llegué y hallé a Markov, Suchube y otros allí. Yo entré luego con el conde a su apartamento, donde me llamó y nos sentamos a hablar despacio y desahogadamente de mi asunto. Me dijo que Normandez había estado con él y le había dicho que si él hubiera estado aquí, nada hubiese ocurrido, porque con buen modo me hubiera hablado y todo se habría compuesto amigablemente. Que en cuanto a la petición hecha por Macanaz, él la negaba absolutamente, pues en caso de que tuviesen instrucciones para ello, de ningún modo convendría el declararlo y que luego, si yo fuese el sujeto que él se presumía, para qué entrar en una polémica como él lo había hecho, etc., etc. Mas que en vista de la carta que yo había escrito a Macanaz, él estaba precisado, como ministro de España, a pedir el que yo le diese una satisfacción por escrito, hallándose injuriado. Y que yo me había presentado con uniforme en un día de gala en la Corte, en su presencia, que era cosa fuerte y que le habían dicho que yo había desistido de ponerme el uniforme. A que se le dijo la misma respuesta que ya estaba dada anteriormente, sin más variación, pues Su Majestad me había ya acordado su protección y la estima que me profesaba era personal y no por rangos ni títulos.

Me dijo asimismo que la emperatriz esta mañana le había ordenado que me diese cartas muy expresivas y de fuerte recomendación para todos sus ministros en países extranjeros, que me protegieran, prestasen auxilio en su nombre, etc. y que si yo hubiese de necesitar alguna cosa más, que le avisase; si volvía aquí sería siempre muy bien recibido y que si pensaba venir a establecerme en Rusia, que me daría un acomodo ventajoso con sumo gusto, etc., etc. Asimismo, le había dicho Su Majestad que me introdujese en sus pequeños apartamentos para besarle la mano en despedida, lo mismo que se había hecho en Kiev, pues quería que en nada se disminuyese la distinción que me había hecho y que así me hallase mañana a las doce en Palacio, que él compondría todo a mi mayor satisfacción, pues así era la voluntad de Su Majestad.

Yo le di gracias por todo y le pedí en amistad, me dijese si iba errado o si había faltado en algún punto esencial de mi conducta, pues mi ánimo era solamente preservar mi honor y dignidad, sin ocasionar ofensa a nadie, a que me dijo que todo estaba perfectamente bien.

De aquí fui a casa del caballerizo mayor Narischkin, con cuya familia pasé el rato agradablemente y observé allí un órgano y piano-forte al mismo tiempo, inglés, que es hermosa invención y de bellísimo sonido, cosa moderna. Mi predilecta la señorita Marie, tan graciosa y buena amiga. A las diez fui a casa de mi amigo Mamonov, que no me recibió y es cierto que estaba ya a la mesa y tal vez estaba allí la emperatriz. Me fui a casa y a la cama.

8 de agosto

A Palacio a las once y media. Me habló D'Horta y Déboli, los otros se hicieron los desentendidos y luego vino el príncipe Bariatinski a decirme que pasase a los apartamentos privados de Su Majestad para besar la mano y despedirme y que Su Majestad le había dicho que me retuviese a comer con ella hoy en el Ermitage. Vino un oficial de guardias de parte de Bezborodko que me enseñó el camino de los apartamentos interiores y noté que los rivales se quedaron algo suspensos.

Después de la iglesia vino Su Majestad, a quien besé la mano y me dijo con sumo agrado si quería partir ya y que me deseaba muy buen viaje; después me habló del clima de Petersburgo y otras cosas. Bezborodko me dijo que después de comer me enviaría todos los despachos a mi casa. Entramos luego al Ermitage solo las personas convidadas a comer, que no eran más que once, a saber: príncipe de Ligne, señorita Protassof, gran chambelán Schuvalov, conde de Bruce, Bariatinski, Mamonov, caballerizo mayor y yo, copero mayor, la señora Skavronska y Su Majestad. Me preguntó qué me parecía y se puso a jugar un poco al billar con muy buen humor; hizo un *chassé* y todo el mundo estaba sentado sin ceremonia. Me hablaba ocasionalmente y me preguntó si había visto las Loggias de Rafael; íbamos a verlas y lo dejamos para después de comer. Mamonov me dio mil satisfacciones por no haberme recibido, etc. y nos pusimos a comer. Hablose de América, su posición geográfica, historia natural, animales, de sus antigüedades, etc., ayudándome Su Majestad a combatir los errores de Pauw, de que parece estaba imbuido Schuvalov.

Acabado, fuimos a las Loggias —o Biblia de Rafael, que admiramos como es justo y no pude menos que decir a Su Majestad que para verlas bien, ya era menester venir a Petersburgo, pues en Roma apenas se distinguía mucha parte de ellas y que la posteridad le daría las gracias por haberlas presentado, asimismo que las estatuas principales que se hacían en bronce en la Academia de Ciencias, que le sonó muy bien. Y me dijo: «Con todo eso me cuestan muy baratas, solo 22.000 rublos, creo».

Luego fuimos por todo, enseñándome distintas cosas y yo le decía que este sitio era peligroso solo porque robaba insensiblemente el tiempo cuando se entraba en él. «Es verdad», me dijo. Después a la Pajarera, donde me dijo: «Vea usted, aquí de sus compatriotas» y hablando no sé qué de España, me dijo que las cosas entre nosotros estaban, a lo que le parecía, muy mal entendidas.¹³ Hay aquí más de 500 pájaros de

13 [Carta circular del conde de Bezborodko al embajador de su majestad imperial en Viena, príncipe de Galitzin y a los ministros en París, Londres, La Haya, Copenhague, Estocolmo, Berlín y Nápoles, fechada en Kiev el 22 de abril de 1787.¹]
El conde de Miranda, coronel al servicio de Su Majestad Católica, habiendo llegado a Kiev durante la estancia de la emperatriz en dicha ciudad, tuvo el honor de ser presentado a Su Majestad Imperial y de conciliarse, por sus méritos y cualidades distinguidos y entre otros, por los conocimientos adquiridos durante sus viajes por los diferentes continentes del globo, la benevolencia de nuestra Augusta Soberana.
Su Majestad Imperial, queriendo dar al señor de Miranda una muestra señalada de su estima y del interés particular que le profesa, ordena a Vuestra Excelencia, cuando reciba la presente carta de mi parte, conceder a este oficial un recibimiento conforme al caso que ella misma hace de su persona, testimoniándole todos los cuidados y atenciones posibles, dándole su asistencia y protección cada vez que lo necesitare y cuando quiera él mismo recurrir y finalmente, ofreciéndole, llegado el caso, su propia casa por asilo.
La emperatriz recomendándole, Señor, este coronel de una manera tan distinguida, ha querido demostrar hasta qué punto ella aprecia el mérito donde lo encuentra y que un título indefectible ante ella, para poder aspirar de preferencia a sus bondades y a su alta protección, es el de poseer tantos méritos como el Señor conde Miranda.
Tengo el honor de ser, etc.
P. S. Siendo voluntad de la emperatriz que el contenido de esta carta quede en el secreto impenetrable, me apresuro, Señor, en comunicar a Vuestra Excelencia sus órdenes.
Al señor conde de Miranda En su propia mano.

[Pasaporte imperial otorgado por Catalina II a Miranda]
Nos, Catalina II, por gracia de Dios, emperatriz y Autócrata de todas las Rusias y, etc., etc., etc.
Se notifica por medio del presente a todos y cada uno a quienes concierne saberlo, que el portador del presente, el coronel Miranda, es enviado como Correo a Londres y vuelta a Petersburgo, vía Estocolmo y Copenhague.
Por esta razón, Nos, rogamos amistosamente a todos los gobiernos y a cada uno según rango y posición, a quien sea presentado este documento y deseamos; mientras que a nuestros gobernadores militares y civiles con benevolencia ordenamos, que al mencionado coronel Miranda, lo mismo ahora que sale de Rusia, como después regresando a Rusia, no solamente se le deje pasar libremente y sin demora en cualquier parte, sino que se ordene toda clase

todas partes del mundo.

Fuimos hacia Palacio y me llevó a sus entre suelos, donde me enseñó infinitas miniaturas, esmaltes y cosas curiosas de que están llenas las paredes, nasas, etc., filigranas de la China, Persia, Turquía, etc. y me decía que a veces le disgustaba el ser tan rica. ¡Oh, qué verdad hay en ello! De aquí al cuarto de su cama, donde nos despidió con sumo cariño y me dijo daría sus órdenes para que me enseñasen el Palacio de Mármol, el martes y Pella, el miércoles siguiente.

En el cuarto inmediato me detuve con Bariatinski y la señora Skavronska a ver los diamantes de la corona, que están en dos grandes bandejas cubiertas de cristales, sumamente riquísimos y se distinguen principalmente un gran rubí, el mayor que se conoce, que está en el centro de la diadema de la Corona, como un huevo de gallina, un poco irregular la forma, mas bellísimo color y el famoso diamante, regalo de Orlov, que le costó 400.000 rublos y está en la punta del cetro, montado al claro, del tamaño de un pequeño huevo de paloma, como lo dice el modelo que me dio Betzky. El rubí será tres veces mayor que éste. Después descendimos y la señora Skavronska me hizo mil agasajos, después que los días pasados no me había querido recibir.

---

de ayuda y benevolencia requeridas, por lo que Nos, prometemos a todos los gobiernos corresponder recíprocamente en tales casos. En cuanto a Nuestros súbditos que cumplan esta orden Nuestra.
Como testimonio de ello se extiende este pasaporte sellado con Nuestro sello de Estado. En San Petersburgo día... de agosto de 1787.
Por ucase de Su Majestad Imperial.
Firma ilegible

7.1
Aunque entregada en Petersburgo, la emperatriz dispuso que esta Carta Circular fuera fechada en Kiev el 22 de abril, como había sido prometido. (Nota de Josefina Rodríguez de Alonso)

Fui a casa a aguardar las cartas de Bezborodko que por fin me envió con un secretario suyo y una libranza de 2.000 ducados de Holanda, que no me agradó, pues la suma pedida eran 10.000 rublos. En fin, me fui a tomar té con mis amigos, el señor y la señora Guthrie y éste me prometió ir mañana temprano a buscarme algún dinero sobre ella en casa de Sutherland, para pagar mi coche, pues no me quedaba un ochavo y era necesario ir a las nueve a Gatchina para despedirme. Cenamos y este amigo quedó en hacerme la diligencia. Me retiré a casa a la una.

9 de agosto
Vino mi amigo Guthrie antes de las nueve y me trajo 200 rublos que tomó de un amigo, pues en casa del Banquero aún no despachaban y era necesario alterar la orden, etc. Yo me habilité y marché a las nueve y media a Gatchina, donde llegué a las doce y media. Entré en casa del conde Puchkin, que me recibió muy civilmente y me preguntó si había ya tomado licencia de la emperatriz... con que mi venida fue muy a propósito y me dijo que comería con los grandes duques y antes de comer podría despedirme. Estaba allí el médico Kruse que me habló con amistad y me dijo que creía que yo estaba enamorado de Rusia y que no partía, etc.

En fin, fuimos a pie el conde y yo a Palacio y poco después salió el gran duque, que me dijo había oído que yo quería dejarlos, etc. La gran duquesa me habló igualmente y yo le besé la mano despidiéndome de su Alteza Imperial en los mejores términos que pude. Comimos después y yo procuré conversar con un caballero amable e instruido que me quedaba al lado. La gran duquesa y aún el duque me hablaron en algunas ocasiones.

La mesa concluida, nos retiramos a la sala del café, vinieron las princesillas y yo entablé conversación literaria con el señor Epinus. La gran duquesa vino a reunírsenos y entramos en materia por más de hora y media, en que me dio mucho gusto oírla discurrir acerca de la futilidad de la literatura francesa en general, lo mucho mejor que en esta parte le parecía la alemana y lo superior a ambas que debía ser la inglesa, cuyo idioma se proponía cultivar, aunque le costase infinito, por el gran interés y provecho que le resultaría en leer los clásicos de esta nación sólida y filosófica. Yo entré con tanto más gusto en la conversación, cuanto que me pareció era su intento oír mi opinión en el particular y acerca de literatura en que poco se había aún ofrecido hablar... y yo creo que desde el principio le he debido buena voluntad.

Me despedí del buen Epinus y a las cinco partí para Petersburgo. Fui a cenar con Betzky y la señora Ribas y después a casa de Narischkin, el caballerizo mayor, donde encontré a mi amigo Guthrie. Tuvimos sociedad brillante y cenamos. Un oficial de guardia Hanikov, buen muchacho, fue rudamente tratado por un viejo, que no le toleraba que hablase contra algunas de las absurdas opiniones de Buffon y Voltaire; si no es por Guthrie y yo que lo sostuvimos... Faltándome coche, mi Q. M. me hizo poner uno inmediatamente y nos retiramos Guthrie y yo a medianoche.

10 de agosto
Temprano en casa de Melissino, que nos aguardaba, a De Ligne y a mí, para un ejercicio de su Cuerpo de Cadetes en totalidad. Yo llegué a las diez, vi el Cuerpo que estaba ya sobre las armas y es hermoso a la verdad. ¡Oh, qué bella juventud la de esta nación! Lo revisté un poco y a las once

y tres cuartos me fui, porque De Ligne aún no aparecía y yo tenía que ver a Bezborodko al mediodía.

Efectivamente lo encontré en casa y dije la diferencia que notaba en la Letra de Cambio y que, además, yo necesitaba en todo 2.000 libras. «Muy bien, cuanto usted gustase; yo había escrito para que se le suministrase a usted el dinero de correo en Estocolmo, que son 300 ducados y además aquí, para pagar lo que usted hubiese gastado. Mas no importa. Véase usted con Sutherland y dígale usted que haga todo como usted gustase y si para ello necesitase hablarme, que me vea, etc.»

Quedé muy satisfecho, pues conocí que la emperatriz estaba decidida a servirme en todo. Y me fui al Palacio de Mármol, donde hallé el oficial encargado y criados de Su Majestad que me aguardaban. Dicho oficial hablaba inglés y así seguí con este guía viéndolo todo muy pormenor: sala de recibimientos, en que hay excelentes bajo relieves de madera flamencos; sala en que están los bustos de los cuatro hermanos Orlov; la gran sala de mármoles, riquísima; sala de comer, galería de pinturas en que hay muy buenos Van der Werff y otros flamencos; gran sala de baile de bella y grandiosa proporción; baño en figura elíptica muy graciosa, etc., etc. y los adornos y muebles de tanto gusto como riqueza. De modo que no creo haya palacio en el mundo tan perfectamente acabado en todas sus partes y con mejor comodidad o situación. ¡Qué vistas tan hermosísimas sobre el Neva y a distancia desde sus alturas...! En fin, creo que de cuantos llevo vistos, ninguno escogería para vivir, sino éste, el clima excepto.

Subimos arriba al belvedere, de donde me parece se goza la mejor vista de Petersburgo. Todo el segundo piso es aún más agradable para habitar y está igualmente bien compuesto.

Este edificio presenta a distancia —de la fortaleza por ejemplo— una bellísima proporción en conjunto y aún cuando se aproxima, sus adornos son de gusto, sencillez y juiciosamente distribuidos. La fachada seguramente no es buena ni puesta en su lugar y la escalera algo oscura. Un ala presenta cinco ventanas y la otra tres, en el frente, siendo muy desiguales entre sí. Mas, sin embargo de todos estos capitales defectos, es uno de los mejores edificios que pueden verse en el mundo entero y merece la atención de cualquier viajero instruido.

A comer con el doctor Guthrie que vino también a verlo, cuya inspección acabó a las tres y después de comer fuimos a casa de Sutherland, a quien, con motivo de habérsele muerto la mujer, no se podía fácilmente encontrar. Estuvimos con su cajero y después a su casa de campo, porque éste no sabía nada. Allí encontramos uno que me había estado buscando todo el día para entregarme 500 ducados, que el señor Strekalov, Secretario de la emperatriz, le había mandado me entregase sin falta en el día y le trajese un recibo de mi parte y el pobre había estado ya dos o tres veces en mi casa.

Le expliqué lo que quería y me dijo me seguía al instante en un *trusky* a la ciudad, mas que me suplicaba recibiese los 500 ducados, pues tenía orden positiva de entregar el recibo. Yo no los quise tomar porque creí que fuese equivocación. Mas reflexionando después sobre lo que me había dicho Bezborodko y mi amigo Guthrie que me dijo podría esto ser regalo de la emperatriz, cambié de opinión. Y cuando vino el cajero de Sutherland, que aun me repitió la instancia de que los tomase pues él estaba precisado a entregar mi recibo en el día al señor Strekalov, recibí los 500 ducados y vi que esto era un presente de la emperatriz para pagar mis gastos de Petersburgo, etc. ¡Qué delicadeza y generosidad! A Fitz-Herbert, me dijo el cajero, había también entregado 1.000 de la misma manera, naturalmente también para su viaje.

En fin dispuse que me formase una Letra de 1.000 libras para enviar a Londres y pagar las pequeñas cantidades que Gandasegui habría tal vez rehusado a mis amigos y me puse a escribir a todos, para enviar mis cartas con Fitz-Herbert, que me ofreció llevarlas e informarles de todo lo pasado, mucho en mi honor, según su opinión y que tendría mucho gusto en verme allí y poder servirme en cualquier cosa, etc., con muchas expresiones de fina amistad.

Fui a las diez a cenar con mi amigo Guthrie, donde me aguardaba Sprengtporten para acordar la hora en que debíamos partir para Pella mañana.

Cenamos juntos y nos debatimos nuestra partida a las diez, de casa de Demut, el con las damas que querían acompañarnos también y fijamos posadero donde vive Sprengtporten. Mi criado, a quien ayer noche envié a cambiar un billete de banco, se ha quedado con él, emborrachado y no ha aparecido...

11 de agosto

Fui a las ocho y media a casa del señor Fitz-Herbert que me dio de almorzar y se encargó de todas mis cosas para Londres con mucho gusto, repitiéndome lo mucho, en mi honor, que las cosas se habían pasado aquí, de todo lo cual informaría a mis amigos y que la emperatriz estaba tan predispuesta en mi favor, que si yo quería entrar en el servicio, ningún extranjero lo habría jamás conseguido con mayor ventaja, etc. Me despedí de él y fui con el señor y la señora Guthrie, que me aguardaban con su coche a la puerta, a casa de Sprengtporten, que con el coche pronto a seis caballos, nos aguardaba en la posada.

Ribestzkoy-Pella Chlüsselburg

Partimos a las once AM los cuatro: Sprengtporten, su hijo, el doctor Guthrie y yo. Las damas quedaron en reunírsenos en la casa de Narischkin mañana. El camino está pesado por la lluvia, sigue siempre por las orillas del Neva, que es una hermosura en esta estación. A 7 verstas de la ciudad está un edificio en que hay una manufactura imperial de porcelana y 2 verstas más adelante, una hermosa villa con bello jardín, perteneciente al procurador general Viazemskoy.

Siguiendo más adelante y a 5 verstas, observamos que una rueda del coche iba a deshacerse si no la reparábamos y así nos detuvimos en el lugar de Ribestzkoy, donde encontramos un herrero que inmediatamente se puso a la obra y en una hora la compuso. Nosotros en el ínterin nos entretuvimos en ver las riberas inmediatas que son elevadas y ofrecen las más agradables posiciones que quiera imaginarse para edificar casas de campo. Entramos también en varias casas de paisanos, que son pobres y bien calientes, con buena provisión de muchachos, como las demás en Rusia.

Tomamos el coche cerca de las tres y a las cuatro y media llegamos a Pella, 16 verstas adelante. Nos dirigimos luego a ver el Palacio, o casa antigua de Nepluyev, de quien lo compró la emperatriz. A una gran glorieta y terraza de madera sobre el río, que es sumamente agradable, luego a la casa, que está en terreno elevado y comanda hermosísima vista en el cuerpo espacioso de aguas que delante forman el Tosna y el Neva que lo recibe. Los apartamentos están amueblados aún como el antiguo dueño los tenía y toda la casa es de madera. De lo alto de ella, donde hay una especie de belvedere, se goza de una vista extensa y agradable. Se ve perfectamente la casa y el jardín de Volkonski, muy bien situada a la embocadura del Tosna, que entra en el Neva aquí. La casa de Falejov —el de Krementchug— y del príncipe Potemkin y de Narischkin, que están por la parte superior de la catarata, etc.

Y como nuestro doctor muere de hambre ya y hace frío aquí, nos fuimos a tomar un bocado en casa de un *traiteur* que hay aquí en el lugar. Allí comimos con el mejor apetito del mundo —¡oh, qué placer!— un pedazo de jamón y un vaso de Porter de nuestras provisiones, con algunos huevos que añadió el *traiteur*. Concluido nos fuimos hacia el Palacio a ver la fábrica de este inmenso edificio que está ya mucha parte cubierto y en dos años se cree estará acabado. Vimos el modelo en un cuarto de la casa antigua y por él se forma cabal idea de lo que éste será cuando concluido. Veinticinco cuerpos o palacios, reunidos por galerías cubiertas perfectamente para comunicar entre sí, sin el menor incomodo, forman este vastísimo y según me parece, el más vasto palacio que existe, a imitación de las antiguas Termas. La Gran Sala ocupa todo el primer cuerpo y por su grandiosidad será tal vez la mayor de que tengamos noticia aun. La de las Termas de Diocleciano que sirve de iglesia y el Panteón de Roma, son pequeñas cosas. Las proporciones de ésta y asimismo de todo el edificio, tanto por fuera como por dentro, parecen hermosísimas y el conjunto, a distancia, es bello.

Subimos encima de los techos para ver mejor la estructura, solidez y materiales. De aquí se ve Petersburgo. Hallamos que el ladrillo, aun el que se llama mejor, es malo; el granito de que se forman los pedestales o basamentos, muy bueno, blanco con pequeñas pintas negras, escogido y bien trabajado. Un sobrestante nos informó, que por sentar mil ladrillos se pagaban 2 rublos y medio al albañil y así es que tales obras se hacen con tanta facilidad aquí.

Nos paseamos después por las riberas del río —una mujer desnuda que entraba en el baño y venía del río, se rió y nada más— hacia los rápidos, que son las cataratas y vimos descender algunas barcas con la vela en facha y popa adelante. Allí se ven las marcas de un canal que Pedro I había comenzado a cavar para evitar aún este paso a las embarcaciones que deben aprovisionar a su favorita Petersburgo y no sé, a la verdad, por qué no se continuó la obra después del canal inmenso de Ladoga que es con el mismo objeto. Observamos igualmente varios bloques de granito con bandas de materia de otro color y calidad, que aquí llaman «piedra de alianza», formado por la simple naturaleza.

Tomamos nuestro coche y seguimos 5 verstas más adelante a la casa de Narischkin, para cuyo mayordomo traía yo carta del amo. Encontramos una bonita ama, que nos recibió muy bien y nos dio té y excelente crema y leche inmediatamente. Vino el marido luego, que había ido de caza y trajo cerca de dos docenas de aves que había matado en tres horas de tiempo esta tarde y se quejaba de que no había encontrado bastante. Este nos preparó camas inmediatamente lo mejor que pudo, pues, como llevo dicho, no es la costumbre del país y así nos faltaban dos cubiertas y sábanas, porque estas pobres gentes no tenían más. Mi pelliza me hizo muy buen servicio.

Este sitio fue regalado por la emperatriz a Narischkin. Se llama «Petrushkin» y está agradablemente situado sobre una ribera bien elevada del Neva, frente a la casa del príncipe Potemkin que está en la ribera opuesta y hay una pequeña isla entre las dos. A las diez nos fuimos a la cama de muy buen humor. El doctor se encargó de llamarnos temprano.

12 de agosto
A las cinco de la mañana nos hizo levantar el doctor y tomamos café. Partimos a las seis para Schlüsselburg, 22 verstas de aquí y pasando los ríos Maga, que es el mayor, Moïka y dos o tres más pequeños que descargan en el Neva, proseguimos por muy buen camino costeando siempre este río y observando varios lugares de parte y otra y muchas fábricas de ladrillo que por el agua tiene su transporte fijo a Petersburgo, etc. Cerca de Schlüsselburg encontramos un regimiento de aquella guarnición, acampado y ejercitándose con artillería, etc. Entramos en la ciudad a las ocho y ésta parece un gran *village*. Dimos aquí vista al gran lago de Ladoga, a cuya embocadura del Neva vimos cerca de cien embarcaciones al ancla. Nos paseamos un poco por sus bordes para verlo alejor y encontramos un pescador que nos quiso vender un hermoso pez por carísimo precio.

Vino el bote del comandante de esta renombrada fortaleza o prisión de Estado, situada justamente en el conmedio del río a su embocadura del Ladoga y nos pasó, con un frío que hacía más que mediano. Su comandante, el brigadier Ziegler, alemán de nación, que nos dijo con sencillez que había comenzado a servir de soldado raso, nos recibió con suma atención, nos ofreció un vaso de vino y nos acompañó a ver el cuarto en que estuvo prisionero el príncipe Iván y donde probablemente fue asesinado, aunque el dicho comandante todo era decir, «igual, igual» y se ve que el prisionero tiene siempre una guardia dentro de su cuarto. Enfrente, en otra bóveda tan negra y sucia como la antecedente, observé que había muchos legajos mal conservados y por el suelo también y me dijeron que era el Archivo. ¡Oh, Dios!

De aquí seguimos dando la vuelta por todo el rededor de la fortaleza y entrando en los torreones de los ángulos de la construcción sueca y del tope de estos y sobre el tejado donde monté, se goza una hermosa vista de este bello lago. Luego bajamos a un recinto de altas murallas que se ha construido en un ángulo de dicha fortaleza y en medio hay un edificio en forma de paralelogramo, casi al rematarse, que contiene doce pequeños apartamentos en dos rangos y su cocina con su pequeñísimo patio que sin duda era la habitación que su marido preparaba para encerrar perpetuamente a la Gran Catalina. ¡Oh, qué horror al reflejar semejante idea!

Pasamos a la iglesia y del patio observamos que hay en el lado de la puerta de la fortaleza dos órdenes de bóvedas o calabozos en número de 25 y que seis de ellos solamente tienen la ventana tapizada con mampostería, con un pequeño agujero cuadrado en el medio, por donde entra apenas luz, que es la señal de haber un prisionero dentro.

Entramos de nuevo en casa del buen comandante que nos dio un buen vaso de Málaga y nos contó que no había distinción para ningún prisionero, pues ni aun el nombre se mencionaba y que el príncipe Dolgoruky había estado en una bóveda como todas, que son iguales. Dentro hay un horno que sirve para calentarse y hacer la comida por los soldados de guardia. Alguna división con tablas para la cama es toda la ventaja que se puede procurar a un prisionero. Y nos contó igualmente que la hija de su antecesor se había casado con un prisionero —el padre de la preciosa doncella de la casa del conde de Ostermann— y cada año hacían un hijo. Este buen hombre, que parece humano y es seguramente la principal cualidad de su empleo, es tan buen luterano que tiene allí por principal adorno la mujer de Lutero y este apóstol en estampa. La guardia que hay allí actualmente son 180 soldados de destacamento.

Nos retiramos de allí después de haberlo visto todo y el comandante nos acompañó hasta la puerta. ¡Oh, qué triste idea sin embargo dan semejantes habitaciones! Mi ánimo estaba en el abatimiento y la tristeza todo este tiempo y mucho después.

Repasamos en el mismo bote y examinamos las esclusas del Canal de Ladoga que se unen al Neva, donde hay una pirámide pequeña de madera y una inscripción en ruso que dice, naturalmente, que Münich el mariscal, lo concluyó en tiempos de la emperatriz Ana. Paseamos como 2 verstas a pie para ver alguna parte de esta vastísima obra, que está muy bien hecha y con la precaución de formar con la tierra que produjo, un dique por la parte de tierra para que el lago ni sus aguas puedan jamás inundar el país. Aquí se reconoce a Pedro I.

Estuvimos también para ver una manufactura de pañuelos que hay inmediata en dicha ciudad, perteneciente a un judío, mas no la vimos porque no había quien la manifestase en aquel tiempo y así tomamos nuestro coche volviéndonos a comer a Petrushkin, donde llegamos a las dos PM y en el camino encontramos un oficial general que venía de Petersburgo para revistar aquel regimiento. Hicimos nuestra comida con huevos y leche riquísima, que fue una delicia. Mas al concluir a las tres y media, cata la señora Guthrie y la señorita Golois que llegan y nos traen muy buena comida de Petersburgo, con que continuamos mezclando nuestra comida rural con la otra y divirtiéndonos grandemente. El doctor y Sprengtporten son excelentes miembros de la sociedad y el joven amabilísimo.

Tomamos después un bote y fuimos todos al otro lado a ver la casa del príncipe Potemkin, en que hace y deshace como un niño todos los días. Yo monté a la torre o belvedere que comanda una vista hermosísima. Nos volvimos en muy buen humor y tomamos las dos damas Sprengtporten y yo;

el joven fue con el doctor Guthrie en el cupé y a las nueve y media llegamos a la villa del procurador general Viazemskoy que quisimos ver a aquella hora. Mas los jóvenes dueños que cenaban, no tenían civilidad suficiente para habérnoslo permitido y así nos fuimos al jardín que paseamos en parte y luego a un templo rotondo que está enfrente de la casa y, según pudimos juzgar, parece de buena arquitectura y bella masculina proporción.

San Petersburgo

Seguimos y a eso de las diez y media llegamos a casa del doctor Guthrie. Al entrar, una criada suiza bonitilla que tienen, creyó que éramos ladrones y corrió en camisa con una luz en la mano. Cuando la señora y yo llegamos delante de ella la encontramos aterrorizada diciendo: «*Ah, mon Dieu, mon Pére!*» y apercibiéndose de su error, apagó la luz y se retiró, dejándonos a oscuras. Reímos grandemente con el pasaje, cenamos en muy buena sociedad con los restos que trajimos y a las doce y media nos fuimos a casa.

13 de agosto

Fuimos a hacer algunas visitas y entre otras, a despedirme de la vieja condesa de Rumantzov, que junto con su hija la princesa N... me hicieron mil expresiones de cariño y amistad, regalándome la primera un retrato en busto de su hijo, el mariscal, que lo aprecio infinito y es el más parecido que he visto. Luego a comer con Betzky y la señora Ribas, quienes me regalaron un modelo del gran diamante, en plomo y dos medallas de cobre de la piedra del pedestal y la Institución de Niños Expósitos.

Después a casa de la condesa Galovkin con quien pasé la tarde en sociedad. Su marido me enseñó una bonita colección de libros que tiene. Tomamos té, hablamos en familia mucho acerca del país y cenamos a las diez, solos. A las doce a casa y tuve que dejar el criado, pues estaba muerto, borracho.

14 de agosto

Me estuve en casa escribiendo toda la mañana y tuve visita de Wielhorsky que es muy buen sujeto. A tomar el té con la señora Guthrie y a cenar en casa de Narischkin que me dijo que cuanto Coxe decía relativo a Schlüsselburg, era pura verdad, como que él había estado presente en la conversación que menciona y que varias veces le había hablado la emperatriz, admirándose de lo bien informado que estaba dicho escritor de cosas que muy pocos del Imperio sabían.

Le di las gracias por lo bien que su mayordomo de Petrushkin se había portado con nosotros y cenamos en muy buena sociedad. A las doce a casa.

15 de agosto

Estuve escribiendo en casa para Bezborodko y a las doce vino un oficial de policía de parte del gobernador a informarse si yo había partido, lo que me hizo sospechar que Su Majestad había querido informarse —y así fue— echando tal vez de menos mi carta de agradecimiento y así me puse luego a la obra.

16 de agosto
Concluí la carta de la emperatriz,[14] que consulté con mi único confidencial amigo, el doctor Guthrie y copiada se la envié

---

14 [carta de Miranda a Catalina de Rusia]
San Petersburgo, 15 de agosto de 1787 v. e.
Señora:
Que Vuestra Majestad Imperial se digne permitir que ofrende a sus pies estas humildes expresiones de mi profundo agradecimiento por todos los favores y bondades que Vuestra Majestad se ha dignado concederme desde que tuve la dicha de serle presentado en Kiev y que han penetrado de tal modo en mi alma que no podré sino quedar inviolablemente atado a su Augusta Persona. Solamente un gran e interesante asunto como el que me ocupa actualmente, sería capaz de hacerme diferir el agradable y dulce placer de poder, por mis servicios, pagar en parte lo que debo a la benevolencia de Vuestra Majestad y de compartir con sus súbditos las ventajas inestimables e insignes de que goza la sociedad bajo su ilustre y glorioso reinado. Pero en cuanto mis compromisos sean fielmente cumplidos en otra parte, como tuve el honor de comunicar a Vuestra Majestad por el señor general Mamonov en Kiev, me atrevería a recordarle su promesa y espero que su bondad se dignaría aceptar los modestos servicios de un hombre sincero que no busca en todas estas gestiones sino el beneficio y la felicidad de los demás.
La protección que la magnanimidad de Vuestra Majestad Imperial ha querido concederme, será siempre un nuevo motivo para que mis acciones resulten tan correctas como me sea posible y no dudo de que bajo tales auspicios mis deseos serán perfectamente realizados, a pesar de todas las invectivas de la cábala de un partido combinado.
La Letra de Crédito que Vuestra Majestad ha tenido a bien agregar, será utilizada juiciosamente en caso de necesidad y siempre satisfecha por mi parte, teniendo el honor de considerarme con sincero agradecimiento y profundo respeto, de Vuestra Majestad Imperial, el más humilde y muy obediente servidor.
Francisco de Miranda
A la emperatriz Catalina II.

a Bezborodko, con una copia traducida igualmente de la de Macanaz y mi respuesta que me había ya pedido antes.

A tomar té y cenar con la señora Guthrie y el doctor Guthrie y el que me contó le habían pagado una vez en el interior del país una curación con una bonita muchacha de quince años que era esclava y los amos, no hallándose con sobrado dinero, le suplicaron la tomase... ¡Qué diantre de consecuencias no resultan de un error!

17 de agosto

Escribiendo igualmente al príncipe Potemkin y a mi amigo Ribas, igualmente que al general Levachov, dándole mil gracias por su hospitalidad y favores en alojarme en su casa, etc. y di 7 ducados a los criados de éste, de regalo. Leyendo a Wraxall, en lo que respecta a Petersburgo y escribí a Mamonov también, incluyéndole una disertación de mi amigo el doctor Guthrie.

18 de agosto

Estuve a despedirme de la señorita Protassof, favorita de la emperatriz, que me había dicho que la fuese a visitar a sus apartamentos y me ha manifestado siempre estima. La hallé que se entretenía en educar a sus sobrinas. Me recibió con mucha distinción, hablamos por una hora amigablemente y me despidió con afecto, encargándome muchas memorias para el conde de Voronsov en Londres y para el señor Fitz-Herbert que era su buen amigo.

Después a casa de la señora Skavronska, que igualmente me recibió con suma amistad y cariño; me enseñó su hija, que se parece muchísimo al príncipe y habla inglés perfectamente. Le ofrecí enviar algunos libros ingleses para su educación de Inglaterra. Hablamos amistosamente por más de una hora y luego me fui a comer con mis amigos Betzky y la señora Ribas, que siempre está pronto a politicar.

Después de comer, a eso de las cinco, pasé a la casa de campo de Bezborodko, 2 verstas fuera de la ciudad, sobre el Neva, viendo que no me respondía... Sus criados no me permitieron entrar a la sala donde estaba la compañía que se acababa de levantar de la mesa y bajé a esperar abajo, mas viniendo él con los demás para dar un paseo en el jardín, inmediatamente me pidió mil perdones. Nos fuimos a pasear juntos, y, separándose de los demás, me dijo cuán contenta estaba la emperatriz con mi carta y que le había dicho que me repitiese que le avisara de cuanto necesitase y que en subiendo arriba, en un instante me despacharía todo.

Paseamos una media hora enseñándome aquel vasto jardín que en un pantano está formado con inmenso gasto y luego entré en su gabinete y solos allí se puso a escribir. Primero una carta para Sutherland que me franquease todo como yo lo dispusiera; otra para que su secretario me pasase una copia de la Carta Circular de Su Majestad a sus ministros, que yo le había pedido por si faltase algún requisito y otra para el gobernador de Viborg para que me facilitase y enseñara todo en su provincia, etc. Añadiéndome que Su Majestad le había prevenido me dijese que, como los españoles me buscaban pleito sobre el uniforme, que si yo quería usar el de coronel de Rusia, no solamente nadie se escandalizaría, sino que le daría sumo gusto. Yo le di mil gracias por todos estos favores y honras que Su Majestad se dignaba hacerme y le dije que yo probablemente no usaría ya ningún uniforme y así me era inútil el español, mas que sin embargo recibía el honor de Su Majestad con sumo aprecio y reconocimiento.[15] Me dijo

---

15 [Autorización a Miranda para poder llevar el uniforme de coronel ruso]
Kiev, 22 de abril de 1787
Señor:

también que le escribiese de todas partes sin falta, pues Su Majestad desearía saber de mi suerte. Así se lo ofrecí como una obligación de mi parte y me despedí.

Dejé la carta en su secretaría y la otra al gobernador de Viborg que no estaba en su casa y me fui a tomar té y comunicar con mi amigo Guthrie, que me aconsejó tomase en todo caso el uniforme que Su Majestad me ofrecía tan honrosamente, aunque no fuese sino por honor y distinción particular. Vi que tenía razón y resolví escribir por ello.

19 de agosto

Temprano escribí a Bezborodko sobre el particular, pidiéndole me enviase aquel mensaje por escrito, pues pensaba hacer efectivamente un uniforme de coronel de Rusia y servirme en caso necesario llamándome tal, puesto que Su Majestad quería favorecerme con tanta bondad y distinción. Al mismo tiempo llamé al sastre y ordené que me hiciese un uniforme de dicho rango, en el Regimiento de Coraceros de Katerinoslav —la gloria de Catalina— que comanda el príncipe Potemkin.

Fui a casa de Suthertand —que está encerrado por la muerte de la mujer— y dije a su cajero que aquella carta seguramente le quitaría los escrúpulos que ocasionaban su lentitud y me despacharía prontamente. Cuando la vio, el cajero quedó algo admirado y dijo que todo estaba muy bien

---

Su Majestad Imperial, persuadida de vuestro celo por su servicio y dispuesta a recibirlo en él, en el momento que Vd. encuentre conveniente, le permite, Señor, utilizar el uniforme de sus Ejércitos.
Teniendo el honor de comunicarle la voluntad de mi Soberana, aprovecho esta ocasión para dar a usted la seguridad de la consideración distinguida con la cual soy, Señor, su muy humilde y muy obediente servidor.
A., conde de Bezborodko
Señor coronel conde de Miranda
En casa del general Levachov.

y que le dijese lo que quería para despacharlo todo inmediatamente Ordené una Letra de 600 y otra de 400 rublos sobre Varsovia y Roma para enviar a mis amigos Nassau y Ribas, con otra de 1.000 libras para mi uso y un duplicado de la orden de Fitz-Herbert para enviar por el correo a Londres y todo, me dijo estaría pronto para mañana.

Comí en casa y después me fui a hacer mil visitas de despedida por la ciudad hasta la tardecita que me fui a ver a Betzky y luego a cenar con la señora Ribas. A casa a las doce.

20 de agosto

A casa de Sutherland donde todo estaba pronto.[16] Envié por el correo a mis amigos los duplicados de lo que escribí con Fitz. Escribí a Nassau y Ribas por medio de la señora Ribas y de Déboli, ministro de Polonia, remitiéndoles por duplicado las Letras de Cambio antecedentes y dándoles cuenta inmediatamente de lo que me había pasado.

Comí con mi amigo Guthrie y después fuimos a ver al profesor Pallas en su casa de campo —inmediato de Kurakin— quien solicitaba conocerme y yo lo mismo, mas los Borbones, que se lo ofrecían todos los días, no lo querían así. Hablamos

---

16 [Letra de crédito a favor de Miranda]
San Petersburgo, 18 de agosto de 1787
Señores:
Ruégoles tengan a bien pagar sobre esta Letra de Crédito al señor conde Francisco de Miranda, la suma o el importe justo de mil libras esterlinas contra las copias de sus recibos o los de su plenipotenciario, cargándolo a mi cuenta.
Tengo el honor de ser, Señores, su muy humilde servidor.
R. Sutherland
Señores Hope & Co. en Ámsterdam
Señor A. Sutherland en Londres
Pagado por mí, R. Sutherland, a cuenta de dicho crédito, la cantidad de ciento ochenta y siete libras, un Sol, ocho denarios esterlinos.
San Petersburgo, 18 de agosto de 1787.
R. Sutherland

de Historia Natural y de América, etc. y me dijo que el americano Ledyard, a quien Ségur había ofrecido el pasaporte desde Kiev, no lo había obtenido aún y se había marchado, el pobre, sin él y temía no lo dejasen pasar de la frontera. Yo me propuse hablar a Bezborodko si lo veía. Quedé convidado a comer con él a la vuelta de mi viaje a Viborg. La mujer con quien se acaba de casar es buena moza...

21 de agosto
He escrito a Gandasegui a Londres igualmente para que si acaso no hubiese cobrado el giro que me adelantó, se haga pago inmediatamente, etc. y he tenido visita De Ligne, ofreciéndome con mucha amistad su casa de Bruselas, etc., con muy finas expresiones.

Mi amigo el coronel Levachov, que parte mañana para Orel a reunir su regimiento y lleva consigo su moza que mantiene, me ha hecho buscar pasaporte y caballos, etc., para partir esta tarde a Viborg en mi calesa con el joven Sprengtporten que me acompaña, pues su padre no puede venir como me había ofrecido. Tomé té en casa de la señora Guthrie y luego fui a casa para hacer venir los caballos que no aparecían. Hoy he cambiado aun de criado por borracho y me ha venido un español, Francisco, que desertó de Inglaterra en tiempo de la guerra y era marinero en nuestra escuadra.

Me despedí tiernamente de mi buen huésped Levachov y tomé mi calesa con algunas provisiones de boca que dicho amigo me había hecho preparar en casa y me dirigí hacia casa de Guthrie.

Viborg

22 de agosto
Después de cenar con el doctor y la señora Guthrie (día 21) nos pusimos en marcha en mi calesa el señor William Sprengtporten y yo. Partimos a las diez de la noche y por un camino bastante bueno —excepto la segunda posta— seguimos nuestra ruta en la forma que sigue: país pedregoso y cubierto de monte por todas partes, apenas se descubren trazas de agricultura alrededor de los pueblos que son pequeñísimos muy pocos y sus habitantes muy infelices. Entramos en algunas casucas que sirven de casas de posta y aunque miserables, bastante aseadas y las gentes tienen aire de buena hombría y hospitalarios, mucho más que en los otros pueblos de rusos que he visto. El traje y modos aún difieren de los rusos.

Al entrar en Viborg, lo pedregoso del terreno, etc., se me figuraba la entrada de Trujillo en Extremadura. Llegamos a las ocho y media de la tarde. El gobernador nos tenía ya prevenidos apartamentos en la posada; fuimos a verlo inmediatamente. Nos convidó a comer mañana y dijo que la emperatriz le había encargado me hiciese ver todo con puntualidad. ¡Qué soberano! Tuvimos nuestro té y una pequeña cena, todo muy bien servido en dos apartamentos con sumo aseo, que el gobernador tenía ya prevenidos en la posada, con camas, etc. El sobrino de Nolken, el ministro de Suecia, estaba aquí con su flamante esposa, de paso para Estocolmo y partió por la mañana.

De Petersburgo a	Verstas
Dranchikov	25
Belaostrov	16
Río Sisterbeck, que marca los confines de la Ingria y Finlandia[17]	

[17] Nos volcó el cochero en medio del camino, mas no nos hicimos mal. (Nota de Miranda)

Lindalova	18
Pampala	20
Siuvenoya	19
Mekere	20
Riachuelo	
Viborg	22
	140

22 de agosto

A las nueve vino el ayudante del gobernador, Sherbei y poco después el teniente coronel Yekeln, con quien salimos a visitar el recinto de la plaza, dando un paseo por encima del parapeto, de donde se ven perfectamente los alrededores y parajes donde camparon las tropas rusas que sitiaron y tomaron la plaza en tiempo de Pedro I, posición de la división de Apraxin, etc. ¡Qué rocas y más rocas por todo el rededor!

La ciudad toda está situada sobre una masa enorme de granito. Observamos sobre dicha muralla una antiquísima cureña sueca de hierro, como las que modernamente se creen nueva invención en Inglaterra. Observamos el paraje por donde Pedro I, el hábil ingeniero, abrió la brecha a dicha plaza. El reducto o batería que plantó para ello y aún se conserva con su nombre por memoria, etc.

De aquí bajamos, después de haber recorrido más de 3 verstas, para ver el oficio en la Iglesia Finlandesa, que es un edificio gótico y había decente congregación. A la Alemana luego, en que estaba el gobernador que es livonés y muchas de las principales damas. Después a la Rusa, que estaba llenísima de gentes y hacía un calor de los demonios. ¡Oh, qué gusto ver a los hombres reunidos y tolerantes, sin aborrecerse unos a otros porque sus persuasiones sean diversas!

Tomamos aquí el coche del gobernador, que se llama señor Hinsel y es teniente general del Ejército y pasamos el puente para ir a la fortaleza de Santa Ana, que es una extensa obra a corona para abrigar los puestos comandantes desde donde Pedro I atacó la plaza. Mas por evitar un defecto se ha formado otro, que es hacerla demasiado extensa. Montamos por curiosidad en lo que se llama batería de Pedro I, saltando rocas y más rocas. Visitamos algunos cuarteles que sirven de alojamiento a las tropas en el modo ruso, su horno y entablado alrededor, sin más cama.

De aquí bajamos a un arsenal en que hay la artillería de la guarnición y después entramos a hacer visita al general comandante, brigadier Delwig, teniente general, que me parece hombre civil. Me convidó a comer mañana y me prestó un plano de la catarata de Imatra. Luego a la torre del castillo que llaman y es un antiquísimo edificio que seguramente servía de alojamiento al señor del país en otro tiempo. Del tope de esta torre, que se descubre desde gran distancia, se comanda una hermosísima vista y se ve casi toda la ciudad. La dejé con disgusto, pues se aproximaba la hora de comer y el gobernador aguardaba.

Fuimos sin embargo en el coche a ver un casino de campo, llamado «Mon repos» que el príncipe de Wurtemberg, gobernador general de la Provincia, ha hecho inmediato a la ciudad, en un paraje verdaderamente romántico y solitario. De la altura de algunas rocas se goza de muy buenas románticas vistas de rocas, lagos y bosques. A la una y media, a comer con el gobernador que ya nos aguardaba. Aquí encontré al procurador señor Schilling, hermano de la señora Benkendorf, que ha servido en el Regimiento de Irlanda y ha estado en la casa de O'Reilly en el puerto de Santa María. Tuvimos con la *shala* un pastel grande de pescado que nos lo comimos enteramente y consecuentemente nos pusimos a la mesa. Solo hubo de damas la gobernadora, que no había más que livonés.

A las tres concluimos y después de tomar café nos pusimos en el coche del gobernador, su ayudante, el teniente coronel Yekeln, Sprengtporten y yo, partimos para Imatra, 60 verstas de aquí. Mudamos caballos dos veces que estaban ya prevenidos y observé que estas gentes son mucho más inocentes y amigos de servir que los rusos, contra quienes tienen una antipatía singular. A algunos niños que vinieron hacia donde estábamos mudando caballos, ofrecí algún dinero y no lo quisieron tomar, pues no sabían su valor. Les daba un *navó* y lo tomaban con agradecimiento. ¡Dichosos vosotros, pueblo inocente! Los hombres y mujeres marchan a caballo comúnmente y corriendo como gamos.

A las nueve llegamos al río Wogsa, que forma la catarata, cuyo ruido sentimos a 5 verstas de distancia. Pasamos en una barca cerca de un rápido que no dejó de causarme algún temor, mas aquellas gentes conocen eso. En otra pasó nuestro coche y caballos y nosotros seguimos a pie como una versta, a Zitola, pequeña casa de campo de una viuda conocida de los compañeros. No estaba en casa, mas los criados nos dieron luz, etc. y nosotros cenamos con unas provisiones que traíamos y después nos fuimos a dos camas que había y otros sobre la paja, donde dormimos grandemente hasta las cuatro.

23 de agosto

A esta hora nos pusimos en pie y en una *kibitka* llena de paja con dos caballos, marchamos los cuatro a la catarata que está a 3 verstas de aquí. Llegamos y en una galería de madera que hay allí aún, de cuando vino la emperatriz a verla, corrimos arriba y abajo, mas para juzgar mejor del conflicto, es necesario bajar sobre las peñas abajo y allí se ve el estruendo con admiración.

El plano adjunto, que me regaló el señor Schilling, es justo y así se ve que la inclinación del plano de los rápidos, pues no es otra cosa, son 32 pies, creo. Tomamos algunas piedras reducidas a diversas formas por el rodamiento de las aguas y después vimos el antiguo lecho del río, que se fraguó el nuevo que ocupa ahora, sin que una gota de agua vaya por el otro. Mas se ven las piedras perforadas por el agua, etc., signos de que también corría con precipitación por allí.

Después de haber bien examinado y gozado de la rareza de este sitio nos volvimos a casa a tomar café. Allí encontramos una moza del país que vendía un hermoso pez y preguntándole su valor, nos respondió con sencillez que no sabia. ¡Oh, qué pureza! Se le dio un rubio y se puso de rodillas para dar las gracias. Tienen estas gentes el pelo blanco como lino y sin un rizo absolutamente. Las mujeres, grandes y duras tetas.

Después fuimos versta y media más arriba, en el mismo coche, a ver el lago Saime y formación o nacimiento del río Wogsa, que forma la catarata ésta llamada de Imatra. Es noble y majestuosa la corriente de aguas al formarse; hay allí una peña un poco destacada donde me monté y se ve perfectamente. No sé a la verdad por qué en este amenísimo sitio no hay una casa de campo; poco más abajo hay un molino.

Nos volvimos y ya hallamos nuestro coche del otro lado, que tomamos a las siete y media y nos pusimos en ruta de vuelta. Entramos en algunas casas de los lugares por donde pasábamos, que por lo general estaban abiertas sin que nadie robe nada. Vimos cómo secan el trigo con el calor del fuego para suplir el que el Sol les rehúsa. Muchísimos niños por todas partes y las mujeres y niños venían a ofrecernos fresas y frutas silvestres por todas partes, contentándose con lo que se les daba que recibían con agradecimiento.

Llegamos a eso de la una a la ciudad. Nos detuvimos en un suburbio para ver el Hospital Militar que contiene 208 enfermos, la mayor parte de los cuales van a tomar el baño ruso por su pie y el aire y aseo no es bueno. De estos hay cincuenta y ocho con enfermedad venérea. El total de la tropa son 6.000 hombres y así se ve que el país es sumamente saludable, no produciendo más hospitalizaciones.

De aquí pasamos a la prisión que está en la ciudad y allí encontramos 120 prisioneros en unas cuadras no malas, aunque sin disposición alguna de camas y algo puerco. Algunos que tenían las narices cortadas nos dijeron ingenuamente que por ladrones de gran camino y noté que apenas hay dos prisioneros finlandeses y el gobernador me informó que no se conoce el hurto entre ellos absolutamente y que la bestialidad o fornicación de vacas, etc., es el crimen dominante, del cual los delatores son las mujeres. ¿No será celos el motivo?

Pasamos a casa del comandante que nos envió su coche y nos aguardaba con una compañía de damas, entre quienes había la señora de Semange, joven livonesa bonita y de espíritu, mas ninguna hablaba francés y así pagué yo mi falta privándome de su conversación. En cambio el general Delwig me favoreció con la suya, que es instructiva y agradable.

A las cuatro, fui a casa del gobernador, que me aguardaba con su bote para ir a ver el puerto que está 12 verstas más abajo y se llama Transund. Pasamos un puente pequeño que defiende el acceso por agua a Viborg y está edificado sobre una pequeña rola o roca, donde observamos un inválido que vive allí tan contento, con su pequeñito jardín, su vaca y su familia, acaso más feliz que los que ocupan palacios. A nuestro arribo, diez embarcaciones inglesas y holandesas que había allí cargando tablazón, saludaron nuestro bote a voz y la embarcación de guardia con el cañón.

Seguimos inmediatamente a nuestro primer objeto, que era el ver un obelisco disforme que se acababa de cortar allí para ponerse en el remate del canal de la Fontanka en Petersburgo. Efectivamente fuimos allá con el ingeniero encargado que nos lo mostró e informó que su largo era 49 pies y la base 35. No sé, a la verdad, por qué no se ha cortado mayor, pues la masa de granito blanco es enorme y el método como lo hacen sumamente fácil e ingenioso. Cortaron un bloque de 12 pies delante de mí para que lo viese y es de la manera siguiente: trazan en la gran masa las dimensiones de la pieza que necesitan y profundizan estas líneas por todas partes de una o dos pulgadas. Luego, por la linea superior, que guarnecen de dos reglas de hierro para que los bordes resistan, atracan con cuñas de hierro y a golpe de mazo, que a iguales distancias se dan a un mismo tiempo, se abre la piedra por las mismas líneas como siendo linea de menor resistencia y es increíble la facilidad con que se ejecuta esta operación, cuya ejecución solo pide pocos minutos. El gran bloque del obelisco se destacó por la fuerza de veinticuatro hombres con otros tantos mazos a la vez, mas yo les pregunté si no sucedía alguna vez que se abriese por otra parte la piedra y me respondieron que sí, mas que era muy rara vez. Y cata aquí el gran problema resuelto de cómo los egipcios destacaban sus grandes masas de piedra. De esta cantera se sacan las piedras para formar el parapeto y muelles de Cronstadt y el granito es de una calidad excelente y fácil de transportar, pues está a la orilla del mar. Me informaron que unos contratistas habían pedido por destacar el obelisco solamente, 80.000 rublos, mas que el *mujik* ruso había dicho que ellos lo destacarían fácilmente por el método dicho, que no ha costado más que 15 rublos 30 kopeks, lo que confirma la opinión de Betzky sobre el ingenio del campesino ruso. Solo costará dicho obelisco concluido y puesto en su lugar por estas gentes, 43.000 rublos. Véase la diferencia y por qué se hacen prodigios en este país, cuyo origen es el *mujik*.

Entramos en una pequeña posada muy aseada que hay allí y nos sirvieron té, ponche, etc., muy bien. Tomamos nuestro bote y nos pusimos en retirada para la ciudad, donde no llegamos hasta las nueve PM Me contó el gobernador en ese rato, cuán honesto era el pueblo finlandés y que si no fuese por la historia de sodomía y alguna disputa entre propietarios, la justicia no tendría aquí nada que hacer..., lo que igualmente confirmó el señor Procurador Schilling, que sabe tanto de leyes como las vacas criminales. Y asimismo me informó que hay dos establecimientos en este gobierno —y lo mismo en los demás del Imperio— fundados por la emperatriz: uno de una casa de Inoculación donde se practica gratis esta operación y al pobre se le mantiene el niño hasta que esté bueno. El otro, una escuela gratis para hijos de soldados que contiene 400 niños en la ciudad ésta y 200 más en el resto del gobierno. Y dichas escuelas son para 20.000 niños de esta especie en todo el Imperio. ¡Oh, gran Catalina!

La población de esta plaza es de 3.000 habitantes y el gobierno todo contiene como unos 200.000 individuos. La guarnición de la Plaza, 6.000 de tropa reglada y la de la provincia inclusa era de 14.600 hombres. Hablamos de varias peñas de granito que había observado en el camino descompuestas enteramente y otras a medio descomponer y me dijo que los paisanos, aquí y en Rusia, para formar el camino las descomponían fácilmente calcinándolas un poco con fuego y echándoles en caliente agua encima. Me convidó a cenar, mas yo preferí partir inmediatamente y así me acompañó a la posada, donde tomamos té. Escribí este memorándum y pagué al posadero que solo nos cargó 5 rublos por los tres días, almuerzo, criado, etc.

A las doce de la noche nos pusimos en marcha, despidiéndonos de aquellos civiles y hospitalarios oficiales que nos acompañaron con tan buena voluntad. Y el gobernador no dejó de encargarme que hiciese presente al conde de Bezborodko cómo había procurado hacer lo mejor conmigo, etc.

24 de agosto

Mi compañero y yo dormimos grandemente toda la noche y a eso de las diez y media llegamos a Lindola, donde era necesario torcer el camino para ir a la fábrica de Sisterbeck. Aquí encontramos al tío de mi compañero, hermano de la mujer de Sprengtporten, el señor Glasenstierna, que iba a verlo a Petersburgo. Liamos conversación y de nuestras provisiones reunidas comimos grandemente y acordamos seguir juntos, pues él también deseaba ver dicha manufactura. Tomamos café que el que cuida de la posta, para quien traje carta del gobernador, nos sirvió en un cuarto donde también comimos.

En fin, con caballos que aquí se nos dieron, no muy buenos, seguimos por malditísimo camino y bosques salvajes en que, según se nos informó, hay muchos lobos y aun osos y con paciencia y trabajo llegamos a eso de las cuatro PM al lugar y manufactura de Sisterbeck, 23 verstas adelante, fundada por Pedro I, para hacer armas para el ejército.

Llegamos a casa del Director, señor Euler, hijo del famoso matemático, que hace nueve años tiene esta comisión y me había convidado en varias ocasiones para que viniese a verla. Hablamos de caballos y no los había, que fue lo peor, mas el buen paisano finlandés nos ofreció continuar con los mismos si gustábamos. Y así le dijimos buscase qué darles de comer, ínterin nosotros visitábamos la manufactura.

Tomamos café con el señor Euler y en su compañía seguimos nuestra inspección. Visitamos varias cuadras muy bien y magníficamente dispuestas para trabajar, mas qué poca obra se veía. Me dijo éste que podrían emplearse hasta 1.000 hombres, mas que solo había actualmente 400 y lo dudo. Lo que vimos que se trabaja actualmente son puentes, puertas y canapés de hierro, de muy buen gusto, para Zarkoie-Selo, etc. Hay también una fundición para cañones, mas no se trabaja aún y no hay duda que la posición es admirable para el transporte y con una abundancia de aguas que se puede hacer lo que se quiera. Las máquinas para trabajar son verdaderamente muy bien ejecutadas y de una sencillez admirable, mas no veo que se trabaje aquí nada para vender, excepto algunas limas que se cortan con facilidad por una buena máquina, que éste me asegura ha costado solamente 100 rublos, cuando otras tres, que hay allí hechas por un tal Fisher, inglés, costaron a la emperatriz 25.000 y no valen nada ni se trabaja en ellas. Toda esta maquinaria se mueve por agua abundantísima y dominante, que se recoge en un grandísimo depósito formado por el río Sisterbeck y el arroyo Chornariska.

Todos los alrededores, según me informó aquel señor, contienen una mina hermosísima para hacer el mejor acero y se comienza a trabajar actualmente, mas no veo los provechos que se saquen de esta estupenda fábrica de manufactura. Dice el Director que paga completamente los gastos, sin embargo.

Tomamos té. Después, escribí este memorándum y partimos a eso de las siete para Petersburgo, que distará 25 verstas, creo, con nuestros malos caballos. El señor Glasenstierna me dio uno de los dos que llevaba su silla sueca, que son ligerísimos y así seguimos con mucha paciencia hasta la una que llegamos a Petersburgo y yo, con dificultad, pude encontrar luz para entrar en mi cuarto.

25 de agosto

Fatigado en casa. Tuve visita de D'Horta, que no se atiene a políticas bajas y me recibió muy amigablemente en su casa el 19 pasado, diciéndome que los españoles habían despachado un correo extraordinario y que Gayangos había recibido la orden de retirarse sin ser presentado a la emperatriz, burlándose un poco de ellos. Yo le respondí con circunspección y allí lo dejamos. He estado copiando la carta para el príncipe Potemkin y estuve por la tarde en casa de la señora Ribas, que me dijo había dirigido con seguridad mi carta a su marido, que aún estaba con el príncipe en Krementchug. A cenar con la familia Guthrie.

26 de agosto

A ver montar la guardia por segunda vez en el Palacio de Invierno, cuya parada llegará a 300 hombres de Guardias de Infantería y ochenta de Guardias a caballo. No se pone ninguna atención en ella y a eso de las diez de la mañana entra esta tropa en el gran patio de Palacio, cambia la guardia sin concurso ni aparato alguno y ni aun se ven militares espectadores.

Mamonov no recibe por la mañana tampoco, con que me fui a casa después a escribir al mariscal Rumantzov, a Kiselov, etc. y por la noche estuve en casa de mi buen amigo Narischkin y ofrecí algunos libros a mi favorita, la señorita Marie, que está muy fina siempre.

27 de agosto
Trájome el sastre uniforme, capote, capa, calzones, etc., que me cuesta más de 200 rublos y luego el fajín, 56. Fui a comer a casa de Betzky, donde por acuerdo se encontraban el señor y señora Guthrie, para ir después a casa de Melissino, que nos había convidado para gran función, con motivo de ir allí los pequeños grandes duques, a distribuir dos medallas de premio.

Después de nuestra comida, que fue en bastante compañía, nos fuimos allá donde había bastante vulgar concurso y algunos militares. Apraxin, que encontré aquí, me dijo que fuese a cenar con Mamonov que me quería siempre bien, mas yo no estaba muy contento de su última conducta. Le dije que sí, sin embargo.

Vamos a esta fiesta, que después de estar el cuerpo formado en batalla, llegaron los Señoritos con Soltikov y D'Anhalt. Comenzaron las maniobras con artillería, etc. y después se formó un círculo en que entramos los militares que por allí había y estos Señoritos dieron las medallas a dos recomendados por el director, quienes en una tediosa y adulante arenga francesa, dijeron a estos muchachos que eran nacidos para mandar al género humano, grandes príncipes, etc. y luego creemos extraño si casi todos los soberanos son orgullosos y desprecian a los hombres. ¡Oh, qué adulaciones y bajezas no hacían aquellos hombres para halagar a estos muchachos! De modo que me enfadé tanto que tomé a la señora Guthrie por la mano y me fui a su casa, donde tomamos té, hablamos literatura y tomó tales ganas de aprender inglés, que compró diccionarios, etc., inmediatamente.

28 de agosto
Me dijo la señora Ribas que partía esta noche un cierto coronel —que llegó pocos días ha— con pliegos para el príncipe Potemkin, a Krementchug y así me fui a Mamonov, a quien dejé billete con mi carta para el príncipe Potemkin.[18] Después a comer a casa del doctor Guthrie con Pallas, que estuvo aguardándonos hasta las cuatro en su casa el otro

18 [Carta de Miranda al príncipe Potemkim]
Petersburgo, 22 de agosto de 1787
Monseñor:
Desde que tuve el honor de escribir a Vuestra Alteza de Kiev, he proseguido mi viaje por Tula, Moscú, etc., recibiendo mil atenciones de los gobernadores respectivos, gracias a las apreciables cartas de Vuestra Alteza mi llegada a Petersburgo, percibí los síntomas de la conspiración que yo había previsto de antemano y que estalló algunos días después, conducida por el Encargado de Negocios de Francia y representada por su pupilo el de España. Una carta por su parte fue el inicio y mi respuesta el final de la polémica... Me tomo la libertad de anexar aquí una copia, por si usted quiere leerla, habiéndome enterado que la bajeza llegó hasta el punto de interpretarlas mal y que el ministro de Francia, en Quijote o Protector Universal, se ha metido en el asunto formando una Liga ofensiva con todas las ramas componentes de la Casa de Borbón, Austria, etc. Sin embargo, Normandez, a su llegada aquí, ha desaprobado ministerialmente todo lo que sus tutores hicieron hacer anteriormente a su Encargado de Negocios. Si usted lo desea, el conde de Bezborodko podrá informar a usted de esto, siendo la única persona que está al tanto de todo y que puede, mejor que yo, instruirle de lo demás sin correr el riesgo de importunar a usted.
Espero que mi conducta y mi circunspección en el caso presente merecerán su aprobación o al menos indulgencia por los errores, habiéndome encontrado destituido absolutamente de toda asistencia y en medio de extranjeros indiferentes, a quienes no era prudente consultar... Me precio también de que mis acciones serán siempre calculadas de manera a que usted no tenga que arrepentirse de las muestras de honor y estima que vuestra bondad tuvo a bien concederme.
Su Majestad la emperatriz, siempre grande y magnánima, tuvo la benevolencia de concederme su soberana protección y colmarme con sus favores durante todo este conflicto, lo que ha penetrado tanto mi alma de reconocimiento y admiración hacia su Augusta Persona, que no podría expresarlo a

día, por defecto del criado del doctor que no le previno nada y así el día que fuimos nosotros no encontramos a nadie y fuimos en busca de algo que comer por todo aquel camino de Peterhof y solo una tortilla encontramos en un cuarto más frío que el demonio, mas reímos grandemente con la señora Guthrie que es la mejor mujer del mundo.

De retirada pasamos por Katerinenhof, que yo no había visto y es un paseo con arboleda situado a la embocadura del

---

usted. Incluyo igualmente una copia de la carta que escribí a Su Majestad sobre el mismo asunto, puesto que usted me dijo en Kiev que así lo hiciera y no hay nada que desee más que obtener en todo su digna aprobación. Entre los favores con que Su Majestad ha tenido a bien honrarme, está el de llevar el uniforme de coronel de Rusia con su total consentimiento, cuando yo quiera utilizarlo, lo que consideraré siempre, así como la Carta Circular de S. M. I. a sus ministros en las Cortes Extranjeras, como la prueba de distinción más honorable y halagadora que pueda jamás poseer en el mundo. En consecuencia, he hecho hacer aquí un uniforme de vuestro Regimiento de Coraceros de Katerinoslav, para llevarlo conmigo como un valioso recuerdo, si esto merece su entera aprobación.

Cuando considero, mi príncipe, cuánto le debo por todos estos favores, así como por todas las bondades que usted ha tenido para con mi persona, le confieso que estoy realmente confuso, no sabiendo de qué manera testimoniarle los sentimientos de respeto, de reconocimiento y admiración que están grabados en mi corazón hacia su ilustre persona. Pero yo me prometo al menos, que usted me hará la justicia de creer que no hay nadie en el mundo que lo estime y le sea más sinceramente afecto que yo.

Pienso partir de un momento a otro para Estocolmo, Copenhague e Inglaterra, siguiendo el plan que me he propuesto en mis viajes, como tengo el honor de comunicarle y no dejaré de darle mis noticias ya que su bondad ha tenido a bien permitírmelo, deseando siempre conservar su estima y su amistad como la cosa que más ambiciono en el mundo.

Tengo el honor de ser con el más profundo respeto y completo agradecimiento, de Vuestra Alteza, el muy humilde y muy obediente servidor.

F. de Miranda

P. S. Tuve el placer de ver aquí a la señora condesa de Skavronska, así como a su encantadora niña que ya habla el inglés perfectamente y me encarga decir mil cosas a su querido tío.

Su Alteza príncipe de Potemkin

Neva, con un mal palacio de madera desusado enteramente y después pasamos a casa de un librero a comprar varios libros. Esto fue el 24 por la tarde. En fin, hoy comimos con Pallas, hablamos de cosas científicas y quedamos convidados para ir a comer a su casa de campo el miércoles próximo si no me había ido. Yo me fui a casa a chapar una moza que me trajo mi criado y no valía un demonio, con quien dormí.

29 de agosto
A comer con el príncipe Kurakin y Wielhorski en la casa de campo de aquél, con cuya familia comí en la mejor sociedad. Estuve a despedirme de Ostermann. A tomar té con la señora Guthrie y a cenar con Mamonov. Allí encontré a Ribeaupierre y Apraxin que se vinieron a mí con mucha amistad; luego entró Mamonov que me dijo había ya enviado mi carta al príncipe Potemkin. Y luego, separándome a un lado, me repitió que le escribiera siempre, que era mi amigo, etc. Un poco después comenzamos a hablar solos, burlándose de los diplomáticos, cuando en esto entran Cobenzl y Ségur, que quedaron un poco sorprendidos.

Fuimos a cenar. Cobenzl se puso a mi lado y Ségur enfrente. Hablamos de arquitectura, literatura, hombres de letras, etc. y cuando yo hablaba, Ségur bajaba la cabeza, Cobenzl entraba en contestación. Conocí que Mamonov estaba contento con la escena y concluida la mesa, fueron Cobenzl y Mamonov a jugar los trucos... Ribeaupierre me dijo amistosamente que dónde vivía para irme a visitar y que mirase bien dónde iba, porque tenía enemigos; que por qué no me quedaba aquí donde la emperatriz me estimaba tanto, etc. Estuve en sociedad en el billar hasta las doce y media que fui a casa.

30 de agosto

Temprano a la Academia de Ciencias donde, con el bibliotecario Backmeister, di aún una visita a la Biblioteca y Gabinete de Historia Natural, examinando aún la Preparata famosa de Ruysch, en que se ve el embrión como una cabeza de alfiler y hasta que nace todo en la naturaleza.

Después a rever aún la figura de Pedro el Grande, sus uniformes y simple ajuar, como todos debíamos usarlo. El Código o Instrucción de Catalina para formarlo, escrito de su propia mano y que solo bastaría para inmortalizarla. El monetario riquísimo de medallas antiguas y modernas, 20.000 en número, creo y entre ellas la que acunaron en París para Pedro I a tiempo que éste visitaba la fábrica de la moneda. Una espada corta ricamente guarnecida, que se cree y realmente parece, antigua. ¡Pieza rara! Y la colección de insectos del doctor Hill en Inglaterra, pintados con sublime perfección en varios volúmenes que compró la emperatriz, creo que por 10.000 rublos solamente, etc., etc. La llave para el globo de Gottorp no se pudo conseguir.

De aquí fui a la Academia de las Artes, cuyo secretario, el señor... me había convidado para ir a ver una estatua de la emperatriz. Lo encontré en su magnífico alojamiento con mucho gusto por cierto y me informó que acababa de declararse la guerra con la Puerta y que Bulgakoff estaba en las Siete Torres, cuya noticia me sorprendió infinito, pues nada se comprendió anoche en casa de Mamonov. Dimos una vista al hermoso rotondo patio de esta Academia y me dijo cómo mi idea de hacer el Apolo colosal para ponerlo en medio había sido adoptada y que se iba a poner inmediatamente en ejecución.

Fuimos a casa del estatuario señor Chubine, Consejero de Corte, ruso de nación y que ha viajado... Su estatua de la emperatriz, de tamaño natural, en mármol, teniendo el cetro en la mano inclinado hacia tierra y con la diestra mostrando las leyes que son las que deben gobernar, es muy buena... Debe colocarse en el templo que está en la gran casa del príncipe Potemkin, donde seguramente hará un bellísimo efecto.

De aquí a casa de Sprengtporten, que está enfermo en la cama y con la noticia de la guerra se ha avivado. Comí allí y después fui a ver la casa de fundición de la Artillería que está junto al Arsenal y es magnífica y muy bien dispuesta. Hay algunos preparados actualmente, que entierran para vaciar otras tantas piezas. Fui aun a dar otra visita a la magnífica Terma del príncipe Potemkin, que es grandiosa cosa por cierto, mas hallé que el peristilo lo deshacían para añadir a las cuatro que tiene, dos columnas más y me temo que con tanto deshacer echen a perder el edificio.

Luego al gran baño ruso, en que vi mujeres y hombres todos mezclados, en la suposición de que son casados. Nos paseamos entre ellos y las mujeres en cueros sin vergüenza alguna. Es tal la costumbre aquí, que en el campo y junto a los ríos, se encuentran lo mismo, sin que hagan la menor admiración. El sábado, en que también vi este baño, es el día de mayor concurso.

Notamos varias tropas por la calle, ya de marcha a reunir el ejército, espectáculo sumamente militar y debe inferirse a la poca admiración que manifestaba la gente, que es una nación a quien la guerra es familiar. El señor Moubry me comunicó los adjuntos estados de la importación y exportación del comercio de Rusia, etc.

Vine a casa para chapar una moza que un criado recomendado me ofreció y era virgen. No hablaba sino alemán, quería que le pagase cuarto y la pobrecilla tenía miedo, con que se fue y yo no quise violentar su voluntad.

31 de agosto
Fuimos a comer con Pallas al campo. Estaba allí Cameron, el arquitecto de la emperatriz y Buchs, el jardinero. Hablamos del caso con uno y otro, que me informaron que no se podía concluir una buena pieza de arquitectura porque los señores se mezclaban y lo mismo en el jardín, mas que el césped podía tenerse tan bueno como en Inglaterra, si lo supiesen manejar y que la Ruina era la mejor pieza de su especie en el jardín.

Después a comprar *El Diablo Cojuelo*, para leer en el viaje y *Gil Blas*. A tomar té con la señora Guthrie y cenar en casa de Narischkin.

1° de septiembre
Fui a casa de Bezborodko por la tarde. Me dijeron que estaba en el campo y le seguí allá, donde juntos llegamos. Él venía de Palacio. Me pidió excusas por no haberme despachado y me pidió diésemos una vuelta en el jardín y que lo haría inmediatamente.

Subimos después a su gabinete en donde entró y me dijo que la guerra había venido antes que lo que esperaban o deseaban, mas que era menester tomarlo como viniese. Que los turcos habían dado proposiciones inadmisibles a Bulgakoff, quien las tomó *ad referendum*, etc. y que sobre esto lo habían llevado a las Siete Torres, aunque con más civilidad que antes y con aparato de política; que el Internuncio había protestado amenazando retirarse y que el Embajador de Francia les había escrito que su emperador no podría menos que pedir a Dios por el éxito de las armas mahometanas, etc., con bajeza como cristiano. Que se habían dispuesto dos ejércitos independientes enteramente: uno bajo el mariscal de Rumantzov y otro bajo el príncipe Potemkin. Que no creía comenzasen las operaciones hasta la primavera, pues justamente ésta era la estación en que reinaban enfermedades por aquella parte, etc.

En cuanto a mi carta, me dijo que la emperatriz le había permitido me la escribiese de dos modos y datándola de Kiev para que todo fuese consecuente y así resolvimos que me la escribiese como está. Me dijo que Normandez había despachado un correo extraordinario y que él había evitado hablarle a propósito, hasta que yo partiese y que le había instado por respuesta sobre su petición, a que él le respondió que no había más respuesta que lo dicho y que no se podían injerir en que yo diese o no satisfacción a Macanaz. «Con que he hecho bien en despachar mi correo», dijo entonces y así se quedó. Me repitió que le escribiese de todas partes, pues Su Majestad deseaba saber de mí y que esperaba nos volviésemos a ver, etc.

Me fui a despedir del señor Betzky, que con ternezas y amistad me dijo adiós y así también la señora Ribas y el buen Münich. Luego a cenar a casa de mi buen amigo Guthrie, donde había un comerciante inglés, hombre sensato, que me habló de mi amigo Stephen Sayre, cuando estuvo aquí. Y su hermana, una señorita que es mujer instruida, con quienes pasamos agradablemente el rato. Yo llevé a Belland a su casa y por el camino hablamos de legislación, lo que me puso en gana de ir a ver los Tribunales antes de dejar a Petersburgo.

2 de septiembre

Vino por la mañana el doctor Guthrie y a las once fuimos a los tribunales en que el gobernador, señor de Kakovnitzin, teniente general, me recibió con sumo agasajo y me acompañó por todas las demás salas explicándome todo y luego me dio

un oficial de la policía para que me hiciese ver los hospitales y prisiones y me dijo que mañana temprano me aguardaría en la Duma o Tribunal de Mercantes, para explicarme todo.
Por la tarde ésta, el doctor comió en casa conmigo. Fuimos primero a la prisión de la policía, donde hay 125 hombres y dieciséis mujeres, prisioneros la mayor parte por deudas y en cuadras bien cuidadas, mas sin acomodo de camas ni nada. Abajo, en otra cuadra infeliz, están los que han recibido el knut y van a presidio. En el conjunto no están tan mal estos.
Luego el Hospital de Catalina, que volví a visitar con sumo gusto, pues es uno de los mejores de Europa... asistido por mujeres. Aquí está la Casa de Corrección, donde hay cuarenta y un hombres y cincuenta y cinco mujeres ocupados en cortar leña y raspar palo de tintura como en Holanda. Los hombres ganan 20 kopeks al día y las mujeres 10, con lo cual se les mantiene y el resto se da a la casa; cuidan del aseo y lavan la ropa del hospital. La asociación de estas dos ideas es excelente.
A la Casa de Caridad, donde se mantienen 816 personas de ambos sexos, que humanamente no pueden trabajar y pueden recibir hasta mil. Visitamos las cuadras y aunque el aire es denso, aquellos viejos están contentos, reina aseo y un aire de satisfacción en los pobres, que indica están gustosos. Aquí está asociada igualmente la Casa de Trabajo, en que 139 hombres y treinta y nueve mujeres prisioneros trabajan en cortar leña, raspar palo, pilar yeso, etc., de cuyo producto se les mantiene y con el resto pagan cualquier hurto que no llegue a 20 rublos, a razón de 5 kopeks por día, hasta el completo pagamiento de dicho latrocinio. Un francés, ayuda de cámara de Sutherland, estaba allí por lo mismo. Las cuadras que estos tienen para dormir no son muy buenas,

mas se piensa remover todo esto al sitio donde está ahora el Almirantazgo, que debe pasar todo a Cronstadt.

Visitamos igualmente algunas escuelas de las que sirven para el público en general, sobre el mismo plan de la de Moscú. Hay diez de éstas en Petersburgo que admiten 4.000 niños gratis y se les enseña a leer, escribir, aritmética, geometría, alemán, francés, etc. y la Institución en toda la provincia llega en total a 10.000, estos incluso. ¡Oh, sabiduría y bondad de Catalina! Qué gusto da ver esta hermosa juventud ocupando el más ventajoso tiempo de la vida tan útilmente.

Al anochecer fuimos a casa del señor de Soimonov, Director del Gimnasio de Minas, para que diera sus órdenes para verlo mañana. Nos recibió civilmente en su casa, nos dio té y nos enseñó una muy buena colección de minerales y piedras de Siberia. Aquí vimos distintos y muy bellos pórfidos, negro y de todos los colores, granitos, etc. y un guijarro de más de un palmo de largo y ancho en proporción, de lapislázuli, del mismo paraje, haciéndonos ver al mismo tiempo el crecidísimo aumento que tenían las minas de oro y plata en aquella provincia hoy día. Y quedamos en ir al Gimnasio mañana a las doce. A cenar con la señora Guthrie.

3 de septiembre

Fuimos a las nueve y media a la Duma donde el gobernador me había aguardado más de una hora. El juez que vi, un oficial que allí había, me hizo ver todo con suma urbanidad. Vimos el Instituto, su reglamento firmado por la emperatriz, muy bellamente, la colección de libros para conducirse en sus juicios, etc. y me dio el papel adjunto, que contiene los nombres de los 99 miembros que lo componen.

Luego fuimos a los tribunales del gobierno para ver los que no estaban ayer. Me acompañó el mismo gobernador y hallamos que el conde de Schuvalov, que preside en el de Conciencia, no estaba allí. Corrí todos los demás que son semejantes y hallé por ellos que entre Pedro I y Catalina II apenas hay un ukase, prueba del abandono en que durante dicho período estuvo el Imperio.

Estuvimos también en el de la Policía que está en el mismo paraje y vimos allí infinitas gentes que tenían dependencia. El Intendente nos informó que se despachaban allí anualmente como 20.000 causas y 10.000 prisioneros y que este tribunal fue instituido el año de 1782.

Supe que mañana daban el knut, que no lo he visto aún. Subí arriba a casa del gobernador que me dio las listas adjuntas que contienen los veinticuatro tribunales, creo, del gobierno de Petersburgo y me indicó dónde encontrar las Instituciones del Gobierno, de la Duma y de la Policía, en alemán, que efectivamente encontré. Me hizo mil expresiones de afecto y de respeto que agradecí infinito.

De aquí marché al Gimnasio de Minas y cuando llegué estaban los cadetes a la mesa. Vino el Inspector, señor Felkner —sajón y consejero de Colegio— quien me informó que el señor P. A. Soimonov, Director, me había estado aguardando hasta poco antes y que todo estaba a punto. Vimos los dormitorios que están bien dispuestos y con aseo y decencia. Vino luego el maestro principal de Minas, señor Renovantz, de Dresde también, teniente coronel, que nos condujo a la biblioteca y colección de máquinas físicas y químicas, muy bueno todo y bien ordenado. Hizo asimismo su lección demostrativa a los estudiantes para que yo viese y pasamos al gabinete de historia natural que está muy bien ordenado y contiene piezas naturales sumamente instructivas. Observé aquí dientes y mandíbulas de elefantes perfectamente conservados, que se han encontrado en Siberia y si los que han querido dudarlo hubiesen vístolos, no se habrían empeñado en ello.

De aquí pasamos a otra gran sala que contiene varios modelos en madera de minas, casas de fundición, etc. Se nota primero un hermoso modelo de Cronstadt, puerto, canales, etc.; aquí se ve perfectamente aquella inmensa obra. Ídem de la casa de Olonitza —en el gobierno de Nóvgorod— para fundir cañones, que es obra magnífica, dirigida por el señor Gaskin, inglés. Ídem de la casa de Moneda de Katerinenburgo, en que se hace moneda de cobre. Modelo sumamente curioso de la famosa montaña de Serpientes, en la provincia de Kolivan, en Siberia, que ha producido a la Corona, del año 1747 hasta el de 1787, 22.000 *pouds* de plata pura y 680 *pouds* de oro puro, gastos pagados. En dicho modelo se ven curiosamente las galerías que se han trabajado en distintos tiempos y las que siguen, método de practicarlas, etc.

Luego vimos otro modelo de una mina trabajada en pilotaje y otro modelo que manifiesta distintos estratos como están comúnmente formados por la naturaleza... todas, piezas que contribuyen mucho a dar cabales ideas de las cosas a los que desean instruirse en ello.

Después pasamos a ver la mina ideal que se ha practicado bajo tierra positivamente, con todo costo para hacer ver la progresión y método de un trabajo semejante y las ventajas e inconvenientes que resultan de seguir buenos o malos principios en dirección. Se ve por todo que, cuando se trata de educación pública, la gran Catalina no ahorra nada.

Luego pasamos a la casa de dicho Inspector Felkner para formar un memorándum, quien me informó que las minas de oro y plata de Siberia en general no producían más que dos *zolotniks* por *poud*, esto es, 45 kopeks y que esta Institución contiene en el día 128 estudiantes, a saber: cincuenta y siete cadetes, doce estudiantes, cuarenta y un pensionistas, catorce de diferentes rangos, cuatro gimnasistas.

Un pensionista paga 102 rublos al año y 75 kopeks y por ello goza de alojamiento, mesa e instrucción, que consiste en las clases siguientes: tres para lengua rusa; una para lógica; tres para lengua alemana; tres para lengua latina; tres para lengua francesa; dos para aritmética; una para geometría; una para sublime matemática; dos para geografía; dos para historia; dos para física; dos para dibujo; dos para baile; dos para música; una para mineralogía, geometría subterránea y arquitectura subterránea; una para química metalúrgica... y dieciséis profesores en todo... y acaso demasiados ramos.

Escribí una nota de excusas al señor de Soimonov y el maestro de Minas, señor Renovantz nos hizo ver un tratado que acaba de imprimir en alemán sobre las minas de Siberia. El Instituto este está muy bien reglado y cuando la fábrica se concluya estará con más comodidad.

De aquí fuimos a tomar un bocado a casa de la señora Guthrie y a las cuatro fuimos al Colegio de Guerra, que es el único que queda en el gran edificio que para todos los Colegios construyó Pedro I, de bóveda todo. Un coronel encargado nos estaba aguardando y con mucha política nos enseñó la sala en que se sientan los miembros, que es suntuosa y luego pasamos a los cuartos inmediatos que sirven de secretaría y donde hay una imprenta. Pasamos arriba también, donde está el Archivo y el resto del edificio contiene hoy los demás archivos de la ciudad que, efectivamente, no pueden estar en paraje más seguro de fuego, etc.

De aquí fuimos a ver un hermosísimo tigre —o leopardo, como llama el señor de Buffon— que algunos italianos han traído de Marsella en una jaula y lo hacen ver en el picadero de cadetes por un rublo. Bellísimo animal por cierto, el más hermoso de su especie que he visto.

Fuimos luego a comprar un fajín para mi uniforme, que sin borlas me costó 56 rublos en la fábrica de galones, etc., para el ejército, cuya manufactura que se llama de Mogonckov, emplea 200 obreros diarios y me entretuve viendo hacer galones, que ciertamente es una máquina como un órgano, que se maneja con los pies... o fuerza de la costumbre. Fui por la última vez a cenar con la señora Guthrie, que me dio muchas cartas para Suecia, etc.

4 de septiembre
A las nueve tomé mi coche y fui cerca del Monasterio de Nevsky a ver dar el knut que no había visto. Estaba un botalón (aquí una figura) fijado por tierra y los verdugos, hombres de mucha fuerza y no desestimados por los otros, según vi, se ocupaban de componer el zurriago. En esto vino el preso a pie con un piquete de cosacos a caballo —esta gente es la más fiel y vigilante para la custodia de prisioneros— y otro de infantería. Le quitaron la camisa y los calzones al hombre que temblaba. Lo ataron de pies y brazos al botalón, uno le tenía por el pelo contra y el otro le sacudía latigazos pausadamente, que cogían desde el hombro hasta las nalgas y cada uno le levantaba el pellejo, haciendo correr la sangre; el pobre se quejaba amargamente y al tercero ya no podía estar. Finalmente al onceavo cesó el castigo y el pobre se puso su camisa y marchó con el oficial de policía que presidió el acto y el piquete mismo. Me dijeron que era un mercante dicho criminal y que el delito era robo. Examiné el látigo, que es una penca de cuero cosido como un rolo, de dos palmos de largo y una pulgada de ancho, lo cual se ata a un zurriago.

Me volví a casa y despaché mi equipaje a bordo del yate de Sprengtporten en que pienso, si hace buen tiempo, embarcarme para Cronstadt. He escrito a mis amigos y al gobernador y por la noche lo he pasado con mis amigos señor y señora Guthrie, en virtuosa conversación hasta medianoche. Sprengtporten me ha hecho un memorándum de la Suecia para mi uso.

He recibido hoy una carta de mi amigo Viazemskoy en que me previene de peligro por parte de España.[19]

5 de septiembre
He tomado un criado por 5 ducados al mes, que me parece un gran bribón, mas no hallo otro; mi calesa he tenido que venderla por 16 rublos y he pagado a dicho criado 36 para que pague sus deudas, pues yo me voy sin advertir nada en los Papeles Públicos, cosa que nadie, ni aun ministros extran-

---

19   [Carta del príncipe de Viazemskoy]
Kherson, 10 de agosto de 1787
Señor:
Después de la carta que usted me hizo el honor de escribir de Kiev y a la cual yo he tenido el de contestarle inmediatamente, no he vuelto a recibir noticias suyas sino a través de la señorita condesa Matuchkin, quien me ha anunciado su llegada a Petersburgo.
Creyendo que una correspondencia seguida no habría servido sino para fastidiarle, por las cosas poco interesantes que podría decirle, no he vuelto a escribirle. Pero la deferencia que usted tuvo a bien mostrarme durante su estancia en estas regiones aceptando mi casa, me da algún derecho a su amistad y tomando la más sincera parte en todo lo que le concierne, me apresuro a comunicarle un párrafo de una carta que el señor conde de Ludolf, hijo, acaba de escribirme, cuya copia hela aquí:
«Si usted tiene ocasión, príncipe, de escribir al señor Miranda, ruégole hacerle saber que me he enterado, de muy buena fuente, que le han intentado un proceso en España, pero yo no sé de qué se le acusa. Sin embargo, su falta debe ser grave y yo no le aconsejo ir a España en estos momentos, pues sería muy mal acogido y estaría en muy poca seguridad. Le advierto de todo esto por la amistad que le profeso, pues dudo que esté informado de todo ello y me desesperaría saber a este hombre, por otra parte muy estimable, en las garras de la Inquisición o de cualquier otro tribunal inicuo de la justicia española».
Deseo muy sinceramente, señor conde, que no sea más que un falso rumor, pero si por el contrario la envidia y la maldad de los hombres le haya gran-

jeros pueden hacer. En fin, mi buen Francisco me buscó un bote con ocho remos y cubierto, por 4 rublos, que me llevará a Cronstadt, porque hace mal tiempo y lluvioso.

Entré a despedirme de la señora Levachov que tiene aspecto de una buenísima mujer y me enseñó dos niñas y un niño, pequeños hijos del general Levachov, muy bonitos y bien criados. Se despidió de mí con terneza. Regalé a los criados de la casa 8 ducados y quedaron contentos.

Cronstadt

Tomé mi bote a la una PM y con viento fuerte y contrario y alguna marejada, seguí un desagradable pasaje hasta Cronstadt —30 verstas— donde llegué después de las nueve. Me fui a casa del almirante Greigh, que me recibió perfectamente, envié mi equipaje a la posada en que había estado anteriormente y quedé tomando té con dicho amigo, que habiendo leído la carta que traje de Bezborodko, se me ofreció a todo y quedó en buscarme temprano embarcación. Me fui a casa, cené un poco y a la cama.

6 de septiembre

Fui a casa del almirante a las nueve y ya se había informado de dos embarcaciones suecas que estaban para partir al primer tiempo. Estuve a verlas. La una me pidió 3 ducados por

jeado algún poderoso enemigo que busca su desdicha, yo deseo que esta carta le llegue a tiempo para prevenirlo.
Por lo demás, tengo el honor de ser, con la más completa estima y más distinguida consideración, Señor, su más humilde y muy obediente servidor.
N. P. de Viazemskoy
Mi mujer, confiando en su recuerdo, le envía muchos saludos.
Señor conde de Miranda
En Petersburgo
p. p. donde se encuentre.

mi pasaje a Norrköping y la otra, que era mayor y mejor, seis, con criado, etc. Lo tomé y fui a buscar un capitán inglés que se hiciese cargo de mis libros, etc. para Londres y me fue recomendado el capitán John Robinson, del «Dolphin» a quien pagué media guinea por la caja sellada y se encargó de entregarla al señor Waddington en Londres.[20]

Dimos un gran paseo por el muelle y luego volvimos a casa, pues aclaraba el tiempo magníficamente. Efectivamen-

20 [Catálogo de los libros de Miranda enviados a Inglaterra]
   Volúmenes
   Revoluciones de Italia, de C Denina 4
   Descripción de la arquitectura de Vicenza 1
   El traje de los pueblos de la antigüedad, de Lens 1
   Historia Natural de Chile, de Molina 1
   Sistema Completo de Educación Pública del señor Betzky 2
   Estado actual de Rusia 1
   Cartas del señor Abate Sestini 2
   Opúsculos, ídem 1
   La Galería Real de Florencia 1
   Nueva Guía de Nápoles 1
   Verona Ilustrada, de Maffei 2
   Ensayo sobre el Comercio de Rusia 3
   Tarifa General de Rusia 1
   Poema sobre la Aerostática 1
   Reflexiones sobre la situación de la potencia Otomana 1
   Tratado de Táctica, de Ibrahim-Effendi 1
   Ensayos sobre la Biblioteca y Gabinete de San Petersburgo 1
   De las cosas más notables de Boloña 1
   Viaje de Viena a Belgrado, etc. 1
   De las cosas más notables de Florencia 1
   Observaciones sobre las antigüedades de Herculano 1
   Descripción de la ciudad de Venecia 1
   Observaciones de un polaco imparcial 1
   Del estudio de la naturaleza 1
   Lista del Ejército Ruso 1
   Estatuto Canónico, de Petri Magni 1
   Del uso de las estatuas en los Antiguos 1
   Descripción de Kuskowo 1

te, se nos avisó que partía la embarcación al despuntar el día y me hice embarcar mi equipaje; escribí dos cartas al señor Waddington y también al doctor Guthrie y después cenamos. Lady Greigh entabló conversación interesante en que me decía que no se podía juzgar el sexo por la emperatriz, que era mujer extraordinaria y estuvimos en *tête-à-tête* hasta medianoche después de levantarnos de la mesa. Me fui a casa y el bote del almirante quedó en venir a las cinco a llamarme.

Cuidados fáciles para la boca 1
Almanaque de la Corte de Nápoles 1
El Triunfo de las Musas 1
Información sobre Roma, 1786 1
Almanaque de la Corte Imperial y Real, 1785 1
Catálogos de libros 4
Viaje al Monte Altai 1
Nuevos experimentos sobre el Mercurio 1
Ópera italiana 1
Almanaque genealógico y militar de la Corte de Berlín, 1785 1
Ensayo sobre la Arquitectura Teatral 1
Descripción de Roma 1
Descubrimientos de Rusia, Persia, etc. 4
Régimen Ruso 1
Vocabulario comparativo 1
Mapa de Grecia 1
Reglamento de la policía, gobierno y ciudad de Petersburgo 3
    Un retrato al pastel del Feld-mariscal Rumantzov.
    Dos paquetes con 34 grabados.
    Un paquete con tres portamonedas; dos almanaques turcos; tres medallas de yeso y un modelo en plomo.
    Un paquete con una espada de acero y un par de escudos.
    Un paquete con tarjetas de visita y medallas de cobre.
    He recibido del señor conde de Miranda una caja sellada (dice contener los efectos y libros arriba mencionados) que deberé entregar con el mayor cuidado al señor Waddington en Londres y para cuyo transporte he sido pagado por el mencionado conde.
    Cronstadt, 5 de septiembre de 1787
    John Robinson capitán del «Dolphin»

Viaje por Italia

Noviembre de de 1785
Toda la noche corrimos con viento fresco del N. N. E. de modo que a las siete de la mañana que me levanté de dormir estábamos ya sobre Venecia y a las ocho entramos por el Lido dando fondo inmediato al Lazareto (la distancia es de 90 millas) el capitán fue a tierra para manifestar sus papeles y luego volvió a bordo, donde fletamos una pequeña barca entre todos los pasajeros y juntos con nuestros equipajes seguimos a la ciudad... ¡No se puede negar que al aproximarse el espectáculo impone! ¡Tantos hermosos y soberbios edificios que parecen salen del agua...! La vista del hermoso canal grande y de la Giudecca, con las islas adyacentes de San Giorgio Magiore, de la Madonna delle Gratie, etc. ¡todo forma un objeto grande y hermosísimo!... mas cuando se desembarca y se comienza a ver la mierda y porquería que cubre las calles, casas, etc. ¡la idea disminuye infinitamente!... en fin llegamos a la sanidad que está vecino a la Dogana; y después de habernos molido una media hora nos despacharon y cada uno tomó su góndola para buscar posada. Los guardas vinieron a querer visitar el equipaje, más 2 o 3 paulos que se les dieron, los hicieron marchar luego con una reverencia. A las diez tomé alojamiento *ne lo Scudo di Francia* inmediato al famoso puente de Rialto, pagando 8 paolos por el cuarto, 6 por comida, 2 por el fuego, 5 por el servidor y 6 por la góndola a un hombre solo, pues siempre que se quiere aumentar otro se encuentra inmediatamente. Después de haberme vestido, reposado un poco y comido, tomé la góndola (que es el único carruaje que aquí se usa) y fui a distribuir

las cartas de recomendación que traía a don Ignacio López de Ulloa —encargado de negocios de España—. A míster de Corradini, secretario de embajada del emperador: il *signore* Pietro Zaguri senatore amplísimo: il *signore* Angelo Quirini senatore amplísimo: il cavalieri don Pietro Rombenchi, el *signore* Francesco Georgio May: el *signore* Pietro Nutricio Grisogono cuya operación concluida me fui a una botillería a probar los helados venecianos y me sirvieron uno de marrasquin, con la fruta entera, muy bueno; mas la dicha botillería y todo su ajuar era sumamente puerca... informome el criado, sin embargo, que aquella era la mejor y no lo dudo pues había allí varios nobles al mismo tiempo que yo... de aquí pasé al teatro de San Benedetto, donde vi una opera seria malísima que me molió el alma y la paciencia hasta cerca de medianoche que concluyó... qué teatrazos y qué populacho, siempre es necesario tomar un palco, que al menos cuesta 5 paulos porque al patio no se puede ir absolutamente.

13

Temprano recibí un recado del *signore* senator Zaguri en que me convidaba a ir a ver el senado, etc. que en este día se juntaba por la primera vez después de vacaciones y que habría gran concurso... acepté efectivamente y a eso de las diez me hallé en el Palazzo Ducale acompañado del dependiente suyo que me envió... él mismo vino luego a recibirme y hacerme pasear por todas las salas y apartamentos de dicho palacio en que se notan muy buenas pinturas de Tiziano, Paolo Veronese, Tintoretto, Frans, Zuccari, etc. en los que sirven para tribunal de varios magistrados, se ven alrededor y por todas partes unos mascarones de león embutidos en la pared con la boca abierta y varias inscripciones que denotan la *Denuntie Secrette* para que son... ¡medio vil e indigno de un tribunal de justicia!... en la sala del *maggior consiglio* que es sumamente grande hay muy buenas pinturas a fresco, mas están maltratadas del polvo y la humedad, o a mala luz de modo que algunas casi no se ven: la que está sobre el trono del Doge, representando la gloria celeste con un sin número de predestinados; obra vastísima y singular de Tintoretto; me parece la más bien conservada. En los apartamentos inmediatos está el que sirve para el *consiglio di 3* o la terrible Inquisición de Estado; donde nada se nota de particular, más que una mesa, sillas tres y tintero. En el que sirve de paso entre este y el del gran consiglio, se nota un cuadro curiosísimo de los Sueños de un pintor (cuyo nombre me dijo Zaguri y yo no me acuerdo) en Inglaterra vi una copia in the Auction-Room of míster Christi, in Pall-Mall y a mí se me preguntó si sabía lo que significaba, porque no se podía adquirir noticia. Por aquí encontramos dos franceses abogados del parlamento de París que se nos unieron y fue preciso soportarlos porque no tenían nadie que los dirigiese... Llegada la hora de comenzar la sesión se nos dio asiento en un banco alto que está arrimado a la pared en el conmedio de la sala y es el puesto destinado para los forasteros de distinción concluido que hubieron la nominación por votos de algunos cargos públicos; pasó el Doge al apartamento inmediato (creo es el eccelso Consiglio di Dieci) donde sentaban aún los caballeros de l'Stola d'oro (por una estola con galón de oro que llevan al cuello) que son los que han servido a la república en embajadas... y habiéndose confirmado allí por balotaje la elección antecedente el Doge retornó al Gran Consiglio y allí se publicó la elección confirmativa de los sujetos nominados anteriormente; el señor Labia fue uno de los electos para Podestá di Bresbia... en todas estas asambleas nada se discute; y solo reduce a balotar el todo... unos niños, o muchachos pobremente vestidos de los hospitales de caridad llevan la caseta por toda la sala y cada miembro mete su voto, que después el niño lleva en la caseta al secretario o sabios que se sientan con inmediación al trono del Doge y allí se ve por quien está la elección. En todas estas asambleas reina más bien la forma que el orden; pues todo el mundo habla constantemente y está en continuo movimiento de una parte a otra... nada de aquella formalidad que se nota en las asambleas y senado británico. En fin a mí no se me figuraba otra cosa que ver el despotismo disfrazado de peluca y roba negra, pasearse por allí en la numerosa progenie de más de 500 familias que en el día lo representan en esta arruinada república... uno de los varios nobles a quienes me presentó Zaguri, se esforzaba en probarme la bondad y probidad del gobierno, en que él andaba vestido como el más común artesano y dedicaba su tiempo al servicio público gratis... ¡buena añagaza para quien conozca poco estas cosas! En fin todo esto concluyó a las dos de la tarde y yo me despedí de Zaguri que fue a soltar la peluca y ponerse de petimetre en máscara que es el costume; quedando de que nos veríamos por la tarde en un conservatorio... Después de haber comido tuve la visita del señor abate don Esteban de Arteaga madrileño, ex-jesuita español, a quien envió Ulloa, para que me cumplimentase, pues él se hallaba sumamente ocupado en hacer compañía al señor de Moñino que acababa de llegar de Florencia (hermano del ministro conde de Florida Blanca) y estaba nombrado para suceder al marqués de Squillace que venía de morir embajador de España en esta capital. Fuimos juntos al hospital d'i Mendicanti donde me dio randebu Zaguri y allí hallamos muchas gentes que habían ido igualmente para oír la música que de una tribuna alta se eleva del lado derecho al conmedio de la iglesia, cubierta de celosías, sale con bastante claridad. Esta es una especie de *oratori*, o concierto espiritual que dan las muchachas recogidas en dicho hospital, que sacan al mismo tiempo el producto de medio paolo por cada silla que se ocupa en la iglesia por los concurrentes; y sirve ciertamente de estímulo y adelanto a la música; habiendo, además, otras instituciones de la propia especie en la ciudad, mas éste se tiene por el mejor de todos... Ésta es la única pública diversión que se puede gozar por la tarde en Venecia, pues ni hay lugar cómodo donde pasearse en invierno, ni espectáculo público alguno. Concluido esto que no estuvo del todo malo, nos dirigimos a la Piaza di San Marco y entramos en el mejor café a tomar una taza, etc. este estaba lleno de nobles en *bastta*[21] que concurren siempre por aquellos alrededores. El café era bueno, más la *botega* y sus muebles muy poca cosa y aun desaseados. De aquí fuimos a hacer una visita y ser presentado a la condesa Isabel Teotochi Marini, griega de extracción, muy bien parecida e instruida; y a su marido il *signore* Carlos Marini de la audiencia civil donde conocí y traté igualmente a los S. S. Lauro Quirini de la audiencia criminale; il *signore* Francesco Soranzo de l'estesa audiencia criminal, etc. gentes todas de alguna literatura y que se reunían aquí como a una de las pocas sociedades que hay en la ciudad hasta la hora de andar al casino, o al teatro que son las nueve. Pasóse el tiempo agradablemente hablando del mérito de la literatura griega, etc. acompañé después a madame, hasta su casino en Piazza di San Marco y yo me fui al teatro con mi abate, que justamente ha publicado una obra con *sequito d'il theatro musical*, habla mucho de música y esto contribuyó no poco a hacerme soportar las bufonerías e indecencias del espectáculo de S. Casan, que concluyó casi a medianoche.

21 Sic.

14

Temprano vino a buscarme il *signore* N... Lese, *senatore* amplísimo, que es uno de los tres *proveditori*, que gobiernan el *arsenal*, para llevarme a ver este soberbio magnífico edificio, que seguramente merece la primera atención de un viajante. A las nueve ya estábamos allá y después de haber observado las dos famosas estatuas colosales griegas que están a la puerta representando dos leones, traídas aquí de Atenas, entramos en el arsenal... donde paseando por aquí y por allí vimos las fundiciones de la artillería, anclas, manufactura de Gúmenas, velas, motones y finalmente cuanto es necesario para la perfecta construcción y aparejo de una nave de guerra... Las *Salle Nuove* que son el depósito de las armas y hay suficientes para armar 30.000 hombres, están dispuestas con gusto y aseo... aquí nos sirvieron Colazione de limonada, chocolatada, café e Viscolti, siendo el uso de obsequiar aquí con magníficos almuerzos los príncipes forasteros que visitan el arsenal, luego pasamos a visitar las gradas cubiertas que son magníficas verdaderamente y contendrán actualmente ochenta a veinte naves de guerra de todos portes. Noté asimismo que ponen la nave sobre la grada con la proa delante, de modo que es necesario que la boten siempre de proa; ninguno me dio la razón por que seguían este uso. Aquí se nos unieron dos oficiales de marina franceses, que estaban afectadamente vestidos a la inglesa y hablaban eternamente... comimos algunas ostras que se cogen en aquellas mismas dársenas y son verdaderamente de un gusto sumamente delicado, al Bucentoro finalmente que es por dónde se concluye la visita al arsenal; un cicerone que allí había para manifestarlo y a quien se le da un sequino es lo más particular, pues con su hiperbólico lenguaje sorprende aun a los mismos que presencian el objeto... las decoraciones de esta barca son hechas con gusto y la distribución para el acomodo de las personas bien entendida. Trabajan continuamente en este arsenal cerca de 2.000 personas; y no sé verdaderamente qué es lo que hacen bien que cuando llegaba il *signore* Lese se ponían justamente a trabajar, soltando los instrumentos inmediatamente que nos retirábamos. ¡Así sucede siempre que se trabaja a jornal!... Las mujeres se admiten a trabajar en coser velas y están en cuartos separados de los de hombres. Tendrá 3 millas de circunferencia este arsenal y todo está circundado de altos muros y torres como una fortaleza, cuya entrada es solo por dos puertas contiguas, que la una sirve para la gente que entra a pie y la otra para introducir, o sacar las naves, maderas, etc. por agua. Este monumento solo manifiesta el grandor y poder marítimo a que llegó esta célebre república en otro tiempo. Concluido, pagué mi otro sequino a la puerta y dando muchas gracias al *signore* Lese y despidiéndome de los franceses, me fui a casa a vestirme, siendo ya hora de comer. Por la tarde estuve con Zaguri a ver tocar y cantar las mismas muchachas *d'i mendicanti* más interiormente en una sala del convento, donde vimos una gran porción de las doncellas que allí hay y principalmente las dos famosas cantarinas, una de las cuales era muy bien parecida y según supe después por un retrato que me mostró Zaguri, ha sido su querida por algún tiempo y vivido con ella cuando estaba fuera... Esto concluyó al anochecer y no estuvo mala la música. Zaguri se fue acompañando una demoisela de distinción, que asistió como nosotros al concierto y por su estado no tenía la pobre chichis veo. Yo pagué 2 sequines que comúnmente dejan a la puerta para las niñas los forasteros y que Zaguri tuvo buen cuidado de hacérmelo prevenir antes indirectamente por el criado; ¡mas él no dio nada! Por la noche estuve con Artiaga casa de la condesa Lusa, donde había varias otras damas con sus chichisveos y se pasó el tiempo agradablemente preguntándome las damas con suma curiosidad, varias cosas de la América, en que manifestaban su vivacidad y amable genio al mismo tiempo... tomamos nuestro café (que es el uso a todas horas, como en Turquía) y a las nueve y media nos fuimos al teatro di San Samuele, donde me fastidié bastante con las tonterías e indecencias del espectáculo, que aquel populacho hacía repetir hasta tres veces a cada paso... ¡mientras una bailarina nos enseñaba las nalgas, *point* de aplauso!

15

Temprano con mi cicerone a ver la nominada iglesia de San Marco, que no es más que un antiguo edificio gótico, con cinco cúpulas que se elevan en forma de una cruz y cinco puertas, que forman la perspectiva e ingreso de la fachada... el interior es vasto y sobrecargado de altares y mármoles sin ton ni son. ¡Habrá más de 500 columnas de calidad, color y módulos diferentes, traídas por la mayor parte de las ruinas preciosas de la Grecia; sin que por esto se vea allí un rasgo de arquitectura que llame la atención...! Las partes altas, techos, etc. están cubiertas de mosaicos de poco mérito; excepto el que representa un San Marco en vestido pontifical que se ve sobre la puerta mayor al entrar por el atrio de dicho templo y algún otro pequeño retazo. Se sube después a una galería descubierta a modo de ático que circuye los tres lados del edificio; y al medio sobre la puerta mayor se ven cuatro caballos de un bronce superfino (grandor del natural) que es la mejor de cuantas producciones del arte se ven por allí... ¡O qué bellísimas figuras, no se harta uno de verlas!... Estos se dice servían al famoso arco de Nerón en Roma (obra de Lisipo) de donde fueron transportados al hipódromo de Constantinopla; y de allí traídos aquí por los venecianos, que aseguran igualmente ser el material bronce mezclado con oro de un precio inestimable... Yo, sin embargo, le daría más estimación a su forma inimitable; que a la materia sea como se quiera... Mas por desgracia están en un punto de vista demasiado elevado; y en una situación, que ni aún montando al lado, se puede gozar de todos los hermosísimos profiles que presentan... En fin, están en el peor lugar que podía escogerse; mas basta que estén sobre San Marco. ¡O qué lástima!... De aquí pasamos al palacio ducal que está contiguo y es un antiguo majestuoso palacio, en el gusto llamado gótico. Se observan en el *cortile*, o patio, que es espacioso, dos bellísimas estatuas griegas, entre otras; una con toga que se cree ser la de Cicerón que estaba sobre la puerta del estudio de Atenas y la otra con palio que parece de Marco Aurelio. Más adelante se encuentra una gran escala de mármol blanco toda llamada *dei Giganti*, por dos estatuas colosales de Marte y Neptuno, en mármol, que se elevan sobre su plano alto. Al pie hay dos pedestales en que posan dos cestas de nísperos, emblema del cuidado con que, se debe madurar la patricia juventud... Por aquí se sube igualmente a los apartamentos del Doge que por favor y dinero me permitieron ver justamente cuando se iba a servir la mesa... notándose una suma moderación en la fornitura interior; y mezquindad en su mesa, que aun estaba puesta con negligencia y poco aseo... ¡El más inferior negociante inglés la tendrá seguramente con más gusto y aseo! En la sala primera se nota un buen retrato suyo de cuerpo entero, con una guarnición dorada de exquisita talla. ¡Al salir de aquí choca verdaderamente y ofende a la delicadeza, la porquería, orines y mierda que se encuentra en corredores, rincones, escalas y por todas partes!... defecto precisamente de la educación nacional. De aquí pasamos a la *Libreria Pubblica* que está inmediata y su exterior es una de las más hermosas piezas de arquitectura que en dicha ciudad se ven... el diseño es del Sansovino. Se sube por una muy buena escala y se entra luego en el atrio de dicha biblioteca, que puede muy bien llamarse un museo de estatuas, bustos, bajorrelieves, aras, inscripciones, etc. ¡Entre ellos se distinguen las estatuas de Sileno, Agripina, Flora y particularmente una Leda con el cisne!... Sobre la puerta hay un hermosísimo bajorrelieve representante el sacrificio llamado Suovetaurilia, de tres animales que se inmolaban: un puerco, un carnero y un toro, sumamente instructivo, dos aras triangulares de exquisito trabajo. ¡Mas sobre todo un Ganímedes llevado por un águila que se cree obra de Filias, seguramente es uno de los más bellos mármoles que nos quedan del genio griego y la expresión de la cabeza del águila, que con alegría considera el rostro de Ganímedes, es inimitable! En el gran salón y otro contiguo se observan los libros muy bien ordenados en sus armarios; se me informó que el número de estampados ascendía a 24.000 volúmenes y el de manuscritos a 1.500. Tuve el gusto de ver el en que está la Historia del Consilio de Trento, de puño del famoso Fra Paolo Sarpi. De aquí bajamos al muelle frente la Plaza de San Marco, donde están las dos columnas famosas de granito oriental, todas de un pedazo y las mayores que he visto de su especie. Son bellísimas; y es lástima que no sean iguales... Estas fueron traídas de la Grecia y la tercera se les cayó al agua al tiempo de desembarcarla en Venecia, sin que tuvieran habilidad para sacarla. Aun estas dos estuvieron muchos años por tierra, hasta que un arquitecto lombardo (Barattiero) las alzó finalmente... ¡Válgame Dios qué porquería! pues para acercarse a examinar estas hermosas moles, es necesario encenagarse en la mier... ¡que cubre sus pedestales, como si no hubiese otro lugar más a propósito para ello!

De aquí seguimos hacia el muelle *de gli Schiavoni* que construyen al presente y formará seguramente el paseo mejor de Venecia, se pasa antes sobre *il Ponte della Paglia*, que es muy gracioso; y pegado están *Le Prigione Nuove*, ¡excelente y magnífico edificio! ambos del Sansovino. A comer y después tomé mi lección de lengua italiana, con un maestro que ha estado en Inglaterra y habla muy bien el inglés, conoce el país y me informa de muchas cosas juiciosamente. Al anochecer estuve a ver una cortesana que vive inmediato; pagué 2 sequinos y nada observé de aquel lujo y elegancia que se dice poseían aquí estas gentes en otro tiempo... Por las calles va uno de día y de noche y le llaman *mie vicere* de todas partes; mas el aspecto indica la bajeza del sujeto. Luego a San Moysé donde más bien por instruirme que por gusto aguanté el espectáculo hasta las once. ¡La prima donna, con el aire más obsceno que puede imaginarse decía *restringete, baciate*, o qué gusto!... Todos aplaudían y el paso se hacía repetir hasta tres veces. Las bailarinas, por consiguiente y todo el mundo estaba así contento.

16

Temprano a ver la nominada torre, o *Campanile* de San Marco, que es muy buen edificio en su especie. Se sube por una rampa espaciosa y cómoda (no faltan, sin embargo, sus cagadas) y de su altura se logra una vista completa de Venecia, sus islas y parajes adyacentes... Después de haber gozado bien esta hermosa perspectiva en un día sereno y claro y haber visto *I Mori* (que son dos estatuas de bronce representando dos negros) en la torre *dell'orologio* que está enfrente, tocar las horas con sus largos martillos; bajamos a la plaza a ver la *Chiesa di San Geminiano*, que está en el centro de la fachada opuesta a San Marcos y aunque pequeña, es el más elegante rasgo de arquitectura del Sansovino que se ve en Venecia. Esta *Piazza di San Marco* tan renombrada, es seguramente una de las más bellas de Europa; contribuyendo a hacerla más agradable el gran concurso de gentes que continuamente hay en ella, por ser el único paseo y al mismo tiempo centro de todos los negocios de esta capital. De la parte del campanario esta *Le Procuratie Nuove* que es una serie de nueve palacios iguales, de muy buena arquitectura, con pórticos debajo para la comodidad de las gentes y enfrente *Le Procuratie Vecchie*, con iguales pórticos debajo; y hay en ellas muchos casinos de la nobleza, embajadores, etc. delante de la gran iglesia están tres pedestales de bronce, en que se encajan las altísimas varas, o árboles de los tres estandartes; que son trabajados con muy buen gusto. De aquí pasamos al famoso *Ponte di Rialto*, que está sobre el canal grande, hecho todo de mármol blanco; y es seguramente uno de los más valientes y elegantes rasgos de arquitectura que, se pueden ver en el mundo... ¡O cuánto place su vista, mirado del centro del canal!... ¡Encima hay dos órdenes de tiendas también, de mármol, cubiertas a bóveda; que forman una calle espaciosa en el centro y dos más angostas a los lados, cubiertas de una hermosa balaustrada de mármol, para el pase con toda comodidad de cuantas gentes vayan y vengan; excelente disposición! ¡Mas quién lo creyera!... ¡Ambos estos últimos pasajes están tan llenos de mi... que me fue imposible pasar por ellos, a examinar con prolijidad este soberbio edificio! Por la tarde tuve mi maestro de lengua; y después la visita de Zaguri que me citó al teatro para presentarme a una dama de mérito. Efectivamente fui con el abate Arteaga a San Salvador y allí, encontré mi amigo que me presentó en su parco a una dama joven no mal parecida, que como todas las demás estaba en máscara; esto es un sombrero montado a lo militar y cocarda... Yo tomé mi asiento inmediato al frente y el abate también vino después... Cuando por la conversación descubrí al fin que era una actriz llamada la Rici... yo me ruboré un poco, como no acostumbrado; mas después noté que este era alarde y que mi amigo me hacía en ello una gran fineza —en fin concluida la pieza fue menester dar el brazo a madame y conducirla a casa, donde entramos todos; hubo su poco de música, a que concurrió también el marido y yo dejando allí a Zaguri me retiré a casa a la una de la noche.

17

Temprano a ver las obras principales del famoso arquitecto Andrea Palladio, que es seguramente el artista más inminente de su especie en el Estado Veneto, ¡San Francesco della Vigna; Santa Lucia; Le Zitelle; son bellísimas piezas! ¡Mas il Redentore; y San Giorgio Maggiore son excelentes! Esta última sobre todo me parece su copo de obra... ¡Qué sencillez, qué majestad y qué elegancia al mismo tiempo reina por todo el edificio así interior como exteriormente! ¡El altar mayor isolado, que bellísimo efecto produce!... (El orden de la arquitectura es jónico me parece.) ¡Aun un claustro interior hecho por el mismo artista, todo de ladrillo, cuán bello es!... En el refectorio de estos frailes se ve un grande cuadro de Paolo Veronese que representa las *Nozze di Cana*, acaso el primero en mérito, de este célebre pintor (y fue el primero que compuso en Venecia y el más bien conservado). ¡No puede imaginarse una composición más amena y armoniosa; ni un colorido más bello y verdadero!... En un grupo de musicantes que alegran el convite están los retratos de los más célebres pintores de aquella esquela que vivían entonces: Ticiano que toca el violín, Tintoretto el violón, Bassan la flauta y él mismo la viola... ¡o qué bellísima cosa! En el jardín que podía ser hermosísimo, apenas se ve que han removido la tierra estos dervishes holgazanes; que poseen la isla más deliciosa de las setenta y dos que se dice componen Venecia... porquería no falta por los claustros. De aquí pasamos a la *Dogana di Mare*, que es muy buen edificio de mármol de G. Benoni. Sobre una pequeña torre está un globo y sobre este la estatua de la Fortuna que se cambia con el menor soplo del viento. Luego a la iglesia de San Zaccaria, en cuya sacristía está un excelente cuadro de Paolo Vernese, representante la Virgen con el niño, San José, San Jerónimo, San Francisco, Santa Catalina y San Juan Bautista... ¡que incongruidades! Por la tarde mi lección de italiano y después la visita de una buena moza llamada la *Signora Marina*, que me procuró el sastre y es sujeto de mérito... con cuanta gracia y buen gusto llevan aquí la mantilla las mujeres; formando como un manto liado a la cintura que las cubre y no embaraza para nada, después a San Angelo, donde se concluyó teatralmente la noche, como es costumbre en el país.

18

A ver varias iglesias por aquí y por allí en que observé lo siguiente un cuadro excelente del Ticiano representando San Pedro Mártir en *San Giovanni e Paolo* (se cree que es el primero de Venecia) y asimismo unos bajorrelieves en bronce y mármol muy buenos, en las capas *d'il Rosario* y de Santo Domingo, en la *Caritá*, la Resurrección de Lázaro de Leandro Basan, cuadro célebre y también el mausoleo del Doge Niccoló da Ponte de muy buen gusto. En San Simeone Piccolo, el atrio, o pórtico, en que se ha procurado imitar con gusto la nobleza del atrio que se ve en Roma; el interior de la iglesia no vale nada. *Santa Maria della Salute* uno, o el más rico templo de Venecia, obra de Baldassare Longhena, arquitecto moderno; y exceptuando la escalinata, el resto sería suficiente a desagradar el buen gusto; como asimismo el Palazzo Pesaro, obra del mismo arquitecto y la rica *Chiesa dei Gesuiti*, hecha por L. Dardano,[22] otro que bien baila... ¡Válgame Dios, cómo es posible que teniendo delante de los ojos modelos como los que hay aquí, se ejecuten semejantes porquerías!... Véase aun en prueba la estatua equestre de Bartolomeo Colleone que está en la plaza de *San Giovanni e Paolo*... En una urna en esta iglesia se conserva la piel del famoso M. Bragadino, a quien Mustafá hizo desollar vivo por haber sostenido un largo asedio en Famagosta. En la *Scuola di San Rocco*, o *confraternitá* se observan muy buenas pinturas del Tintoretto y sobre todo un célebre gran cuadro de la *Crocelissione* que me parece el mejor que he visto de este famoso Pintor. En la *Scuola della Caritá*, un raro cuadro del Tiziano de la *Madonna che va al tempio*. En la iglesia *dei Servi*, se ve a los pies de un crucifijo que está sobre la estatua de la Magdalena en el altar de esta santa, el puñal con que fray Paolo fue herido por un asesino a tiempo que decía misa allí mismo, una mañana temprano... Se ven asimismo el sepulcro, retrato, biblioteca y celda en que vivió este célebre hombre en el propio convento. Comí con mi amigo Arteaga en mi posada; y por la noche estuvimos en un café de la Piazza di San Marco, donde no faltaban nobles ociosos y cantarinas que les musiqueaban a la puerta... luego a *San Giovanni Grisostomo*, que me es el último a ver de los siete teatros principales que hay en esta ciudad... tan malo e insoportable como todos los demás.

19

Temprano fue menester dar una paliza al criado, que tuvo la insolencia de quererme gobernar, diciendo a una moza que

---

22 En la actualidad se atribuye a Domenico Rossi. (N. del E.)

vino a buscarme, que yo no estaba en casa, porque esta no le quiso dar dineros; mas se engañó el picarón y llevó sus muy buenos palos a cuenta... Es increíble la sumisión y respecto conque desde entonces me sirven todos en la casa... ¡o infelices, que es necesario trataros mal para que sirvas bien! A las once estuve a hacer una visita a Zaguri, que aun estaba en la cama. Allí se peinan y reciben gentes hasta las doce que se levantan para ir al senado... luego a las put... después al teatro; y así del teatro al burdel y del burdel al teatro pasan la vida, tomamos café (que es el uso a todas horas del día) y yo me fui a recorrer algunos palacios con mi nuevo cicerone. Primero al Palazzo Barbarigo della Terrazza, a San Polo; aquí estaba la escuela del Tiziano; y entre los cuadros que allí se conservan de este ilustre Artista, resaltan un Venere, la Magdalena y una ninfa y sátiro, excelentes piezas. Palazzo Pisani Moretta a San Polo, se ve aquí el famoso cuadro de la *Familia de Darío* de Paolo Veronese, el más bien conservado que he visto... y ciertamente que ni el colorido, expresión, drapería, armonía, inteligencia del claroscuro, costume, etc. —¡se puede apetecer más; mas la cabeza de Alejandro me parece fuera de carácter!... y asimismo el de la muerte de Darío del *Piazzetta*, que está en otra sala igual y sirve de pendiente al antecedente... ¡Es imposible dar más valentía y fuerza de acción a una composición, que la que se admira en este hermosísimo cuadro! Lástima que los colores pierden cada día. Casa *Farsetti* a San Luca; aquí se observa una colección de copias en yeso la mayor parte, de los mejores mármoles antiguos que se hallan en Italia. Una copia del tamaño original del grotesco de Rafael y asimismo varias ruinas de antiguos edificios, hechos con suma propiedad en corcho y piedra pómez, de donde pudo muy bien tomar la idea monsieur Desbourg en su exhibición de edificios antiguos a *Spring Gardens*

Room in London... Es cosa singular verdaderamente, el ver que en todos estos palacios apenas se encuentra una mesa, o silla en que sentarse; y nada de fornitura que indique el que sus dueños hacen uso de aquellas habitaciones. Bien que un veneciano jamás convida a comer y sus tertulias y juego se tiene siempre por la noche en el casino, que son dos o tres pequeños apartamentos que alquilan, por los contornos de la Piazza di San Marco y lo hacen revestir un poco... Lo cual me da sospecha de que son efectos de la decadencia y reducción en que ha decaído esta república. Por la tarde mi lección de italiano y luego a la cama con jaqueca, que me ataca siempre por la noche y me incomoda infinito... El amigo Arteaga vino, sin embargo y me trajo una lista de los ex jesuitas américo-españoles que están actualmente en Bolonia, cuyos nombres se puede recordar... este mismo me informa haber tratado aquí familiarmente al marqués de Squillace; y que era solo un hombre de muy mediana capacidad e instrucción.

20

Temprano tuve la visita de la *signora* Marina que llevó su buena ración y después me fui a visitar las manufacturas de cristal a la isla de Murano, *officinis vitrariis celeberrima* como dicen; esta tiene setenta hornos y 1.100 hombres empleados diariamente; los alojamientos son infelices y los artífices hicieron una flor de varios colores en mi presencia para manifestar su habilidad, o lo que es más cierto para que les diese algo. Los mayores cristales de espejo son de cuatro pies, porque los hacen a soplo y así son más baratos. Como igualmente las cuentas y bujerías de cristal que ellos llaman *Coglioneria di Venezia*, en que consiste en el día su principal ramo de comercio en esta especie. Hay en esta isla un antiguo palazzo del Cavalieri Cornaro y dos colegios en que se enseñan las bellas letras a la juventud, dirigidos por frailes y clérigos. ¡Así irá ello!... vese la catedral, o iglesia principal, pues aquí reside el obispo de Torcello, por la salubridad del aire; nada se observa de particular. De vuelta a la ciudad en el almacén de cristales, que me enseñaron de buena voluntad, creyéndome negociante, ninguna pieza particular pude observar. En fin llena la idea de fábricas y cristales me fui a hacer visitas. Primero a Ulloa que me parece hombre de cortos alcances; y se esforzó en probarme la necesidad en que se halla uno del cuerpo diplomático a vivir amancebado en gracia de Dios en aquel país; pues los nobles les huyen y entre ellos jamás hay armonía. Yo ya sabía que él mantenía su moza; y no hay duda que a un ignorante no le queda otro recurso. De aquí pasé en casa de mi banquero que me recibió con mucha civilidad y me dio 100 sequines que necesitaba, he perdido su nombre... Luego a despedirme de algunos otros que me visitaron y últimamente a la Bursa d'i Mercanti que son unos pórticos de la calle bastante puercos y allí encontré al *signore* May que me explicó todo... Luego a casa. Por la noche estuve en casa de la contessa Marini, hubo numerosa *conversazione*. Tratáronse asuntos literarios, en que tuve la dicha de convenir con madame; esta me hizo mis pequeñas finezas al tomar el café y después al darle el brazo para acompañarla al casino... De modo que no faltó ya quien me felicitase a la oreja y augurase bien si yo retornaba a Venecia; mas por mi desgracia (y para tranquilidad del *Cavalier Servente*) era menester partir al día siguiente. El marido me hizo infinitas expresiones y ella me ofreció una carta para su familia en Cefalonia (es de extracción griega) por si tocase por allí, algunas de estas damas son sumamente amables y juiciosas; y se conforman con las costumbres del país porque es indispensable... Una dama viuda o casada, no puede decentemente presentarse en público sin un *Cavalier Servente* que la acompañe; y esta unión es más riesgosa de disolver sin graves razones, que el matrimonio. ¡Y de aquí la necesidad del *cicisbeo*!... Algunas otras cometen acciones absolutamente incompatibles con su dignidad y decoro. Por ejemplo... la *signora Cecilia Zen Tron de San Stae* de una las primeras familias de esta ciudad, en ocasión de hallarse aquí de paso hace poco, el duque y duquesa de Curlandia y no encontrar estos un pareo por ser grande el concurso aquella noche, ella les hizo alquilar el suyo por 80 sequines y se montó en un tercero, donde estuvo públicamente viendo la fiesta aquella noche. Nadie, sin embargo, le ha hecho una marca de desprecio por ello. Una otra grande incongruidad de Venecia es, que siendo casi indispensable para la seguridad de andar sin riesgo por aquellos canales de noche, el que hubiese algún género de iluminación en las calles, todo está como boca de lobo... al mismo tiempo que centenares de lámparas arden de día y de noche en los templos, para emporcarlos todos y arruinar las más célebres obras de arte (particularmente la pintura) que ya muchas no se distinguen absolutamente. Llega la población de Venecia según dicen, compresas las islas a 160.000 habitantes.

Diciembre de de 1785

19

En fin temprano seguimos nuestra ruta y llegando sobre Monte Morello se descubre Florencia y sus contornos que es una vista hermosísima, todos montezuelos cubiertos de olivares y viñas que no hay un palmo inculto, con infinidad de casas de campo y vistas deliciosas por todas partes. En las puertas de la ciudad fuimos visitados con más impertinencia aun que en la frontera y al mediodía tomé mi alojamiento en la Aquila Nera, pagando 15 paulos por alojamiento, fuego y comida... no hay teatro ni diversión alguna (aun las putas están prohibidas) con que quedarse en casa... algo mal de salud.

20

¡Mi cicerone en mano y a la gran galería! o ¡qué bella y magnífica colección!... yo hice más que pasar una revista superficial con la compañía que por allí había y prepararme para su examen profundamente, luego al Palazzo Pitti que es la habitación principal del duque. Su arquitectura aunque rústica es buena, de una solidez que impone y el todo magnífico. Su interior guarnecido de excelentes pinturas y se admira entre ellas más, la *Madonna della Seggiola*, de Rafael, retrato de Paulo III del Ticiano, *Madonna di Andrea d'il Sito*, dos mesas de una composición que imita el mármol de bellísimo gusto; y varios mármoles *d'Spagna* que hacen la mejor figura aun entre las mejores de Italia... El jardín que por su situación anfiteatral y decoración de fuentes, numerosidad de estatuas, etc. puede con razón llamarse uno de los mejores y de más buen gusto... extensivo al mismo tiempo pajarera, orangería, con todos sus apendajes... y a casa cargadísima la testa...

21 y 22

No levanté la cabeza de la cama y fui obligado a llamar un doctor que me hechó unas ventosas secas y por fin me hallé mejor (4 paulos por visita fue larga paga). ¡O cuán necesaria es la salud para todo!...

23

A la galería donde comencé con la amistad y buen modo M. Soto director il *signore* Gaelano Bastianelli a examinarle científicamente los dos solos comenzando a las nueve de la mañana y concluyendo a la una... ¡O tribuna y qué belleza del arte no contiene! Luego al Poggio-imperiale que es una casa de campo a una y media milla de la ciudad; comanda una vista hermosísima por sus contornos y no le faltan bustos, pinturas, etc. como a todos por este país. La sala *d'il ballo* es bella y la habitación que tiene numerosísima... se sube y baja por una calle hermosa de árboles que comienza desde la Porta-Romana de la ciudad hasta dicho palacio. Luego la Chiesa di Spirito que es buena arquitectura y sostenida interiormente por sesenta y cuatro columnas isoladas, todas de una pieza; no le faltan sus pinturas razonables.

24

¡A la galería temprano y con mi mentor tomé una sabia e instructiva lección de aquellas excelentes antigüedades, hasta la una que se cierra dicho museo! Después a dar un paseo por la ciudad y ver sus cuatro puentes: el de Santa Trinita formado sobre tres arcos ovales es el mejor, uno de los más bonitos que pueden verse por sus proporciones y valentía de sus arcos. A la manufactura de mármoles de Pietro Pisani, que se dirige a copiar los mejores bustos y piezas de escultura de la galería ya en grande, ya en pequeño y a precios razonables; por una Venus de Médicis en mármol que tenía ya desbastada y me dice podría concluir dentro de seis meses, me pidió 200 sequines: un busto de Julio César, 40, etc. A ver las puertas de bronce *di San Giovanni Batista*, que son una maravilla seguramente y las de mejor gusto que yo he visto jamás; el nombre del artífice está escrito sobre la principal

Lorenzo Ghiberti y se dice que preguntado Michelangelo, sobre el mérito de dicha obra respondió que merecían ser aquellas del paraíso... bellísima ejecución por cierto.

25

Todo el día en cama, pues un dolor reumático que me ha cogido la frente no me deja abrir los ojos.

26

A la galería temprano y con mi amigo tomamos una buena panzada de erudición antigua. Luego la torre del Duomo, que por su estructura (toda de mármol) y altura es famosa, desde el tope logré una vista completa y hermosísima de toda la ciudad y su circunferencia. La catedral es oscura y de una arquitectura gótica y vasta extensión. Algunas otras iglesias visité en que solo se notan superfluidad de adornos y gastos injuiciosos al fanatismo de sus creyentes.

27

A mi última visita a la galería y de mi buen amigo... ¡o tribuna admirabilísima! que solo tú merecerías el que se viniese a Florencia... Las estatuas son La Venus, il Rotatore, el Apolo, los Luchadores, el Fauno que toca los címbalos; pinturas el San Juan de Rafael, la Venus del Tiziano; un cuadro de Andrea del Sarto; Endimión que duerme, del Guercino, etc. En dos piezas anteriores, un Cupido dormido y Ganímedes con un aguilonsito en mano, Psique y el amor y dos relieves que manifiesta el uno el manto ensangrentado de César que se expone al pueblo y el otro su testamento que se lee al público, etc. —camafeos riquísimos en que se admira igualmente que el arte, el lujo antiguo; que después eclipsó en este ramo los diamantes y piedras preciosas del oriente, colección de retratos de los más famosos pintores hechos por ellos mismos: brilla entre ellos el de Vander Werf y no así el de Mengs y Sir Joshua Reynolds, que están en el centro al lado de Rafael (por cumplimiento supongo); estatua del hermafrodita, buena. Salón donde está toda la familia de Niobe, monumento que bastaría solo para acreditar el talento y buen gusto de los escultores de la Grecia, que paños y que efectos admirables, sin embargo, de que varias partes que faltaban se han suplido por los modernos inferiores; como sucede también por desgracia a la Venus, cuya estatua estaba quebrada en treinta y dos piezas que se han reunido después; y la cabeza es de todas sus partes la que más ha sufrido; ídolos y utensilios antiguos, armas, coronas, murales, etc. y el famoso Mercurio en bronce de Juan de Bologna, ¡que me parece de cuanto han hecho los modernos en este género, aproxima más al antiguo! ¡Parece que vuela verdaderamente! Un vaso de mármol que tendrá más de 5 pies de alto, es por su elegante forma y grandor el mejor que he visto: como asimismo un Príapo antiguo de más de 3 pies, sobre las robustas piernas de un león. La colección de retratos de hombres ilustres que circuye todo el alto de la galería; y serie de bustos de los emperadores, particularmente los de Marco Aurelio, César, Caracalla, etc. son dignos de observarse. Al Hospital principal de San Ygilio uno de los mejores y más aseados y bien servidos que he visto. Tiene una parte para hombres y otra para mujeres; y es particular que la parte en que estas son sirvientes, no está más aseada que la de los hombres. La cocina merece ser vista, por su buena y muy particular construcción, obra de un boticario de aquí. Hay en el día 600 enfermos de ambos sexos y puede admitir hasta 1.200. *Cappelle medicee*, que no está concluida la mitad aún, es riquísima en mármoles y pedrería pero no me parece que brilla el gusto; excepto en las urnas y dos en particular que son solo de un pedazo de granito de Persia; ¡bellísimo por cierto! En la bóveda se ven apenas una estatua de Michelangelo y otra de Juan de Bolonia (*Cristo y su madre*), que parecen de mucho mérito. A ver algunos palacios, que además de algunos buenos cuadros por aquí y por allí, nada ofrecen de remarcable. Por la noche al Teatro de la Pergola, que es el principal; no observé un actor de mérito; bastante gente y cicisbeos en todos los parcos de la nobleza.

28

Al *Gabinetto di Fisica*, o de historia natural; la obra de cera en que se manifiesta la anatomía del cuerpo humano es de la más brillante ejecución y lo mejor que quiera verse en su especie, el resto así así y la colección de conchas y de simientes, madera y raíz de árboles parece lo más completo; un abate que tomó la dirección de la compañía, obligándome a reñir fue causa de que nadie de los que íbamos lo examinase con atención... es bueno, sin embargo. A la academia de pintura, grabado, escultura y arquitectura, donde se instruye la juventud en estas bellas artes; tienen buena colección de modelos en estatuas y bustos y asimismo se ven en la gran sala, un modelo de Liorna, del Lazareto de esta y de la isla y puerto de Porto Ferrayo. Al Palazzo Riccardi que es el mejor de todos los que se observan por aquí, así en arquitectura, pintura, etc. En el comedor bajo hay una especie de museo lapidario y la gran galería tiene uno de los más hermosos y bien historiados plafones que quieran verse, obra de Lucas Jordan y me parece la mejor que he visto suya; hay en la misma también una colección de camafeos y joyas y en los apartamentos interiores algunas buenas pinturas. Por la noche al Teatro Nuovo, el segundo en orden; se dio una comedia por actores de ninguna habilidad y todo estaba lleno de lucido acompañamiento. Entre las damas distinguíanse por su buen parecer madame Dini; madame Benturi (que era una actriz francesa de París y vínose aquí para que el marido que es noble se casase con ella, como se lo había prometido allá en París); Lary Cooper (mujer de este Lord que hace ya veinticuatro años que vive aquí), etc. La ciudad es bonita y más limpia que las otras que llevo vistas de Italia; no tiene pórticos pero las calles están todas empedradas muy bien con lajas y limpias siempre. Su población se dice llega, a 92.000 habitantes, exagerado parece. Tiene buenas fuentes y estatuas que la decoran por todas partes, una de Juan de Bolonia que está cerca de mi habitación es de mucho mérito, representa un centauro abatido a tierra por Hércules (de mármol). El comercio parece que florece por la actividad mayor que se nota en el pueblo y buena vestimenta que llevan. Teatros cinco por lo menos.

30

Temprano a visitar la Biblioteca Medicea Laurenziana que contiene 7.000 volúmenes de manuscritos raros, la mayor parte de estos están atados con cadenas de hierro a los atriles en que reposan donde los pueden ver con comodidad los que gusten. Tuve el gusto de ver los escritos de Maquiavelo, todos de su propio puño (muy buena letra por cierto) y también los de Petrarca, un Virgilio del V siglo, con la nota de un cónsul romano, de estar corregido (en pergamino) y algunos evangelios de excelente carácter griego todo en otro fino y tan bien trabajado que parece hecho ayer. A la Academia Florentina (nombre que tiene ahora la de la Crusca) que se junta en la Librería Magliabechiana todos los jueves. Tiene esta librería 100.000 volúmenes y fue formada por un hombre de este nombre, cuya profesión era platero y el cardenal de Médici, observando cuando pasaba por su tienda que siempre, estaba aplicado a los libros lo animó y formó un literato ilustre, ejemplo que no se debe olvidar.

Enero de 1786

25

Al amanecer nos pusimos en marcha, por caminos tan malos como los antecedentes, mas de cuando en cuando se encuentran por contraste, algunos pedazos de 2 y 3 millas perfectamente conservados de la famosa Via Flaminia... aquí tuve ocasión de verificar cómo está compuesta de tres empedrados uno encima de otro; y el último es de una piedra durísima que traían de muy lejos, en forma casi piramidal, cuya base torna hacia la superficie del camino. Varios trabajadores se ocupaban en destruir este sólido-antiguo-monumento, para con las piedras que rompen a pico hacer cascajo para componer el camino moderno que está intransitable. A las diez llegamos a hacer alto a la *Storta mala Osteria* que está a una posta de Roma, donde comimos una fritada de huevos. De una altura inmediata se descubre el mar y la *Cupola di San Pietro*, que despierta en el viajante instruido las sublimes ideas de Roma antigua y de cuanto este país célebre ofrece de sorprendente... En fin después de mediodía partimos y a una milla más adelante se ve una torre rotonda antigua de mármol con bajorrelieves, elevada sobre una especie de pedestal moderno, que mi compañero llama el *Sepolcro di Nerone*, no sé con qué fundamento... Luego llegamos al deseado *Ponte Molle* antiguamente *Pons Aemilius*[23] donde se pasa el Tíber renombrado, cuyas aguas están siempre turbias, de color coloradusco. Pasado este comenzamos a encontrar varias gentes en

---

23   Miranda confunde dos puentes distintos. (N. del E.)

coche y a pie que habían salido por la puerta del *Popolo* a pasearse; y no faltaban cardenales con sus medias encarnadas y vestido corto de terciopelo... Finalmente a las cuatro llegamos a la *Porta del Popolo*, antiguamente Porta Flaminia y ciertamente que ninguna ciudad de Europa tiene un ingreso tan bello y majestuoso como este. De aquí nos acompañó un guarda por toda la *Strada del Corso* a la *Dogana di terra* construida sobre el antiguo Templo de Antonino Pio del cual se conservan aún once grandes columnas de mármol caneladas que adornan la fachada, con sus arquitrabes (de un solo pedazo de mármol todos, friso, etc. de un bonísimo gusto)... ¡Aquí fue el diablo para dejarme pasar mis cofres, porque en ellos venían algunos libros, que no eran más que la descripción de varias ciudades de Italia que yo había comprado al paso no hubo remedio, era menester el permiso del comisario de la Inquisición para entregarlos!... En fin, un billete que se le escribió por el aduanero a dicho comisario que por fortuna estaba en casa, nos facilitó el permiso (que no dejó de costar 3 paolos para el chocolate al aduanero) y nos marchamos a buscar alojamiento siendo ya de noche. En una casa que mi compañero creía encontrarlo, no le había y así nos fue preciso tomarlo en una malísima posada por aquella noche.

26

Por la mañana fui a ver a mi Banquero il *signore* Giogia, quien me recibió con suma política y al instante me habló de materias políticas asegurándome con sinceridad que había conocido particularmente a Grimaldi y el parecía sujeto de muy inferior capacidad —que por Moñino y Azara era otra cosa—. En fin yo me marché a mis negocios habiendo tomado 50 sequines que necesitaba. Pasé por casa a soltar el peso y tomando un *Servitor di Piazza* que ya me había hecho buscar (por 4 paolos al día) marché a San Pietro... No me hizo este edificio a primera vista, aquella sublime impresión, que yo esperaba, pareciéndome que le faltaba majestad y sencillez... La Colota, sin embargo, el Obelisco y las dos fuentes no me parecían destituidas de estas dos cualidades y me agradaban mucho más. En fin, entre por *il Portico* y a la iglesia sorpreso de la grandeza,[24] y multitud de cosas que se agrupaban por todas partes, mas sin poder formar juicio y la imaginación llena de innumerables ideas que no podía digerir; y así después de haber paseado como en confuso toda la iglesia interiormente por tres horas de tiempo, me salí con ánimo de volver muchas veces a examinar el propio objeto. Fuime a la *Piazza di Spagna* para ver si podía encontrar un buen alojamiento; mas cuantos vi eran malos, o carísimos, por motivo de que en este paraje han tomado la manía de alojarse todos los extranjeros y los ingleses particularmente que han fomentado allí un café famoso, que se llama *il café inglese*... Finalmente me retiré a mi posada a comer a las tres, donde encontré a mi compañía que tampoco había podido encontrar nada bueno aún, mas después de comer se recordó de cierta persona y fuimos allá juntos; donde por fortuna encontramos muy buenas gentes, buen alojamiento con almuerzo, comida y cena y muy buen paraje todo por 8 paolos al día en casa de la *signora* Anna Manzoli *in Strada Papale vicino a Chiesa nuova*; en el mismo apartamento y sala que vivió Benedicto XIV cuando solo era un comisionado de la curia pontificia. Esto me fue de suma satisfacción y luego hice transportar el equipaje por mi criado, para salir de aquella maldita posada. En el ínterin nos fuimos a un café inmediato, que ciertamente es bastante aseado y muy bien pintado al fresco en el gusto del grotesco de Rafael, donde encontramos muy buena compañía y so-

---

24 Grandar en el original. (N. del E.)

ciedad de gente literaria que forman su círculo, hasta que es hora del teatro y admiten con gusto al forastero, que anuncia ser hombre de modo. A las siete marché a *Piazza di Spagna*, inmediato adonde está el teatro de Aliberti uno de los mayores y mejores que hay en Roma; y un telón que representaba la perspectiva de un pórtico con la gran escalera de un palacio, etc. Es uno de los mejores rasgos en su especie que lo he visto jamás. Entre los actores solo el soprano Rubinelli es de mérito, el resto no vale nada; y los bailes son insufribles, pues las mujeres son representadas por hombres que con calzones negros y de todos colores, hacen ver sus cochinas piernas que es una indecencia... En la representación sucede lo mismo y así da asco ver las damas, el gobierno no quiere, sin embargo, dejar montar las mujeres al teatro; como si los desórdenes que pueden resultar de la opuesta conducta no fuesen más infames A las once me retiré a casa, donde encontré mi cena, fuego y un magnífico lecho en que reposé con sumo descanso toda la noche.

27

Por la mañana me trajo mi chocolate a la cama la *signora* Anna; y cuando me hube levantado me presentó su familia y los huéspedes que tenía en casa y deseaban conocer al *signore* americano (yo pasaba por el coronel Martin de Mariland), una hija muy bien parecida de dieciséis años, la *signora* Mariucha; otra id. de doce, la *signora* Ellena, vivísima; un hijo de veintiséis años, canónigo regular en San Pietro in Vinculis, don Innocenzo Manzoli, amabilísimo; otro id. de veinticinco años, en San Felipe Neri, Fratel Michaele, de bellísima índole; otros dos aún que siguen el comercio y ninguna ayuda a esta pobre viuda, huéspedes don Juan Andrés Temes, español de unos treinta años que viaja y es muy estudioso; il *signore* don Luigi Paderi, canónigo de Oristano en Cerdeña; y mi compañero cavalieri de la Planargia que también se acomodó como los otros pagando 4 paolos al día, sin almuerzo ni fuego. Dos sujetos más conocí aquella mañana el uno il *signore* Canonico don Rafaello Ruelle, amigo del *signore* don Innocenzo, sujeto digno; y don Thomas Belon ex jesuita español, amigo del señor don Juan... De modo que véame aquí en menos de veinticuatro horas con todos estos conocimientos apreciables, que me fueron de suma utilidad en lo sucesivo... por cuya razón me parece siempre este método preferible al de fijarse en una posada como hacen la mayor parte de forasteros. A las once me puse en marcha con mi cicerone; pasamos por *Piazza Navona*, que es la mayor de Roma y conserva la forma de un circo, que ella era antiguamente (*Circus Agonalis*) tiene tres fuentes en el medio, la que está en el centro es su mejor adorno y tal vez la más bella obra del Bernino, llamada la *Fontana Navona*. Cuatro ríos, el Danubio, el Ganges, el Nilo y La Plata se apoyan a un escollo, sobre el cual se elevan un pedestal y un obelisco de 73 palmos de altura (el mismo que estaba en el circo de Caracalla)... Toda esta máquina produce un bellísimo efecto, la escultura es excelente; y puede considerarse como una de las mejores cosas de Roma, lástima que no la tengan bien entretenida; y lástima aún que una plaza tan hermosa esté siempre tan puerca y mal empedrada. A la Rotonda, o sea, el antiguo panteón; el más hermoso resto de la magnificencia de la antigua Roma y el solo templo de romanos que se haya enteramente conservado; fue fabricado en tiempo de la república y dedicado a todos los dioses... El pórtico anuncia el grandor y majestad del edificio (superior seguramente al de San Pedro) y es lástima que no le podamos ver de un punto más bajo, pues las ruinas han elevado tanto el piso, que toda la gradería está enterrada. Este fue elevado por Agripa, yerno de Augusto como lo indica la inscripción latina que se lee sobre el arquitrabe; soportado por unas columnas de extraordinaria magnitud de granito oriental, enteras; y la cúpula que comparece por encima, agrada infinitamente.. Mas los dos campaniles que le encajó el Bernino, no vienen al caso absolutamente, el interior iluminado todo perfectamente por aquella claraboya de 38 palmos de diámetro, en la cúpula, sorprende verdaderamente; mas no agrada tanto... sea que el segundo orden de columnas no se acuerda con el primero; sea la cantidad de modernos altares que hay alrededor; o sea, finalmente el haberle despojado de la guarnición de bronce incrustado que cubrían los casones de la cúpula, en cuyo lugar se ha sustituido una lechada blanca, que seguramente disminuye la majestad del edificio y el acorde de los colores que entre sus diversas partes debía haber. Lo cierto es que uno conoce que falta cierta cosa y se sale disgustado... ¿Por qué no dejar cada cosa en su lugar? ¿A qué altares de santos, en un templo de gentiles? ¿A qué deshacer sus bellos ornamentos de bronce para fundir cañones inútiles, como si faltase hierro y cobre en el mundo? y ¿para qué enterrar veintiocho carretadas de reliquias bajo el altar mayor? Alrededor hay varios pequeños monumentos de hombres célebres en las bellas artes, entre otros de Annibale Carracci, di Tadeo Zuccheri de N. Mengs (hecho hacer por Azara) y del célebre Rafael, el mayor de todos los pintores cuyas obras conocemos, muerto a la edad de treinta y siete años solamente ¡qué infausta pérdida! Se monta sobre la cúpula por una escala triangular muy ingeniosa de 190 escalones; y se goza desde allí de la vista de casi toda la ciudad. Detrás de este templo estaban *Le Terme di Agrippa*, los primeros que se hicieron en Roma; de cuyas ruinas se ven algunos muros y una media sala rotonda. A las cuatro me retiré a comer, tuve la sociedad de la familia y pensionistas compañeros que me circundaron a conversación... Tomamos juntos café en la mejor doméstica sociedad; y después (como era viernes y en este día no se permite abrir ningún teatro), me fui con el *signore* Luigi a *Chiesa Nova* que está justamente al canto para gozar del Oratorio en música que se da todos los viernes por la noche en la capilla inmediata a la iglesia que llaman el Oratorio; aquí se toca y se canta muy buena música y se predica un sermón de media hora... En este ínterin nosotros fuimos con el favor de *Fratel Michaele* que nos obsequió mucho, a ver los apartamentos que están inmediatos a la Tribuna y sirven para sus juntas y recibimientos de personajes forasteros, que están muy decentemente alojados; y se nota aquí un trabajo de tinta roja sobre el mármol en varios cuadros muy graciosos, que es cosa particular; los claustros e interior del convento están sumamente aseados y muy bien edificados. Concluida la prédica siguió la música; y finalizada esta nos restituimos a casa, cerca de las diez, donde encontramos nuestra buena cena (no de Vigilia) y luego a la cama que mi buena *signora* Anna, me hace calentar muy bien *cha il Prette*.

28

Temprano (después de la *chocolata con pane fresco e butirro*) a la Certosa, o sea, Santa Maria degli Angeli. Este es un majestuoso templo, formado de una pequeña parte del *Terme di Diocleziano* que el célebre Michelangelo sirviéndose de la gran sala que estaba más bien conservada y alguna otra parte adyacente dio la forma de una cruz griega y ha formado la más bella y majestuosa iglesia de Roma... ¡O qué agradable sorpresa cuando se entra en esta magnífica sala decorada de sus propias columnas intactas de granito de soberbia magnitud (62 principal de altura) de las más excelentes pinturas; y de un riquísimo pavimento de mármol, donde se vela bellísima e ingeniosa meridiana que M. Francesco Bianchini delineó a principio de este siglo!... Muchos jefes de obra, cuyas copias en mosaico están en San Pedro, se ven aquí; *La Presentazione al Tempio*, dil Romaneli; il martirio de San Sebastiano, d'il Dominichino, il Baptessimo de Gesucbristo di Carlo Maratta; il gastigo de Anania e Sallira, d'il Cavalieri Roncalli; e il San Basilio di Subleyras, con varias bonísimas copias de otros cuadros di San Pietro; y uno excelente di Pompeo Battoni, representante la Caduta di Simon Mago. De modo que esta iglesia es aun una bellísima galería de pinturas y en mi opinión la más agradable de Roma, si exceptuamos San Pedro. Se entra en esta por una rotonda, que era un Calidario de bellísima proporción y aquí se observan dos sepulcros en nichos de muy buen gusto, el uno es de Salvator Rosa y el otro de Carlo Maratta, bien conocidos por sus obras. De aquí pasamos al claustro del convento, hecho también por diseño de Michelangelo y decorado de cien columnas que sostienen una galería en cuadro cubierta, donde se ve una numerosa colección de estampas desplegadas sobre las paredes. A San Ignazio, que en mi opinión es la cuarta iglesia de Roma, por la magnificencia y buen gusto de su arquitectura; fue terminada por los diseños del Dominichino y del P. Grazzi, jesuita... La fachada de compuesta de dos órdenes de columnas corintias y compositas, forma una grande y bella mole —el interior es aun mejor, decorado de pilastras caneladas y su cornisa corintia por todo el rededor que produce un bellísimo efecto. Mas la gran cúpula, que es fingida, parece un poco pequeña y las lunetas estrechas. Las pinturas a fresco de la bóveda y altar mayor y tribuna son del padre Pozzi jesuita... Las dos capillas del crucero son de la magnificencia mayor, cubiertas de los más ricos mármoles y columnas bellísimas de verde antico, en la de San Luis Gonzaga, que está a la derecha, se admira un excelente bajorrelieve de monsieur Le Gros, representante del dicho santo llevado al cielo por los ángeles, que es lo mejor que tengo visto de este célebre artista. Reposa el cuerpo de dicho santo bajo el mismo altar en una riquísima urna de lapislázuli el bajorrelieve de la capilla compañera representa *La Anunciación* (del Valle) más a vista del otro parece nada. Está pegado a la primera el magnífico monumento de Gregorio XV con la estatua del papa y dos otras en mármol del mismo Le Gros. De aquí se pasa al contiguo colegio romano que está unido a esta iglesia manejado antes por los jesuitas... Es un hermoso y magnífico edificio, con dos pórticos uno sobre otro, que forman un cuadrado espacioso y las clases están alrededor. Es el más numeroso de Roma y tiene treinta y dos profesores, hay una buena librería; y en las salas altas se conserva (bien trasinnado) el museo del célebre padre Kircher. San Andrea della Valle, iglesia grande y hermosa; la quinta en orden según mi parecer, de las de Roma. La fachada es una de las mejores que se pueden ver en esta capital; dos órdenes corintio y composito uno sobre del otro también la componen el interior tiene el mismo defecto que la antecedente, es que la cúpula parece demasiado pequeña... Esta está pintada por el Lanfranco y las lunetas por el Domenichino, vense en sus capillas varias otras buenas pinturas; bellos mármoles y excelentes rasgos de arquitectura y escultura particularmente en la de Strozzi hecha por Michelangelo. A casa fatigadísimo de la multitud de ideas. En fin comí con luz en la buena compañía de mi familia (que ya me consideraban como miembro) y después de tomar café, nos fuimos al teatro *il cavalieri* y yo... a Argentina, el segundo en mi opinión de los de Roma; no pudimos sentarnos juntos porque había sumo concurso, mas nos hablábamos y bebimos nuestros sorbetes, una ópera en que solo el primer Bufo Bruni tenía mérito, nos molió hasta después de las once, con sus malditos bailarinas con calzones negros.

29

Chiesa del Gesú, que pertenecía a la casa profesa de los jesuitas; en mi concepto la sexta en orden de las de Roma y una de las más majestuosas y ricas de esta capital... El cardenal Farnese la hizo edificar por los diseños del Vignola y de Giacomo della Porta; La *Cappella* di Sant'Ignazio, que ocupa el fondo del crucero, dirigida por el padre Pozzi, es acaso ¡la más rica y soberbia del universo en su especie!... Todo lo demás parece pobre después. La estatua del Santo tiene 13 palmos de altura agrupada con tres ángeles, todo de plata maciza y obra de monsieur Le Gros. A casa a comer temprano para ir a gozar del paseo del Corso... Hicimos efectivamente llamar un coche (que nos costó 8 paolos *e due di buona mano*, son 10) para servirnos hasta el ave María. Y a las dos partimos il cavalieri *signore* Luigi, *signora* Elena y yo, a ver primo la célebre basílica de San Giovanni in Laterano, que es la sede del sumo pontífice y la prima iglesia de Roma y del mundo cristiano A. R.; fábrica y donativo de Constantino Magno según dicen; mas al presente no indica nada de esta antigüedad, ni de aquel gusto... La fachada principal se presenta noblemente; y aunque defectuosa en sus partes, el todo produce, sin embargo, un bellísimo efecto. El interior está tan lleno de columnas, estatuas, dorados, pinturas, estucos, capelas, etc. que más bien resulta una confusión sin gusto, ni designio; ¡aunque hay muchas piezas en todo género excelentes! y este es un defecto que más o menos reina en todas las iglesias de Roma, sin exceptuar San Pietro. En el monumento a Clemente XII está una bellísima Urna antigua de Pórfido que subsistía bajo el pórtico del panteón; y su forma y sencillez en los adornos debían servir de modelo. En el Chiostro interior se observan algunas piezas antiguas y entre ellas dos sillas de piedra encarnada perforadas en el medio como un vidé antiguo, lo que ha dado fundamento sin duda a la historieta de examinar en ellas las p... bajas del papa. Aquí inmediato está el antiguo Palazzo Lateranense, en que habitaba primeramente el papa, mas después de Sixto V se ha fijado siempre en el Vaticano y Monte Cavallo, de modo que este ahora (aunque muy bueno) sirve de conservatorio, u hospicio para 250 doncellas pobres que laboran en seda. *Il Battistero di Constantino*, que está pegado, es una antiquísima iglesia también de forma octogonal, con ricos adornos. Ocho bellísimas columnas de *pórfido* que tienen 8 palmos de circunferencia y soportan la cúpula interior que cubre la fuente bautismal que está en el centro de la iglesia, son el mejor de todos. Inmediato en aquella plaza, frente a la calle que conduce a *Santa Maria Maggiore*, se eleva un famoso obelisco llamado *di San Giovanni in Laterano*. Este es todo de una pieza de granito rojo con jeroglíficos egipcios por las cuatro fases, de una ejecución sumamente delicada y es el mayor que se conoce... Su altura desde el nivel de la plaza llega a 204 palmos y Domenico Fontana lo elevó aquí en tiempo de Sixto V; quien lo quitó del circo Máximo a donde lo colocó Constantino, que lo hizo traer desde Tebas, en el alto Egipto. Otro magnífico obelisco de la misma especie se ve en el septentrión de dicha plaza, yacente en tierra y con un gran pedazo cortado a pico para formar como un banco en que sentarse (¡abrase visto barbaridad igual!...) Este estaba antiguamente en los jardines de Salustio y la principessa Ippolita

Ludovisi, que es dueña de este terreno hoy día, la regaló a Clemente XII para que la elevase enfrente del gran pórtico *di San Giovanni in Laterano*... ¡Qué lástima que esta noble idea no se hubiese realizado! Inmediato sobre la propia plaza está la Scala Santa, célebre santuario en que Sixto V hizo poner veintiocho escalones de mármol blanco, los mismos dicen que estaban en la casa de Pilatos en Jerusalén y que J. C. subió en tiempo de su pasión... No se pueden montar sino de rodillas y están ya tan gastados de la multitud de devotos que los suben constantemente, que han puesto tablas encima que se pueden renovar y estorbarán la extinción absoluta de una reliquia tan preciosa. Hay, además, dos otras escalas al lado que se montan y bajan como se quiere y por ellas subimos nosotros (que estábamos deprisa y no acostumbrados a marchar de rodillas) al Santa Santorum que está encima, donde se venera una imagen del Salvador hecha, o comenzada por San Lucas y concluida... Por los ángeles que según lo que yo pude examinar, no me parece son tan buenos artistas como nosotros eternos, los S. S. angelitos. Se cree que la casa del emperador Marco Aurelio estaba aquí inmediata, pues la célebre estatua suya ecuestre que se ve en el Campidoglio, se encontró accidentalmente junto a la Scala Santa... o ¡qué sublimes pensamientos, esta sola idea no reclama, al hombre instruido y versado en la historia! En fin de aquí nos marchamos en nuestro coche al paseo, que estaba pleno a las cuatro. Los trenes eran buenos generalmente y los mejores en el gusto inglés que ellos prefieren; mas la sobrecarga de dos rangos de criados en librea detrás del coche y solo dos caballos, por lo común, al tiro, no me parece racional. Los criados de cardenales llevan por lo general una sombrilla encarnada, lo que distingue estos príncipes de la iglesia (como los romanos dicen) y les da el derecho de precedencia y atropellar por todas partes. El pretendiente que llaman (un viejo decaído) y su hija, que parece muy buena moza estaban allí. Como también *il Nipote* que es decirlo todo y este *signore* príncipe Regnante lleva más fausto y es más respetado y temido en Roma, que el emperador en Viena. Mas el que más me dio en visera por su pompa y vanidad, fue el embajador de Portugal... cuyo vestido (galoneado hasta por las costuras, como lacayo) equipaje y librea cargado todo de oro y plata más anunciaban la vanidad y la ignorancia, que la discreción y el buen juicio de dicho señor ministro. En fin al ave María nos retiramos, tomando de paso nuestros helados en el coche al arco de Carbognano en el Corso y estuve en casa hasta la hora del teatro, que en compañía del cavalieri fui a *Fordinona*, o *Palla Corda*, como se dice, este es el más concurrido por la gente inferior y puedo asegurar que vi varios espectadores que habían pagado sus 2, o 3 paolos a la puerta sin camisa bajo la chupa... Mas tal es el caso en esta ciudad, donde un infeliz venderá su única ropa y una mujer se prostituirá al primero para ir a esta disipación detestable. A las diez, me retiré a casa, sumamente convencido por la lección antecedente cuanto influye el ejemplo, ¡y la educación en la formación de un pueblo cualquiera!...

30

Temprano nos peinamos, etc. y fuimos il *signore* don Giovanni y don Luigi a almorzar a *San Pietro in Vincoli*, donde los S. S. canónigos Manzoli y Ruelle nos habían convidado, para enseñarme después todas las curiosidades que por allí se encontraban... En fin tomamos nuestra muy buena chocolata en la celda dil *signore* canónico Ruelle que es sujeto de todo garbo y después comenzamos por la librería, que es una pieza hermosísima y contiene su colección bastante numerosa de libros escogidos, muy bien impresos y encuadernados. Un señor abate que es el director me hizo observar algunas bellas ediciones de varios clásicos ingleses que ya tienen en aprecio. De aquí vayamos a la iglesia que se cree la más antigua de Roma, quemada en el incendio que se atribuye a Nerón... Está soportada por veintidós columnas antiguas orden dórico de mármol de Paros muy bien conservadas y de buen gusto, que se asimilan al alabastro y tienen casi 10 palmos de circunferencia. Los cuadros de santa Margarita y de san Pedro librado de la prisión por un ángel, obras de Guercino, ambos se distinguen entre otros muy estimados que se ven por allí... Pero lo que sobre todo llama la atención, es el mausoleo de Julio II, por Michelangelo, uno de los más célebres de toda la Italia (la arquitectura no está sin defectos) más la estatua colosal de Moisés, que está sentada sobre el sarcófago es seguramente el jefe de obra de su autor y, por consiguiente, de la moderna escultura —la barba es demasiado larga, sin embargo, mas la noble expresión y ¡la gran inteligencia y naturalidad con que están tratadas todas sus partes le dan una animación sorprendente!... o ¡qué majestad!... En fin no se harta uno de ver esta estatua y de desear, que estuviese colocada en la distancia que corresponde a su forma colosal... La cisterna que está en el patio del convento, aún merece ser vista por la graciosísima decoración que le puso el mismo Michelangelo. De aquí pasamos con provisión de hachones de cera a visitar los subterráneos de una huerta inmediata que cubre *le Terme di Tito* de los cuales se ven también muchas ruinas fuera de tierra, entre ellas las que llaman *le Sette Sale* y son nueve grandes bóvedas paralelas que parecen formaban una gran cisterna para conservar las aguas... Mas lo que merece particular atención es la parte interior de las que están soterradas, donde entramos con bastante dificultad y un buen guía, pues ello es un laberinto. Los pedazos de adorno que quedan aun, como son estucos, arabescos y otras pinturas a fresco son de la manera más grande y excelente que puede imaginarse... De aquí fue que Rafael con la asistencia del jardinero, robó el gusto y las ideas que representó en las logias del Vaticano y así se ven la mejor parte de dichos estucos y pinturas, arañadas y borradas expresamente. Lo que más sorprende es el ver la permanencia y frescura de estas pinturas tantos siglos bajo de tierra; al mismo tiempo que las copias de Rafael en el Vaticano están mucha parte indistinguibles (y es que el modo de preparar los colores no lo pudo robar)... ¡Unas salas están todas de azul, otras de encarnado, otras de negro, etc. y los adornos con tanta sencillez, gracia y economía aplicados encima que es un encanto! y sobre todo la vivacidad inimitable y suave de los colores... ¡Estos restos en mi concepto dan más perfecta idea del grandor, magnificencia y exquisito gusto por la pintura de los romanos en este género de edificios, que ningún otro monumento de la Italia! y sin lo que han querido formar opinión de la pintura antigua, parte las que se ven en el palacio de Portici en Nápoles, hubiesen examinado estas desde luego habrían hecho otro juicio. Concluida esta fatigosa aunque muy agradable excursión subterránea, nos despedimos de nuestros corteses canónigos y dirigimos nuestros pasos al celebérrimo anfiteatro de Flavio, llamado comúnmente *il Colosseo*. ¡Este seguramente es el más soberbio y más bien entendido edificio de quien conozcamos las ruinas!... La parte exterior, de quien más de la mitad está destruida, produce no obstante, el efecto más admirable y gustoso de cuantos edificios se pueden ver en Roma o en el mundo entero; véase de fuera, o dentro de la ciudad y en la distancia que se quiera. Su figura es elíptica, decorado externamente de cuatro órdenes de arquitectura dorio, jonio, corintio y composito, los tres primeros están en columnas embutidas cuasi por la mitad en el muro; y el cuarto de pilastras poco salientes, pero que sostienen, sin embargo, un cornisón valiente que termina noblemente la parte superior. Entre estas pilastras no hay sino pequeñas ventanas cuadradas; mas entre las columnas de los tres otros órdenes se ven ochenta arcos (antiguamente adornados de estatuas) que dan ingreso a un pórtico doble que corre por todo el rededor del edificio. La parte interna está casi toda destruida, mas, sin embargo, yo monté hasta su mayor altura, pudiendo formar juicio por el de Verona que justamente conserva las partes que a este le faltan... Se distinguen aun las escaleras, pórticos, gradas, canelones para desagüe de las orinas y alojamiento para las fieras, con sus bebederos de mármol; todo con poca diferencia como el de Verona, en gran forma. No se puede retener la indignación contra aquellos que han contribuido a destruir este insigne monumento del poder romano (Vespasiano lo hizo edificar aplicando 12.000 judíos, etc. y podía contener 107.000 espectadores, 20.000 en pie y los demás sentados) que los bárbaros mismos respetaron; para formarse con sus materiales palacios (el Farnese es uno) que no pueden parecer más que chozas en comparación del Coliseo. Donde estaba la arena, hay ahora un Via Crucis por remate de todo. Inmediato por la parte de afuera, están las ruinas de la fuente en que los gladiadores iban a lavarse, que se llamaba la meta sudante, porque tenía la forma de un límite, la agua que bajaba de encima la bañaba toda alrededor. Cerca también está el Arco di Constantino, que según la diferencia de adornos que en él se observa, hace inclinarse a la opinión de que este fue uno de los cuatro arcos del Foro de Trajano, transportado allí y encajándole una inscripción en honor de Constantino, con algunos adornos de mala manera que descubren el tiempo decadente en que los pusieron... Es sin embargo un bellísimo monumento y contiene excelentes obras en bajo relieve, etc. Las ocho hermosas figuras *dei Daci* que allí se ven descabezadas, lo fueron por el cardenal Leopoldo de' Medici... ¡A quién se podría atribuir una acción semejante! Después al Arco di Tito que no está muy distante conforme se llega a Campo Vaccino. Es este el monumento más antiguo de su especie que existe en Roma y acaso el más bien ejecutado y con mayor gusto de todos, aunque el más pequeño. Las dos columnas caneladas de orden corintio que soportan el entablamento, los bajorrelieves que con tanta inteligencia brillan por todas partes sin recargar la obra, son de una nobilísima manera; y sobre todo los dos que están bajo del arco, representantes el triunfo del emperador y el gran candelabro de oro a siete brazos, con otros despojos judíos; que acaso son los mejores que nos han quedado de la antigüedad. En fin, siendo ya cerca de la noche y mi cabeza tan llena de ideas sublimes y varias que no dejaban de producir repletitud en la imaginación. Nos fuimos a casa donde nuestra comida estaba ya aguardando y la buena sociedad del *signore* don Tomaso además, con quien comenzamos a discutir sobre las cosas vistas en el día, etc. hasta las diez que vino la cena; y a las once a la cama.

31

Con la imaginación llena toda la noche de cuantos hechos sublimes presenta la historia romana y particularmente de los ocurridos en la vida de Cicerón. Me levanté temprano para ir al célebre *Forum Romanum* donde se juntaban el senado y las asambleas del pueblo y donde este grande hombre tantas veces desplegaba los resortes de su elocuencia en las arengas inmortales suyas que nos quedan. En fin siguiendo del arco de Tito donde lo dejamos ayer, se entra en campo Vaccino y a mano derecha está la iglesia de San Francesca Romana, edificada en el mismo lugar dicen en que sucedió el pasaje de la caída de Simón Mago. Por detrás de esta iglesia se entra en un corral del convento *degli Olivetani* y allí se ve un pedazo magnífico de ruinas, en dos grandes salas cuadradas terminadas en dos nichos soberbios, por donde se apoyan una contra la otra en dirección opuesta. Dicen unos que este fuese un templo dedicado al Sol y a la Luna y otros que parte de la magnífica Domus Aurea de Nerón que estaba seguramente en esta inmediación. Siguiendo a mano derecha están las soberbias ruinas *d'il Tempio della Pacce* que era el más bello y el mayor que hubiese en Roma; decorado de las mejores estatuas, de pinturas excelentes y de ocho columnas hermosísimas de mármol blanco acaneladas, de las cuales una sola existe que es aquella que se ve elevada sobre un pedestal en la *Piazza di Santa Maria Maggiore*. Los tres arcos que aún existen, son prueba de la magnitud y grandor de este famosísimo templo sirven en el día de corral de vacas para el ganado que matan en aquel barrio y el Coliseo de caballerizas; que lo he visto por propios ojos. La iglesia de S. S. Cosmo e Damiano, sigue un poco más adelante; se cree que antiguamente hubiese aquí un templo de Rómulo y Remo, en el cual se juntaba el senado para los negocios más secretos e importantes; y aquí fue donde se halló el plano antiguo de Roma grabado sobre el mármol, que hoy con tanto gusto se ve en el *Campidoglio*. Adelante un poco está la *Chiesa di San Lorenzo in Miranda*; sobre las ruinas del *tempio di Antonino e Faustina* del cual se ven aun exteriormente diez grandes columnas del pórtico, de mármol oriental, dos tercios casi de su altura enterradas en el suelo: una inscripción latina se lee sobre el friso. Había antes frente a dicho pórtico un templo de Palas, que un papa hizo demoler. Adelante la *Chiesa di San Adriano*, donde estaba antiguamente el templo de Saturno; y aquí enfrente es el paraje donde Augusto hizo plantar la *Colona Millaria*, de donde comenzaban todos los caminos del Romano Imperio. Luego está *L'Arco di Settimio Severo*, que es todo de mármol blanco y subsiste casi enteramente; mastina gran parte está bajo de tierra, lo que hace que no se puede bien juzgar de la masa general, ni de las particulares; los bajorrelieves que están por los tres arcos, etc. están sumamente deteriorados y no parecen de buen gusto. Siguiendo a dar la vuelta a esta plaza, está luego bajo el declive del capitolio las ruinas del *Tempio della Concordia*, que fabricó Camillo; del cual solo restan ocho bellas columnas de granito de orden dorio, con sus capiteles y sobre adornos, que eran de los que sostenían el pórtico. Hacia el centro de dicha plaza se ven tres hermosas columnas antiguas de orden corintio que se suponen ser del templo *di Giove Statore*. Estas son de mármol caneladas y de la más bella proporción; con sus ornamentos laborados en la última proporción de modo que cuando se ven a una distancia proporcionada, producen un efecto admirable. Inmediato a la raíz del monte Palatino está la *Chiesa di Santa Maria Liberatrice*; aquí cerca estaba il *Lago di Curzio* que resultó del abismo en que este héroe se precipitó y pegado a esta iglesia se cree que estaba il *Lupercale*, o *grota* en que demoraba la loba que aletó a Rómulo y Remo bajo el *fico ruminale* que estaba inmediato. Por encima comparece el célebre Monte Palatino donde Rómulo puso los primeros fundamentos de Roma y donde después se vio elevar el soberbio palacio de los emperadores el más bello y magnífico del universo seguramente aunque no se juzgase sino por las majestuosísimas ruinas que subsisten y por su posición... *gli Ortú Farnesi* que llaman ocupan en el día la mayor parte del palacio de los Cesares del mundo. ¡Extraña suerte!... y ¡más extraño aún que nadie haya edificado allí aún, siendo la vista y la situación mejor de toda Roma!... Nos paseamos largo tiempo por allí admirando aquellas supervísimas ruinas y gozando de los más bellos puntos de vista que pueden encontrarse en el universo hasta que vino el jardinero con un hachón de cera para hacernos ver unas pequeñas salas soterradas que se dicen *i Bagni di Livia* en cuyas bóvedas se ven aún muestras de las excelentes pinturas y graciosísimos estucos que las adornaban; ¡válgame Dios y con qué primor y gusto estaban acabadas dos o tres figuras pequeñas en estuco que con cuidado pude examinar con mi anteojo en la bóveda!... y asimismo qué bien conservada la masonería, pues ni la humedad había podido penetrar y el ladrillo era tan perfecto y fresco como si se acabara de hacer. Estas pinturas y algunas estatuas que también había en los nichos, se las ha llevado el rey de Nápoles heredero de la casa Farnese... En el resto no se ve más que un casino pequeño arruinado; y una escala cordonada que conduce a una sala, o *grota* en que se ven varias estatuas antiguas donde una griega peinada a rizos el cabello curiosamente; y una Venus *callipiga* son de notarse. En la entrada principal que da sobre campo Vacci, hay una pequeña fachada del Viñola de muy buen gusto. De aquí se monta por una callejuela a la villa Rancurél que está pegada a los huertos antecedentes y ocupa otra parte el Palatino, donde logramos ver tres grandes salas de dicho palacio imperial que este señor abate ha desenterrado y donde se dice que se ha encontrado mucha antigüedad que el propietario ha hecho pasar a Francia su patria (una de dichas salas es rotonda cubierta a bóveda, cuya figura parece agradaba sumamente a los romanos). En un casino que hay allí, se ven muy buenas pinturas al fresco, entre las cuales dos pequeños cuadros sobre la bóveda, de Rafael, son excelentes y sino me engaño robados de los baños de Tito. De aquí se goza igualmente de los más bellos prospectos que quieran imaginarse —y esta Villa pertenece hoy en día al emperador José II que acaba de comprarla—. Considerando después por fuera estas inmensas ruinas mescoladas de árboles, producen la vista más pintoresca que puede imaginarse; y a la parte meridional se ven dos órdenes de arcos altísimos uno sobre otro, con pórticos que parece circundaban todo el palacio... ¡Qué lástima que no haya habido quien desenterrase estas riquísimas ruinas! Por esta misma parte meridional, se observa a la parte opuesta de la calle una manzana o isla arruinada, donde estaba edificado el *Settizonio di Severo*, edificio renombrado que tenía siete altos, adornados todos de bellísimas columnas de mármol; tres órdenes de los cuales se veían aún en pie en tiempo de Sixto V. En fin, ya fatigadísimo con tantas cosas me retiré a casa a las cinco, donde lo pasé en sociedad con los huéspedes y familia hasta las once.

Febrero

1

Deseando continuar las mismas ideas que el día antecedente, me dirigí al día siguiente hacia el foro Boario que hoy llaman por diversos nombres. Ponte Rotto (que es el antiguo puente Palatino) porque efectivamente están rotos sus arcos hasta la mitad y estas gentes no le han querido reparar; siquiera porque fue el primer puente de piedra que jamás hubo en Roma, terminado por Scipion Africano; y ciertamente es de muy buena arquitectura. Pegado a este puente existe una casa vieja compuesta según parece de varios restos de antiguos monumentos, que el pueblo llama *il Palazzo di Pilatos*. Un poco más bajo a mano izquierda está la *Chiesa di Santa Maria Egiziaca*, de monjes armenios; era un bellísimo templo de la Fortuna Virile, cuya forma exterior se conserva aún y produce sumo contento al mirarlo. Cuatro columnas en la fachada y siete en los laterales de orden jónico caneladas son los únicos adornos que le han quedado y estos enterrados hasta su embasamento. Sin embargo, la proporción, sencillez y buen gusto que resalta en todas sus partes le dan tal elegancia que no se cansa uno de admirarlo. Lo propio sucede con otro de figura rotonda que está un poco más abajo que llaman la *Madona del Sole* y es un pequeño templo de Vesta. Este está circundado de fuera por veinte columnas de orden corintio caneladas y dentro de una muralla de mármol blanco perfectamente bien unido; en el gusto de los templos antiguos; mas la barbarie le ha puesto un techo y encajado una muralla entre sus columnas, del gusto más indigno que quiera imaginarse y que le desfiguran infinito... ¡Mas qué será, sin embargo, que a la vista de estos diminutísimos templos (en comparación de las magníficas y suntuosas iglesias de Roma) el espectador siente una satisfacción y gusto incomparablemente más exquisito, que la que ha experimentado en las modernas estructuras de Roma!... Desde aquí arrimándome sobre la muralla que cae al río, me hizo observar una vieja lavandera el paraje por donde la gran cloaca desagua en el Tíber. De aquí atravesamos la *Piazza della Bocca della Veritá* (todo esto era el *forum Boarium*) y llegamos a la *Chiesa di San Maria in Cosmedin*, sobre la ruinas del templo de la *Pudicizia* formado; y bajo el pórtico de antiguas columnas adornado vimos un gran mascarón de mármol con la boca abierta, que parece haber servido a pronunciar oráculos y que le llaman la *bocca della Verità*: porque dicen que aquí se hacía poner la mano a los que hacían juramento y que si perjuraban la boca se cerraba y les cortaba la mano... Vulgaridades. Andando así a la izquierda un poco distante, está un Arco de Septimio Severo erigido a su honor, por la compañía de banqueros públicos... Es cuadrada la apertura y su escultura de mediano mérito, todo de ladrillo y una parte enterrada. Aquí inmediato se ve asimismo *l'arco di Giano* a cuatro fases, con su arco en cada una, formando un cuadrado, todo de ladrillo y con nichos arqueados para la colocación naturalmente, de estatuas... La proporción general de antiguo monumento es excelente; y la proporción entre vacíos y sólidos no puede ser mejor como a sí mismo de ancho y altura. Bajando al mediodía un poco, por detrás de unas casas, se encuentra la apertura de la *Cloaca massima*, por donde esta recibe las aguas de la célebre *fontana di Giuturna*, llamada hoy di San Giorgio. El arco que forma la bóveda es todo de gruesos cantos a seco, sin mezcla alguna y de una hermosa forma; tan capaz que podrá pasar sin el menor embarazo, un carro cargado de heno: desemboca en el Tíber, como he dicho anteriormente por junto al templo de Vesta y atraviesa toda Roma... ¡Qué obra inmensa! En fin, apenas concluimos a las cinco este agradable paseo y el tiempo es tan hermoso que apenas se siente el fresco; parece una primavera justamente, nos retiramos a casa donde se pasó en sociedad erudita hasta las once.

2

Hoy temprano me puse en marcha con mi amigo don Giovane que me sigue con gusto y proseguimos el hilo de antigüedades, comenzando por el valle que está entre los montes Aventino y Palatino que era la situación del célebre *Circo Massimo*, del cual no se ve el mínimo resquicio en el día;

pues todo el terreno está ocupado con huertos y el cultivador destruye constantemente lo que el tiempo pudo haber perdonado, de sus decoraciones nos quedan solo los dos obeliscos de *San Giovane in Laterano* y de la *Piazza del Popolo*. Podía contener más de 300.000 espectadores este soberbio edificio; donde se practicó igualmente al principio de la república el rapto de las Sabinas. Tomando a mano derecha se sigue por el lado del Tíber y allí está *il Magazzino del Sale* y las ruinas o pilastras solamente del antiguo *Ponte Sublicio*. De aquí montamos sobre el Aventino en busca de los famosísimos templos antiguos de Diana y de Juno... Mas en su lugar solo encontramos un convento de frailes dominicos y la *Chiesa de Santa Sabina,* edificados con las ruinas de aquellos —en el claustro solo hay 139 hermosas columnas antiguas—. De aquí subimos al Monte Testaccio que está inmediato y es formado todo de vasos rotos de las alfarerías inmediatas, que se llaman fábricas *de'lavori di Creta*; luego a la *Porta San Paolo,* antiguamente puente Trigemina, inmediato a la cual está *il Sepolcro di Caio Cestio* en forma de una pirámide de elegantísima proporción muy bien conservada; y tanto de cerca que de lejos, produce su vista un admirable efecto. Tiene más de 170 palmos de altura y 125 cada lado del zócalo cuadrado en que posa. En la parte inferior hay una pequeña puerta, que conduce a una cámara reducida y situada en el medio de la pirámide (que es el único vacío de este monumento) revestida de estuco y adornada de pinturas de muy buen gusto, alusivas al empleo de Cestio, que era uno de los *decemviri* que prescindían al banquete de los dioses y vivió en tiempo de Augusto. Aquí tomamos un coche pues las distancias que nos proponíamos correr eran grandes y saliendo por dicha puerta fuimos a *San Paolo fuori delle Mura* (una de las cuatro principales basílicas de Roma) edificado en el lugar en que dicho santo fue enterrado primeramente. El interior de esta iglesia es vasto y comparece lúgubre y húmedo. Sus altos están soportados por 140 hermosas columnas antiguas de pórfido, mármol y granito. Las cuarenta mayores de la nave principal estaban en el Mausoleo de Adriano (hoy Castel San Angelo) y ¡tienen más de 50 palmos de altura, de un solo pedazo de mármol pario,[25] qué lástima de deshacer aquellas elegantísimas composiciones, para formar moles inútiles sin gusto ni inteligencia! En una iglesia inmediata que llaman *San Paolo alle Tre Fontane*, se ven en el altar de dicho santo dos columnas de pórfido negro que son sumamente raras y únicas por su hermosura. De aquí retrocedimos y volviendo a entrar en la ciudad por la misma puerta, pasamos a ver las ruinas inmensas *delle Terme di Caracalla* que están al pie del monte Aventino; pasamos por huertos y saltamos palisadas para poder ver el todo de esta vastísima ruina, cuyas murallas se elevan por esos cielos a una altura sorprendente y dan más cabal idea del grandor romano que ninguna otra ruina de cuantas quedan —mas no ha quedado una pieza siquiera entera y solo si varias bóvedas en que aquellas gentes guardan cantidad inmensa de paja—. La relación antigua de que aquí se contaban 1.600 sillas de mármol y baños para 3.000 personas a un mismo tiempo; que se veían cosas que los más hábiles mecánicos juzgaban como imposibles y que el todo estaba adornado con la más soberbia magnificencia, no se desmiente seguramente por los restos que quedan. Fatigadísimo me retiré ya al anochecer a comer y discutir en mi doméstica sociedad los asuntos de que mi imaginación venía repleta.

---

25   Mármol de proveniente de la isla griega de Paros. (N. del E.)

3

Temprano en compañía del *signore* Luigi y con nuestro coche al menos para hacer la mitad de la distancia que nos proponíamos correr, marchamos a Porta San Sebastiano (antiguamente Porta Appia, porque guiaba a la célebre Via Appia adornada de muchos magníficos monumentos y empedrada toda sólidamente hasta Brindiz) donde se ve por la parte interior un Arco Antiguo que se dice *di Nerone Claudio Druso*; está separado del muro y sus adornos de mármol son pasables. Saliendo por dicha, puerta sobre la izquierda está la *Chiesa della Madonna delle Palme*, edificada sobre las ruinas de un famoso templo de Marte, que era circundado de cien hermosas columnas y de palmas; de donde viene el nombre de dicha iglesia. Una pequeña capilla rotonda que está más adelante sobre el mismo camino, se cree que sea el paraje donde San Pedro tuvo la visión de J. C. cuando le dijo: *Domine quo vadis*. Allí cerca se ve dentro de una huerta un antiquísimo sepulcro arruinado, que creo sea el Sepulcro de Orazia, hermana de los Orazios, que mató su propio hermano... Cuanto interesante es en mi opinión este monumento. Como una milla más adelante la *Basilica di San Sebastiano fuori le mura*. En la primera capilla de la cual se ve una piedra con la impresión de los pies de J. C. cuando se apareció a San Pedro en la visión antecedente... Mas lo que llama la atención principalmente y por lo que nosotros venimos, son *Le Catacombe*, las cuales se estiman por las más célebres y vastas de Roma; y aseguran algunos escritores que trece papas y 74.000 mártires han estado enterrados en ellas. De aquí la abundancia de reliquias con que Roma comerciaba con todo el mundo cristiano, que producían tesoros inagotables... Un religioso civil y que era gran práctico del lugar (pues de otra manera hay riesgo de perderse en este laberinto) y amigo del *signore* Luigi, nos proveyó a cada uno de una luz, marchando todos unidos para no perderse... Bajamos por la iglesia misma a dichos subterráneos por una gran escala que nos condujo a infinitas galerías, que corren en todas direcciones y muchas tienen dos y tres planos unas sobre otras, formando accidentalmente por una y otra parte, pequeños apartamentos en forma de celdas como para habitación de algunas gentes. Los lados laterales están cortados con suma inteligencia en forma de sepulcros para una sola persona y después con igual curiosidad cubiertos con ladrillo sutil y tablas de mármol; sobre los cuales se suele ver. Alguna inscripción, cruz, etc. y aquellos en quienes se encuentran instrumentos de martirio, o una garrafilla de sangre son tenidos por depósitos santos y sus huesos distribuidos como reliquias auténticas. Por esta razón cuando entramos nos informó el fraile que había excomunion mayor para el que extrajese la menor parte sin permiso... No obstante, mi compañero y mi criado aprovechando la favorable ocasión, se llenaron bien las faltriqueras a escondidas, de canillas y huesos sagrados... Yo reía entre mí grandemente del pasaje; y considerando que ya habríamos hecho al menos un par de millas, sin variación de objeto, propuse nuestra retirada, que mis fatigados compañeros deseaban igualmente y vinimos a un apartamento que está cerca de la salida un poco iluminado por claraboyas, con sepulcros también alrededor y en medio sobre una pequeña columna, un excelentísimo busto de *San Sebastiano* de Bernini. Nuestro buen religioso continuó a hacernos ver con mucha civilidad la sacristía y resto de la *Chiesa*; y en este intermedio tuve lugar de hacerle convenir, en que siendo aquel subterráneo, el lugar de donde los romanos sacaban arena para sus menesteres y después abandonaban para sepulcros de los pobres, ¿no sería extraño que muchas de nuestras Sagradas Reliquias, fuesen huesos de paganos?... y mi gente que oye la proposición, se ratifica y tira sus reliquias al diablo apenas salimos de la *Chiesa*... o ¡cuánto tuve que reír después!... Algo más adelante, sobre la misma Via Appia resale el bellísimo mausoleo *di Cecilia Metella vulgo Capo di Bove* por un friso adornado de testas de buey y guirlandas de ciprés que circuya la parte superior. Este es una gran torre rotonda, que posa sobre un pedestal cuadro de piedra de Tívoli, con la cual está también cubierta toda la torre, que remata con un cornisón adornado del friso mencionado. Había encima un colonado, de cuyo centro se elevaba una cúpula que terminaba el edificio... ¡Mas en el día no hay vestigio, o qué lástima!... Sin embargo, da mucho gusto al mirarlo, por su noble proporción y excelente ejecución; y es uno de los monumentos más bien conservados de la magnificencia pomana. En el interno solo hay un vacío de figura cónica, donde se encontró la grande urna cineraria de mármol pario que hoy se ve en el patio del *Palazzo Farnese* y donde reposaban estas memorias de *Cecillia*, que fue mujer de Crasso, el más rico ciudadano de su tiempo. Inmediato en una viña cercada, se observa una fábrica rotonda con un recinto cuadro, en el gusto antiguo romano; mas no concibo que sea. Por detrás de dicho recinto están las curiosísimas ruinas del *Circo de Caracalla*; el más entero de cuantos nos han quedado y bastante bien conservado para formar una justa idea de esta suerte de edificios romanos, en que la noble juventud se amaestraba a la corsa de los carros, etc. Su forma es cuadrilonga, terminada por un lado pequeño en semicírculo. En el medio hay un muro poco elevado formando una línea que llamaban *Spina* y era adornada de estatuas; altares para los sacrificios que siempre precedían a la función; y el obelisco que se ve en la *Fontana Navona*: con sus dos metas hacia los extremos para volver los carros que luchaban. Por todo el rededor están los muros en que posaba la gradería para sentarse los espectadores; y asimismo sus pórticos para ponerse a cubierto en caso de lluvia —y al frente la gran puerta por donde salía el vencedor, a quien conducían en triunfo sobre la Via Appia—. Tiene también sus torres desde las cuales los patricios miraban los juegos y se observan muchos vasos grandes de losa que colocaban en el macizo de las bóvedas para darle sin duda ligereza. En mi concepto este es uno de los más interesantes e instructivos monumentos que nos quedan de la antigüedad y me dio tanto placer al verlo que no pude dejarlo sin sentimiento y propósito firme de retornar antes de despedirme de Roma... Sobre una colina inmediata está la pequeña *Chiesa di San Urbano*, formada de las ruinas de un templo de Baco, del cual quedan aún cuatro bellas columnas caneladas de orden corintio que sostenían el pórtico. Por estos alrededores también dicen que había un templo *dell'onore* y otro de la Virtud, mas nosotros no pudimos descubrir rastro alguno. A la caída de la colina antecedente di S. V... encontramos la célebre *Fontana Egeria* en una gruta espaciosa revestida de ladrillo *opera recticularis* una bóveda y sus nichos. En el medio está la estatua de Egeria del grandor natural reclinada y mutilada; en los otros donde estaban las de las musas nada ha quedado —el agua de la Fuente corre con abundancia y es límpida y saludable...—. Allí encontramos una muchacha que lavaba ropa y nos respondió varias cuestiones con viveza. Bebimos agua de la celebrada fuente y proseguimos nuestra excursión. Como media milla más adelante sobre la derecha del camino que conduce a Porta Latina está *il Tempio del Dio Ridicolo* edificado en el mismo lugar en que Aníbal se dice había plantado su campamento, para asediar a Roma en tiempo de la segunda guerra púnica. Este es un pequeño edificio en forma cuadrada, o aproximadamente, con sus adornos en pilastras hechas de ladrillo muy bien ejecutadas y el todo de buena forma; está situado junto a un arroyo (*Aqua Mariana*, me parece que se llama) en que hay un batán para paños... Aquellas gentes nos hicieron favor de abrir la puerta para ver el interior de dicho templo, mas no encontramos mas que paja, de que estaba lleno hasta el tope —mucho gusto me dio el examinar la posición del campamento del ejército de Aníbal; que seguramente no podía escogerse mejor para el efecto y es una buena lección para los profesores del arte—. De aquí seguimos haciendo el giro por fuera de los muros de Roma a ver *il Anfiteatro Castrense*, que no está muy distante y es hecho todo de ladrillo. La parte mejor conservada está ingerida en los muros de la ciudad; compuesta de arcos y columnas corintias con su entabladura, en medio de ellos; todo tan curiosamente trabajado en ladrillo y tan bien conservado que es cosa que sorprende, atenta su antigüedad. Este anfiteatro era de figura circular según parece y no muy grande. Fue el primero de su especie en Roma y estaba destinado para ejercitar los soldados a combatir diferentes animales y otros ejercicios bélicos. Para ver el interior, fue menester dar la vuelta por *Portamaggiore* a fin de entrar en el convento *di Santa Croce in Gerusalemme* en cuyo jardín se ve efectivamente la ruina de la parte interna, que da, sin embargo, bastante idea de la forma que tenía dicho anfiteatro. Los monjes nos hicieron ver con suma civilidad el convento, iglesia y librería que aunque pequeña está ordenada con gusto y aseo; aquí se ven dos muy buenos cuadros de Rubens. El pórtico de la iglesia es de un gusto singular; compuesto de varios órdenes de columnas que forman como un laberinto y sostienen una cúpula. En la huerta de este propio convento, vimos otras ruinas interesantes, *il tempio de Venere e Cupi-*

do, que hoy solamente consisten en un grandísimo nicho y dos pedazos de muro laterales, por los cuales no se puede formar idea de la forma que tuviese. En este paraje fue hallado el grupo de *Venere e Cupido* que está en el pórtico del museo clementino. Andando como una milla hacia el centro de la ciudad, está la Villa Magnani, en cuyo recinto se ven también unas antiguas ruinas del *Tempio di Minerva Medica*... Estas consisten en una media cúpula, sostenida por gruesos arcos de bonísima proporción e indican que la forma del templo era rotonda y de muy buena construcción. Fatigados ya de andar más de 6 millas a pie, pues el coche lo soltamos en San Sebastián porque nos envaraba para saltar cercas, atravesar viñas y montar ruinas; batimos nuestra retirada, ya cerca del anochecer y llegamos a casa cansadísimos. A las diez me fui a la cama con un grandísimo dolor de cabeza que me aflige siempre más o menos y se agrava por la noche.

4

Temprano en continuación de las propias antigüedades con *il signore* don Giovane, que es inteligente, nos dirigimos al *Teatro di Marcello*, que está casi enteramente arruinado y ocupado de edificios. Por una calle se ve, sin embargo, un retazo de la parte exterior, decorado de dos órdenes de arcos uno encima de otro; el primero es dórico y el segundo jónico con menos de la mitad de la columna ingerida en el muro. Ambos de graciosa y elegante proporción, particularmente el capitel jónico... Hay muchos nombres escritos allí de visitantes; y este retazo de arquitectura antigua, es el modelo que los modernos han tomado para determinar las proporciones de dichos dos órdenes colocados una encima de otro... Pasamos de aquí al *Palazzo Orsini* que está encima, colocado justamente sobre el área de este teatro; de cuyos restos interiores algo vimos en las cavas de dicho palacio que corrimos arriba y abajo. En el patio se ven igualmente dos hermosísimos grandes sepulcros de mármol, ornados de bajorrelieves; y uno sobre la fachada, que representa varios gladiadores combatiendo contra las fieras. En uno de los apartamentos internos, se nos manifestó una célebre estatua *di Gaio Popilio* del grandor natural, podía contener este famoso teatro, según afirman los escritores romanos hasta 30.000 espectadores y su diámetro era de 538 palmos. Fue edificado por Augusto para perpetuar la memoria de Marcello su sobrino. De aquí pasamos a la *Chiesa di San Niccola in Carcere*, que no está distante; por ver el paraje donde sucedió aquella memorable acción conocida por el nombre *di Carità Romana* (*or the Grecian Danter*) en las prisiones del pueblo; sobre cuyas ruinas está edificada esta iglesia. Luego pasamos al puerto o *muelle di Ripeta*, inmediato al cual están las ruinas del magnífico *Mausoleo di Augusto*... que parece tenía la forma de una gran torre rotonda; de la cual solo queda una pequeña parte, formando una terraza circular sobre el espesor del muro que sirve presentemente para hacer parcos y tablados desde donde se ven los toros que se juegan en la plaza formada en su centro para el efecto. En la parte inferior se observan algunos *comarines*, que servían sin duda para depositar las cenizas de la familia de Augusto antiguamente. Después al Mausoleo de Adriano, hoy *Castel Sant'Angelo*, que está al fin del puente del propio nombre... Este soberbio monumento es de forma cuadra, en cuyo medio se eleva una gran torre rotonda, revestida de mármol pario que estaba adornada de estatuas, carros, caballos, de un número prodigioso de bellísimas columnas y terminada de una gran *pigna* (16 palmos de altura) de bronce y dos pabones de un trabajo excelente, que hoy se ven en el Jardín de Belvedere en el Vaticano. Dicho edificio estando construido con toda la solidez posible y en forma de castillo, vino a ser convertido en una fortaleza a tiempo de Belisario; y consta que en la guerra de los godos, sus defensores arrojaban sobre los sitiadores los pedazos de estatuas que para este efecto rompían. Luego se añadió un pentágono que le circuye, con cinco baluartes muy bien construidos; y esta es la única fortificación en estado de defensa que tiene Roma moderna —aquí nos acompañaron dos individuos de la guardia, que nos hicieron ver muy bien todo el interior—... y entre los varios apartamentos, notamos la gran sala, en que no faltan buenas pinturas a fresco de Julio Romano, etc.; la capilla y cuartos en que estuvo arrestado el papa en tiempo de Carlos V; los archivos secretos de la corte de Roma y una sala de armas, en que se ven algunas invenciones bien singulares para asesinar con la mayor facilidad y, sin hacer ruido y el arcabuz con que fue muerto el condestable de Bourbon cuando dio el asalto a Roma. De la parte superior se goza una superbísima vista, así de la ciudad, como del Tíber y campos adyacentes; lo cual me hizo detener aquí con mi anteojo mucho más largo tiempo que el que yo pensaba... ¡Fuera de la Porta Castello, que está allí inmediata tocando los glacises de la misma fortificación y aquellos contornos es el propio sitio donde estaba el célebre campo conocido por el nombre de *Prata Quinctia*, que cultivaba por sus propias manos Lucio Quinzio Cincinnato, cuando el senado vino a ofrecerle la dictatura!... ¡O con cuánto gusto se ven estas cosas exaltadas por el entusiasmo de ideas tan sublimes!... Enfrente está el Monte Mario con villas, conventos, etc. encima, que deben gozar de vistas deliciosas. En fin a casa fatigadísimo; y a las siete al teatro de la Valle, donde dieron una buena comedia de Goldoni. Muchas damas jóvenes había vestidas de militar en los parcos que formaban una comparsa bastante agradable; siendo este el gusto predominante por tiempos de carnaval y no hay uniforme prusiano, inglés, polonés, etc. que no resalte con muy buen gusto sobre el talle de una graciosa romana, cuyo espíritu y hermosura se distingue entre todo el bello sexo de la Italia. Dos abates que junto a mí estaban, se entretenían en políticas y filosóficas observaciones sobre las cosas presentes. Y concluyeron, en que aunque el señor de Montesquieu parecía dar la preeminencia al gobierno británico, no era una cosa verdadera y que sus mujeres (las romanas) eran seguramente los mismos retratos de las Livias, Mesalinas, etc. testigos de aquellas fisonomías que por allí se veían... De modo que ellos estaban tan contentos gozando de su conversación y del espectáculo; y yo tan divertido en oírlos que es la única ocasión que haya con gusto pasado una noche en el teatro a Roma.

5

Temprano con mi anteojo y la compañía del *signore* Luigi, me dirigí a *Piazza Colonna*, para ver la magnífica *Colonna Antonina* de quien ha tomado el nombre de dicha plaza. Ella es toda de mármol y de proporción corintia, aunque su capitel sea dorio. Su diámetro 21 palmos y su altura 177, exclusive la estatua de San Pablo en bronce que tiene encima, 19 palmos de altura. Subimos arriba por una escala interior sumamente cómoda e iluminada por cuarenta pequeñas claraboyas, que tiene 190 escalones. Sobre el capitel hay una balaustrada de hierro que forma un balcón cuadro, de donde gozamos una bella vista, divirtiéndonos con las gentes que pasaban debajo y nos parecían liliputienses. Su forma es grandiosa; y está cubierta de muy buenos bajorrelieves que sobre fajas espirales adornan el fusto, representantes de las guerras y costume de los sarmatas y germanos a quienes

Marco Aurelio venció. De aquí pasamos a la *Piazza de la Colonna Trajana*, a quien sirve de principal adorno esta preciosísima antigüedad, uno de los más hermosos monumentos de la antigua Roma y la más bella columna tal vez que se conoce en el mundo. Su altura es de 217 palmos incluso el pedestal y adornos de la cima y el diámetro inferior de 16 palmos. Se sube arriba por una escala alumaca como la de la antecedente, iluminada por cuarenta y tres pequeñas claraboyas y compuesta de 184 escalones. Encima hay un corredor cuadrado también, de donde se goza la vista de Roma, girando alrededor, en su mayor extensión. Aquí pasamos un gran rato considerando todos los principales puntos de Roma y una torre cuadra de ladrillo que está inmediata en un convento de monjas y se dice ser aquella de donde Nerón contemplaba el incendio que el mismo hizo poner a la capital del mundo... No hay duda que dicha torre parece ser la más dominante de Roma; y sentí mucho que por ser convento de monjas no me fuese posible el montarla. A nuestra bajada consideramos que el pedestal y la base de esta columna estaban enteramente enterrados por las ruinas inmediatas que ha levantado el suelo más de 28 palmos de lo que estaba antiguamente y así es menester bajar varios escalones para entrar por la puerta que da en una especie de patio hecho formar por Sixto V a fin de desembarazar el pedestal, que se estima por la parte mejor de este magnífico monumento... adornado de trofeos militares y de festones de encina que soportan cuatro águilas colocadas en los ángulos del zocolo: trabajo excelente. El fusto está adornado de bajorrelieves, tendidos sobre una faja espiral que le cubre todo; representantes las expediciones de Trajano contra los dacios, en que se ven marchas, batallas, acampamentos, pasos de tíos, casas, etc. con 2.500 figuras humanas, todo de la propia mano y de un gusto excelente... Obsérvase que las figuras superiores tienen mayor magnitud en proporción a la distancia de que son vistas, para que se puedan distinguir con igual facilidad... Válgame dios cuán instructivos son estos restos, así para la historia, como para las artes y qué bellísimo gusto reina en toda la ejecución; una guirlanda que ciñe el toro inferior de la columna es maravillosa. En este paraje estaba antiguamente el célebre foro de Trajano, el jefe de obra del buen gusto y del poder romano: donde estaba una basílica en que los cónsules daban audiencia; el templo de Trajano donde se hallaba la Biblioteca Ulpia; algunos arcos triunfales y un pórtico de mármol de orden corintio donde estaban las estatuas de los hombres ilustres. En un vuelo pasamos de aquí al Vaticano en coche, para gozar de la función que hoy había en la *Cappella Sistina* con motivo de tener su santidad *Cappella*; esto es asistir pontificialmente, a la misa. Tuvimos nuestro pequeño embarazo al entrar, pues el *swizaro* que estaba de guardia se oponía, pretendiendo que no íbamos decentes, porque llevábamos guantes y *surtout*; cuyas indecencias dejadas al criado en la puerta, pudimos pasar... y lo más curioso es que el apartamento estaba lleno, de cuanto miserable abate había querido entrar, mas este vestido en Roma tiene lugar de decencia, aun para los más infelices; por cuya razón casi todas las gentes del país lo usan, sean del estado o profesión que sean —en fin llegamos a tiempo de ver toda la función, que realmente es digna de la consideración de un hombre que piensa—. ¡Qué fausto, qué absurdidades!... ¡Cómo es posible que los pueblos hayan prestado veneración y creencia, a ridiculeces semejantes!... Desde luego desafió a los derviches, tornadores y ladradores (alla-hú, alla-hú) que nos den una escena semejante... En fin, allí estaba el Sumo Pontífice, con sus cardenales y obispos; estos sentados por tierra de la manera más humillante y aquellos en sillas altas con sus caudatarios a los pies. En esto me parece aun que hay un poco de incongruidad, atento que muchos de los cardenales ni aun sacerdotes son. Cuando su Santidad oficia la misa le traen la ostia a su silla para que allí con todo descanso la consuma; y asimismo el sanguis que lo bebe por un tubo de oro, como las limeñas el mate. Finalmente concluyó toda la función después de las doce; y yo me bajé a San Pietro para ver a su santidad más de cerca y en vestido familiar. Efectivamente todos los días a la una del día comparece el papa... Por la puerta de Santa Marta (que comunica por un subterráneo con el Vaticano) en chinelas carmesíes, bata blanca a modo de *robe de chambre* y empolvado como un *petimetre parisien*, se dirige en pasos mesurados y algo de remeneo, a la estatua sedente de San Pedro que está al conmedio de la iglesia y, de pie, apoya su frente sobre el pie de dicha estatua, mete la corona por debajo de cuando en cuando, bésalo por encima tres veces, sierra los ojos meneando mucho los labios como que reza; repite las mismas muecas por un cuarto de hora; y luego se retira a hacer oración a la *confezione di San Pietro*, arrimado al primer pilastrón del crucero y arrodillado sobre un banquillo que para el efecto hay allí de madera muy ordinaria. Esto dura una hora, al cabo de cuyo tiempo se retira su santidad por la misma puerta que entró, bien arropado en su cabriolé de grana y con sombrero forrado en lo mismo (que tuve en mis propias manos) y después va a dar un paseo en coche, hasta poco antes de las cinco que vuelve a comer... y esta vida observa regularmente según me informaron. Dejando todos los monopolios al *nipote* que se enriquece a ojo de vista inmensamente. San Pietro me agrada más, cuanto más lo veo; y así es preciso verlo muchas veces más. De aquí nos fuimos a casa, para comer temprano y lograr el paseo del corso; a que todas las petrimetas asisten en coche y los petrimetes que no lo tienen, a pie, al uso de Madrid. Hubo muchas gentes de una y otra manera, pues el tiempo hace hermosísimo; y al Ave María nos retiramos tomando sorbetes al ordinario... Yo me separé de la compañía, para ir a evacuar una cita en el café de la *Piazza della Fontana di Trevi* donde efectivamente encontré mi hombre, con muchas otras gentes que leían algunas gacetas extranjeras, mi banquero Giogia entre ellos; ¡mas no pudo menos de causarme sorpresa, como aquellas gentes concurrían en un lugar tan puerco e indecente cual está dicho café!... Mi hombre que es un decente maestro de lengua francesa y un amigo me recomendó, me había ya buscado una buena moza que me aguardaba. Fuimos hacia allá y encontré una muchacha de dieciocho años, decente y muy bien parecida; mas que no quería franquearse a la primera visita y daba esperanza de hacerlo a la segunda —yo solté los registros a mi persuasión y al cabo de mucho rato lo hube de conseguir, con la promesa de no derramarme dentro—. Le di un sequin que aquí es muy buena paga y ella quedó contenta... Después supe que esta muchacha es de gentes decentes, a quien el rey de Suecia cuando estuvo en Roma había hecho un hijo por su desgracia... tiene muy buen goce. De aquí me fui al *Teatro Capranica* donde logré ver aún la mitad de una tragedia traducida del francés, la gente estaba tan disgustada del tono trágico, que decían que aquello parecía como *si facese* la prédica... No obstante, que era regular el primer actor y lo hacían pasablemente. Mas como no había arietas, por poco salen silbados los dichos trágicos. A casa a las once.

6

Temprano me dirigí al Campidoglio este celebérrimo lugar que hacía como el centro de la potencia romana y donde los Scipiones, Pompeyos, César, etc. partían a subyugar el universo que no pudiéndoles resistir, se sometía a sus leyes e inclinaba la cerviz. Las cosas han cambiado absolutamente y apenas se puede conocer en el día qué sitio ocupaban aquellos monumentos más célebres; como son la Ciudadela, Roca Tarpeia, Templo de Jove Capitolino, etc., todo ha cambiado de aspecto. Hoy se sube por una gran escala, con su balaustrada por los flancos, obra de Michelangelo y que produce un bellísimo efecto; y se entra después en la hermosa *Piazza del Campidoglio* que es paralelogramo, formada por el palacio del Senatore que está al fondo; el de Conservatori a la derecha; el del *Museo delle Antichità* a la izquierda; y de una balaustrada por la parte de la subida, adornada de las estatuas colosales de Cástor y Pólux en mármol griego, cada una con su caballo que tiene por la brida; de dos grupos de trofeos antiguos, los más hermosos que se conocen; de dos columnetas milliarias, etc. que produce un muy buen efecto. En medio de la plaza está la famosa estatua ecuestre de Marco Aurelio en bronce, que se tiene por la mejor de cuantas nos han quedado de la antigüedad en su especie... La figura del emperador es naturalísima y excelente; y el caballo tiene tanta expresión (aunque sin la menor exageración) que Carlo Marata le solía decir: Muévete, ¿que te olvidas que eres vivo? tanto cuanto más se mira esta pieza, tanto más agrada. Y, sin embargo, el vientre del caballo me parece demasiado abultado... Una fuente se observa en el fondo de dicha plaza, en que están una buena estatua de Roma y dos de ríos, representantes el Nilo y el Tíber. El *Palazzo del Senatore*, está construido sobre las ruinas de un antiguo edificio que se cree fuese el *Tabularium*, o archivos de los romanos. El *Museo delle Antichità*, contiene una colección de aquellos monumentos antiguos, que son relativos a la historia romana y a la de las artes; y aunque inferior a la del museo Clementino, por causa de los jefes de obras que esta segunda contiene; es, sin embargo, generalmente hablando, la más numerosa y rica que acaso se encuentrá en el Universo. Al entrar por la puerta del ingreso se ve enfrente una hermosa estatua colosal de un río, encima de una fuente; y es aquella llamada Marforio a quien se han atribuido varias sátiras y respuestas ingeniosas —luego hay por allí varias otras de cariátides en forma de sátiros con cestas de uvas en la cabeza: ídolos egipcios... sepulcros, etc.—. Sobre las murallas de la escalera se observan varios fragmentos del antiguo plan de Roma, hecho sobre tablas de mármol con una curiosidad, que es cosa bien interesante. Luego procedimos a las siete salas que se cuentan en este primer piso. *Primo Camera del Vaso*, donde se ven más 120 inscripciones interesantes; y en medio un gran vaso de mármol, con adorno de flores, de elegante forma y un trabajo exquisito... Está colocado sobre una graciosa ara rotonda, que le sirve de pedestal y muchas otras cosas. *Stanza di Ercole*, cuyos muros aun están cubiertos de inscripciones y bajorrelieves interesantes y entre las varias estatuas me agradaron más. La de Agripina sentada en una silla de reposo de una aptitud naturalísima y noble, *Amor y Psique* que se abrazan, grupo pequeño, de una naturalidad, gracia y hermosura singular —con varias otras cosas—. La gran sala sumamente magnífica... y me agradan más la estatua del emperador Adriano en pie,todo desnudo y con el morrión en testa; la de Mario ,también en pie; un gladiador cadente; *L'Antinoo* joven, figura desnuda de la más singular hermosura y su cabeza y gracia inimitable (entre el muslo y los testículos se puede pasar solamente una hoja de papel fino, para que se vea con que extraordinario primor y delicadeza están trabajadas estas estatuas). La célebre estatua del *mirmidone*, o del gladiador moribundo, cuya expresión, naturalidad y perfección es inimitable... No sé qué se pueda ver una estatua que agrade y encante tanto como esta. ¡Uno la considera horas enteras y no se acierta a dejarla!... Tiene un pedazo de cuerda liada al cuello, que debía ser distintivo de estas gentes. Dos centauros de mármol negro, en que la figura del más joven excede en hermosura al más viejo. Una estatua colosal excelente, de Inocencio X en vestidos pontificiales, obra del Algardi, en bronce, con varias otras cosas —sala de filosofía, entre otras—. La estatua de Zenone, que parece ser un verdadero retrato y entre un gran número de bustos y cabezas de hombres grandes y filósofos; el retrato de Virgilio; de Pitágoras; de Diógenes; de Metrodoro; de Aristómaco; y de Gerone —la camera *degl'Imperatori*, un bajorrelieve de Endimión que duerme, es excelente— y entre los bustos el de Mesalina; de Nerón; de Lucio Vero; de Cómodo; y de Faustina, uno de los más galantes y graciosos bustos de mujer que pueden verse. La *Galleria*, un hermosísimo busto colosal de Trajano; con otros varios; bajorrelieves, etc. La *Camera delle miscellanee* entre otras la estatua de un Fauno en mármol rojo, con un cabrito que apoya la pata sobre un canastro, es hermosísima; un vaso antiguo de bronce acanelado, de bella forma; dos cabezas de Alejandro y de Leucotoe y sobre todo el célebre mosaico *delle Colombe*, de quien habla Plinio y fue hallado bajo las ruinas de la Villa Adriana. Es un pequeño cuadro que representa un vaso lleno de agua y dos Palominos que posan en la orla y beben... No se puede dar una cosa más bien imitada, ni un trabajo más primoroso. De aquí bajé a una sala en que un célebre pintor romano trabajaba (se llama creo, Lapicola) y este me hizo conducir a su casa por uno de sus aprendices, donde vi un pequeño grupo antiguo en mármol de una Ninfa y Sátiro que la quiere chapar, cosa excelente... y que prueba como aún hay tesoros de este género sepultados bajo las ruinas de la antigua Roma. Detrás de este edificio esta la iglesia *di Santa Maria in Ara Coeli* a donde se sube por una larguísima escala de mármol. Esta está fundada sobre las ruinas y lugar del famoso templo de Jupiter Capitolino. Luego pasamos al *Palazzo dei Conservatori* que está enfrente del anterior. Bajo el pórtico entrando se ven las estatuas de Julio Cesar en vestido militar y la de Augusto que se le erigió después de la batalla de *Accium*. Atravesando el patio se ve enfrente una famosa estatua de Roma triunfante y otras de reyes prisioneros, etc. y alrededor un valiente grupo de un león que desmembra un caballo, restaurado.

Fin de la obra

Libros a la carta

A la carta es un servicio especializado para
empresas,
librerías,
bibliotecas,
editoriales
y centros de enseñanza;
y permite confeccionar libros que, por su formato y concepción, sirven a los propósitos más específicos de estas instituciones.

Las empresas nos encargan ediciones personalizadas para marketing editorial o para regalos institucionales. Y los interesados solicitan, a título personal, ediciones antiguas, o no disponibles en el mercado; y las acompañan con notas y comentarios críticos.

Las ediciones tienen como apoyo un libro de estilo con todo tipo de referencias sobre los criterios de tratamiento tipográfico aplicados a nuestros libros que puede ser consultado en Linkgua-ediciones.com.

Linkgua edita por encargo diferentes versiones de una misma obra con distintos tratamientos ortotipográficos (actualizaciones de carácter divulgativo de un clásico, o versiones estrictamente fieles a la edición original de referencia).

Este servicio de ediciones a la carta le permitirá, si usted se dedica a la enseñanza, tener una forma de hacer pública su interpretación de un texto y, sobre una versión digitalizada «base», usted podrá introducir interpretaciones del texto fuente. Es un tópico que los profesores denuncien en clase los desmanes de una edición, o vayan comentando errores de interpretación de un texto y esta es una solución útil a esa necesidad del mundo académico.

Asimismo publicamos de manera sistemática, en un mismo catálogo, tesis doctorales y actas de congresos académicos, que son distribuidas a través de nuestra Web.

El servicio de «Libros a la carta» funciona de dos formas.

1. Tenemos un fondo de libros digitalizados que usted puede personalizar en tiradas de al menos cinco ejemplares. Estas personalizaciones pueden ser de todo tipo: añadir notas de clase para uso de un grupo de estudiantes, introducir logos corporativos para uso con fines de marketing empresarial, etc., etc.

2. Buscamos libros descatalogados de otras editoriales y los reeditamos en tiradas cortas a petición de un cliente.

www.ingramcontent.com/pod-product-compliance
Lightning Source LLC
Chambersburg PA
CBHW022057090426
42743CB00008B/631